미술관
옆
MBA

신인철 지음

미술관. 박물관은 태생적으로 '이성과 계몽
의 상징'으로 우리 인류에게 더 할 나위 없
이 소중한 학교였다. 시대를 넘나들며 천
재성을 발휘했던 거장들의 작품은 물론
놀라운 담력과 투철한 모험정신으로 무
장한 인물들이 전 세계 각지에서 목숨 걸고 가져온 수집
품들은 그 자체만으로 훌륭한 교사가 되어 관람하는 이
들에게 역사에 대한 계달음의 단초를 제공하였고, 창의
력의 원천이 되었으며, 풍부한 감성을 유발시켜 주었고,
시대를 꿰뚫어 볼 수 있는 통찰력을 선사했다. 이것이 바
로 이 책이 경영대학원(MBA)을 미술관 옆에 '짓고자 하는' 이유이다.
현대 사회에서 경영 활동은 사람, 돈, 시간, 기술 등의 유무형 자원
과, 주변을 둘러싸고 있는 환경, 시장의 변화 그리고 자신들만의
정체성과 그를 기반으로 한 조직문화 등을 종합적으로 통찰해서
이뤄지는 종합예술에 가깝다.

미술관 옆 MBA

🔷 을유문화사

미술관
옆
MBA

발행일
2013년 11월 20일 초판 1쇄
2015년 3월 20일 초판 3쇄

지은이 | 신인철
펴낸이 | 정무영
펴낸곳 | (주)을유문화사

창립일 | 1945년 12월 1일
주   소 | 서울시 종로구 우정국로 51-4
전   화 | 734-3515, 733-8153
팩   스 | 732-9154
홈페이지 | www.eulyoo.co.kr
ISBN 978-89-324-7220-1 03320

* 값은 뒤표지에 표시되어 있습니다.
* 지은이와의 협의하에 인지를 붙이지 않습니다.

차례 ---

프롤로그

미술관 옆에
MBA를
세운 까닭은?

유럽 전역에 흑사병의 광풍이 불던 1523년.

베네치아 공화국의 궁정 관리를 맡고 있던 관료는 고민에 빠져들었다. 그 해 5월과 8월에 연이어 사망한 한 부자(父子) 때문이었다. 아버지의 이름은 안토니오 그리마니(Antonio Grimani). 가난한 집안에서 태어나 어린 시절부터 해상무역에 눈을 떠 큰돈을 번 뒤, 정계에 진출하여 베네치아 공화국을 실질적으로 다스리는 도제(Doge)의 자리까지 오른 입지전적인 인물이었다. 아들인 도미니코 역시 명성이라면 아버지에 뒤지지 않는 인물이었다. 아버지가 베네치아의 정치, 경제 분야를 지배하는 지도자였다면 그는 베네치아인들의 영혼을 어루만지는 영(靈)적인 지도자, 즉 가톨릭 교회의 대주교였다.

그런데 이들 '막강한' 부자가 공화국의 재산 관리를 맡고 있던 관료들에게 큰 숙제를 던지고, 불과 석 달 사이에 연달아 세상을 뜨고 만 것이었다. 그 '숙제'는 다름 아닌 자신들이 지난 수십 년간 수집한 엄청난 규모의 미술품들을 베네치아 당국이 맡아서 보존하고 관리하면서 일반 대중들이 관람할 수 있도록 해달라는 부탁이었다. 그들이 기증한 미술품 중에는 일반 여염집에 가도 한두 점쯤 쉽게 구경할 수 있는 어린아이 몸통 크기의 평범한 초상화도 있었지만, 당시 지중해 무역을 통해 전 유럽의 막대한 돈이 몰려들던 베네치아를 다스리던 유력 가문답게 당대 유럽에서 가장 유명세를 떨치던 이름난 작가의 걸작들이 대부분이었다. 두 부자는 수집한 작품들을 공화국 정부에 기증하겠다는 유언을 남기며 그 말미에 자신들이 그러한 결정을 내리게 된 배경에 대한 설명을 덧붙였다.

"이 작품들을 우리 가문의 재산이 아닌, 베네치아 전체의 재산으로 하여 공화국의 학문을 증진하고, 관청을 호화롭게 가꿔 그 권위를 더욱 높이는 데 기여하도록 사용해 주기를 바란다."

그 희망대로 그들이 기증한 미술품들은 베네치아 공화국의 한 궁전에 정성스럽게 보관되었다. 그리고 그로부터 '본격적인 미술관(혹은 박물관)의 역사'가 인류에게 시작되었다.

미술관 또는 박물관을 뜻하는 영어 단어는 'Museum'이다. 그런데 이 단어만큼 서구 문화권에서 거의 유사한 모양으로 표기되는 단어는 극히 드물다. 프랑스어로는 Musée이고, 독일과 덴마크, 스웨덴 등에서는 영어와 마찬가지로 Museum이라고 적는다. 이탈리아와 스페인 그리고 핀란드 등에서는 Museo라고 하며, 인종은 물론 언어적으로도 대다수 유럽국가와 거리가 다소 있는 헝가리어조차도 약간의 차이는 있지만 거의 비슷한 형태인 Múzeum이라고 적는다. 러시아어로는 Музей라고 적는데, 표기 문자가 알파벳이 아닌 키릴 문자여서 조금 달라 보이지만 발음 자체는 크게 다르지 않다.

이렇게 서양 문화권에서 공통적으로 미술관을 뜻하는 단어로 'Muse(Muze)'로 시작하는 형태의 단어를 쓰게 된 것은 이들 단어의 어원이 공통적으로 그리스어 Mouoelov에서 왔기 때문이다. 그런데 그리스 신화에 등장하는 이 단어의 뜻은 미술관과는 조금 거리가 있다.

원래 그리스 신화에는 아홉 명의 '학예(學藝)의 여신'들인 '무사이(Mousai)'가 등장하는데, Mouoelov는 이들 무사이를 모시고 기리는 제사를 지내던 신전을 뜻하는 말이었다. 그런데 재미있는 사실은 아홉 신들의 면면을 보면 뮤지엄의 직접적인 어원이 되는 신인 뮤즈(Muse, 음악을 관장하는 여신)는 말할 것도 없고, 나머지 여덟 신들의 소관 분야 역시 시(문학), 무용, 연극(희극), 철학, 천문학 등으로 정작 미술관(Museum)의 어원과 연관성이 있을 만한 '미술의 신'은 없다는 것이다.

그러므로 16, 17세기까지만 하더라도 미술관을 뜻하는 단어는 그 용도와 형태에 따라 제각각이었다. 미술관 주인의 소장품을 보관하는 용도가 강조된 미술관의 경우에는 분더캄머(wunderkammer), 쿤스트캄머(kunstkammer) 또는 캐비닛(cabinet) 등으로 불렸고, 상업적 판매 목적으로 그림을 내걸었던 미술 전시실이나 특히, 그 형태가 좁고 긴 복도 형태의 전시 공간의 경우 갤러리라고 불리기도 했다. 이름뿐만이 아니었다. 전시·보관되는 작품의 종류 또한 제각각이었다. 어떤 가문의 미술관은 이름만 미술관이지 실제로는 내부에 왕관, 보석이나 금붙이 등을 보관하는 금고의 구실을 하기도 했다.

18세기에 접어들자 유럽은 계몽주의의 바람이 불기 시작했다. 그에 더불어 인류 지성과 지식의 집합체인 미술관과 백과사전 출판 분야에서 이전에 볼 수 없던 거대한 변화와 진보가 일어났다. 그 포문은 영국이 먼저 열었다. 1759년 영국 정부는 기존에 왕실이나 일부 대학 기관의 박물관 주도로 관리되던 수집품을 국가 차원에서 관리하기 시작했다. 특히 당시 영국에는 전 세계 식민지에서 수집한 진귀한 유물들과 문화재들이 엄청나게 쏟아져 들어오고 있었다. 그 때문에 런던 한복판에 정부가 수집한 역사적인 유물, 과학기술상의 발견이나 발명품, 앞서 말한 것처럼 한창 확장되던 식민지에서 '강탈'한 각종 물품 등을 보관, 보존하려는 목적의 박물관을 건설하였으니 이것이 곧 지금의 대영박물관의 시작이 되었다.

그에 대응하여 유럽의 또 다른 강대국이었던 프랑스 정부 또한 1793년에 역대 왕실에서 수집해 온 미술품들을 한데 모아 관리하고 연구하려는 목적의 박물관을 건설했고, 그 이름을 루브르라고 하였다. 이런 연유로 비슷한 시기에 유사한 목적으로 건립된 미술관(또는 박물관)임에도 불구하고 대영박물관은 역사, 과학기술, 다양한 민족의 생활상 등을 알아볼 수 있는 물품 위주로 전시된, 말 그대로 '박물(博物)'관적인 성격이 강하였고, 루브르의 경우 왕실의 안목으로 선정한 수준 높은 미술품들이 주로 전시된 '미술(美術)'관적인 성격이 강하게 되었다.

당시 유럽 문화를 이끌던 양대 강국에 의해 촉발된 미술관(박물관) 설립 붐은 이후 계몽주의의 전파와 산업 사회의 성숙, 미술관 건립을 주도할 만한 수준과 규모의 현대적인 국가(프로이센, 미국 등)가 속속 등장함에 따라 전 세계로 급속하게 퍼져 나갔다. 그렇게 정치, 사회, 경제적인 변화를 겪을 때마다 미술관(박물관)은 그 성격을 달리하며 계속해서 발전해 갔다.

어떤 시기에는 주로 왕실이나 귀족의 수집품을 보관하는 수장고(收藏庫)였고, 또 다른 시기에는 정치적 선전 도구 또는 국력을 대외적으로 과시하는 홍보관이기도 했다. 또 어떤 때에는 국민들의 불만을 잠재우고 놀거리, 볼거리를 제공하던 유흥 위락 시설의 역할을 하기도 했고, 어떤 때는 파티 등의 모임 장소로 쓰여 사교 공간의 역할을 도맡아 하던 때도 있었다.

하지만 19세기 이후부터는 이러한 다양한 성격 중 한 가지 성격이 두드러지기 시작했다. '교육과 문화적 공간으로서의 미술관(박물관)'이 바로 그것이다. 국민들의 전반적인 교육 수준이 국력의 크기를 가늠하는 중요한 척도로 인식되기 시작하면서 각 나라에서는 정부 주도로 관련법을 제정하고 담당하는 부서를 신설하는 등의 노력을 통해 미술관이나 박물관을 경쟁적으로 개관하기 시작했다. 헝가리 국립박물관(1802년), 국립 캐나다 박물관(1843년), 오스트레일리아의 국립 빅토리아 박물관(1854년), 미국 국립박물관(1858년), 이집트 국립박물관(1858년), 도쿄 국립박물관(1872년) 등이 이 시기에 개관한 대표적인 국립 미술관(박물관)이다.

이러한 추세는 민간에까지 이어져 민간 주도의 미술관, 박물관 설립도 붐을 이루기 시작했다. 1870~80년대 사이에 영국에서만 1백 개가 넘는 미술관(박물관)이 문을 열었고, 독일은 1870년대 중반부터 시작해서 단 5년 만에 60개 가까운 미술관(박물관)이 새롭게 생겨났다. 단순히 미술관(박물관)의 숫자만 늘어난 것이 아니었다. '교육과 문화적 공간으로서의' 미술관(박물관)이 크게 유행하기 시작한 시기답게 이 시기에 생겨난 미술관(박물관)은 작품을 단순히 보관하고 전시하던 시설에 머무르던 종전의 미술관(박물관)과 달리 학예 기능이 대폭 강화되어 전문적인 직원과 시설 등을 갖추고 소장된 전시물은 물론 폭넓은 분야에 대해 연구하는 기능까지 담당했다. 그뿐만 아니라 일반 관람객에 대한 서비스를 강화하여 다양한 관람 프로그램을 제공하기 시작했고, 아예 미술관(박물관) 내에 회화 학교나 고고 미술 관련 학교를 설립하여 체계적인 수업을 진행하는 곳도 늘어났다.

그러나 굳이 이러한 역사를 언급하지 않더라도 미술관(박물관)은 태생적으로 '이성(理性)과 계몽(啓蒙)의 상징'으로 우리 인류에게 더할 나위 없이 소중한 학교였다. 시대를 넘나들며 천재성을 발휘했던 거장들의 작품은 물론 놀라운 담력과 투철한 모험 정신으로 무장한 인물들이 전 세계 각지에서 목숨 걸고 가져온 수집품들은 그 자체만으로 훌륭한 교사가 되어 관람하는 이들에게 역사에 대한 깨달음의 실마리를 제공하였고, 창의력의 원천이 되었으며, 풍부한 감성을 유발시켰고, 시대를 꿰뚫어 볼 수 있는 통찰력을 선사했다. 이것이 바로 이 책이 경영대학원(MBA)을 미술관(박물관) 옆에 '짓고자 하는' 이유이다.

현대사회에서 경영 활동은 사람, 돈, 시간, 기술 등의 유무형 자원과 주변을 둘러싸고 있는 환경, 시장의 변화 그리고 자신들만의 정체성과 그를 기반으로 한 조직 문화 등을 종합적으로 통찰해서 이뤄지는 종합예술에 가깝다. 과거에는 기술 또는 자본 중 어느 한 가지만 제대로 갖고 있어도 성공적인 경영 활동이 가능했지만, 현대에는 사람(고객, 임직원 등)의 감성에 대한 깊이 있는 헤아림, 시장에 대한 초인적(超人的)인 통찰력(Insight), 전 세계를 휘감은 시대적 조류(潮流)에 대한 한발 앞선 포착, 타 민족·타 국가의 문화에 대한 심도 있는 이해를 바탕으로 한 그 문화에 대한 진심 어린 애정 등이 종합적으로 작동해야 경쟁에서 뒤처지지 않고 남보다 앞서 시장을 선점하여 성과를 낼 수 있게 되었다.

개개인의 직장 생활, 사회생활에서도 마찬가지이다. 과거 버스 회사의 정비창에서는 '닦고, 조이고, 기름치자'라는 문구를 흔히 볼 수 있었다. 그 시절 우리네 사회생활, 직장 생활에서의 성공 비결은 이 '닦고, 조이고, 기름치자'에서 한 치도 벗어나지 않았었다. 부지런히 시킨 일만 잘하면 크게 실수하지 않는 한 직장 내에서 어느 정도까지는 올라설 수 있었고, 그렇게 회사 생활을 잘하면 웬만한 허물쯤은 눈감아 주었던 것이 과거의 우리 모습이었다.

하지만 현대에서는 그렇게만 해서는 원하는 자리에 올라설 수 없게 되었을 뿐만 아니라, 설혹 그 자리에 올라섰다 하더라도 그에 걸맞은 생활 수준을 향유하는 것이 거의 불가능하게 되었다. 기술이 발달하고 원하는 정보는 누구나 쉽게 얻을 수 있는 사회가 되면서 '근면', '성실'은 더 이상 최고의 덕목이 아니게 되었고, 남다른 감성, 시대를 가로지르는 통찰력, 분야를 넘나드는 통섭(統攝)이야말로 진정한 능력으로 평가 받는 시대가 되었다. 또한 사회적 지위나 경제력을 갖췄다 하더라도 그와 별도로 개인의 지성과 교양을 갖추기 위한 노력을 기울이지 않는 한 사회로부터 어느 수준 이상의 평가를 받기 힘든 것이 현실이다.

그렇다면 이런 것들을 어디서 배울 수 있을까?

우리 주변에, 그리고 전 세계에 널려 있는 미술관(박물관)에서 배울 수 있다. 그곳의 미술품들과 수집품들을 만들고 모은 이들은 자신이 살고 있는 시대, 환경의 제약을 넘어서서 보편의 인간에게 감동을 불러일으킬 줄 아는 감성과 통찰력을 보유했던 사람들이었다. 우리는 미술관에서 그런 그들의 능력이 십분 발휘된 위대한 걸작들을 경험함으로써 간접적으로나마 그들로부터 경영 환경이나 사회생활에서 필요로 하는 많은 것들을 배울 수 있다.

그뿐만이 아니다. 미술관(박물관)은 단순히 건물과 소장품으로만 이뤄진 곳이 아니다. 그 안에는 그를 기획한 사람과 만든 사람, 그에 유무형적으로 이바지한 사람들의 협력과 다툼의 역사가 담겨 있다. 그에 대해 살펴보는 것만으로도 경영 활동에서 가장 중요한 활동 중의 하나인 커뮤니케이션과 의사결정, 협력과 경쟁 관계에 대한 배움을 구할 수 있다. 그 밖에도 미술관(박물관)은 이 시대의 어느 유명 경영대학원에서의 수업만큼이나 훌륭한 가르침들을 우리에게 주고 있고, 앞으로도 줄 것이다.

그러한 의도에서 이 책은 유럽과 미국 그리고 아시아 유수의 미술관(박물관)들에서 수업을 하는 방식으로 진행되었다. 대상이 되는 미술관(박물관)의 선정은 지난 20여 년간 개인적 관심으로 혹은 업무적으로 방문한 수백 군데의 미술관(박물관) 중에서 경영학 수업에 필요한 일화나 관련 사례들을 제공할 만한 곳을 3배수 정도로 추려낸 뒤, 더욱 심도 있는 연구 활동 등을 통해 그중에서 가장 적합한 곳을 골라내는 방식으로 진행했다. 수업의 커리큘럼은 세계 최고의 경영대학원으로 손꼽히는 5개 경영대학원*의 커리큘럼을 서로 비교하여 공통적으로 언급된 주요 과목에, 개인적으로 한국에서의 경영 활동, 직장 생활 등에서 도드라지게 필요로 하는 과목들을 더해 총 20개의 강의(lesson)로 만들었다. 각각의 강의는 해당 미술관(박물관)과 그를 만든 사람들, 소장된 작품들, 연관된 일화 등을 주요 내용으로 하되 그와 연관해서 실제 기업들의 사례, 경영 활동에서 일어나는 다양한 뒷얘기 등을 담아 더욱 실질적인 배움을 얻을 수 있고 손쉽게 이해할 수 있도록 하였다.

이제, 미술관의 문을 열고 한 발 들어서 보자. 그 안 어디에선가 들려오는 인류 지성의 상징, 문화의 선구자, 예술혼의 영웅들이 열정적으로 진행하는 명강의에 귀를 기울여 보자. 이 책과 함께 인류에게 있어서 더할 나위 없이 소중한 '고요한 MBA'에서의 수업에 푹 빠져 보는 유쾌한 경험을 함께하기를 기대한다.

이 책의 시작부터 끝까지 큰 도움을 주신, 지금 이 시간에도 열악한 환경 속에서 인류 문화의 보고를 지켜가는 전 세계 미술관(박물관)의 직원분들께 감사 인사를 드린다. 구체적으로 도움을 주신 분들은 본인이 동

---

* 펜실베이니아대 경영대학원(Wharton School), 하버드대 경영대학원(HBS), 인시아드(INSEAD), 런던 경영대학원(LBS), MIT 경영대학원(Sloan School)

의하신 분에 한해 책의 말미에 그 소중한 이름을 한 분 한 분 언급하는 것으로 고마운 마음을 대신했다.

더불어 한국 출판문화를 이끌어 가는 출판계의 맏형으로, 부족한 글이 하나의 책으로 훌륭하게 재탄생할 수 있도록 많은 관심과 배려를 베풀어 주신 을유문화사에 감사를 드린다.

늘 부족한 아들을 인내심을 갖고 지켜봐 주시고 격려해 주시는 서울과 창원의 두 부모님께는 무한한 애정과 존경의 마음으로 이 책을 보내 드린다. 어떤 때는 미술관(박물관) 기행의 동반자가 되어 주고, 또 때로는 중세 유럽사를 전공한 사학도(史學徒)로서 꽉 막힌 글을 다시 풀어나갈 실마리를 제공해 주었으며, 전직 패션지 기자답게 새로운 안목에서 예술품 감상의 힌트를 선사해 준 나의 '단 한 사람', 아내 최유성과 귀한 보물 예쁜 딸 신율교에게 내가 이룬, 또 앞으로 이룰 모든 것을 바친다.

2013년 5월
봄 개관을 앞두고 아직은 한적한
간송미술관 입구가 바라다보이는 어느 카페에서,
원고의 마지막 페이지를 마치고 책의 첫 페이지를 열다.

session 1

어려운
때일수록
핵심역량으로
승부하다

Lesson 1 --

결국, 기본이 승패를 결정한다

프라도 미술관에서 배우는 [핵심역량]

스페인 패션의 암흑기를 이겨 낸, 그 이름 '사라'

'스페인, 투우와 플라멩코의 나라!'

'위대한 예술가 피카소, 가우디, 달리가 태어나고 그들을 키워낸 나라!'

'사시사철 축제가 끊이지 않고, 전 세계에서 가장 많은 관광객이 모여드는 관광 대국!'

스페인이라는 나라의 이름을 들으면 많은 이들이 공통적으로 떠올리는 생각들이다. 그런데 스페인은 나라 이름이 품고 있는 화려함이나 다채로움의 이미지, 지금까지 배출한 훌륭한 예술가들의 숫자 등에 비해 세계 패션 산업에서 차지하는 비중은 의외로 그다지 크지 않은 나라였다. 적어도 과거에는…….

이웃한 프랑스나 이탈리아와 비교하면 패션 산업을 선도하는 굵직한 명품 브랜드도 적은 편이고, 전 세계적인 유행을 선도하는 거장 디자이너도 거의 없는 편이었다. 물론 가죽 제품에서만큼은 세계 최고 수준의 품질을 인정받고 있는 로에베(Loewe) 같은 브랜드나 '스페인 국민 디자이

국내 모 백화점의 쇼핑백에 사용되면서 한국에도 널리 알려진 조르디 라반다의 패션 일러스트. 세련된 선과 강렬하고 화려한 색감으로 잡지, 광고 등에 널리 쓰이고 있으며 작품 하나에 수천에서 수억 원을 호가하는 일러스트계의 슈퍼스타이다.

너'라고 불리는 아돌포 도밍게즈 (Adolfo Dominguez) 같은 실력파들이 있지만 다른 이웃 유럽 국가의 유명 브랜드나, 브랜드들을 이끌어 온 디자이너들에 비하면 수적인 면에서나 질적인 면에서 모두 존재감이 미미한 편이었다. 우루과이에서 태어나 어린 시절 스페인으로 이주하여 줄곧 바르셀로나에서 활동해 온 세계적인 패션 일러스트 작가 조르디 라반다 (Jordi Labanda)가 스페인 브랜드로 세계 패션계에 큰 영향력을 미친 몇 안 되는 사람 가운데 한 명일 정도였다.

이렇게 된 데에는 여러 가지 이유가 있겠지만, 과거는 물론 현재까지도 세계 패션계를 주도하고 있는 거장들이 대거 등장했던 20세기 초반 무렵, 내전(1936년~1939년)을 겪으면서 참혹한 암흑기를 보내야 했던 스페인의 불행한 과거에서 그 주된 이유를 찾을 수 있지 않을까 싶다. 물론 다른 유럽 국가들도 비슷한 시기에 제1, 2차 세계대전이라는 전대미문의 참화를 겪었지만, 덩치 좋은 건강한 청년이 감기에 걸렸을 때와 병약한 노인이 감기에 걸렸을 때의 고통과 회복 기간은 엄연히 다른 법이다. 한때 '무적함대'를 앞세워 전 세계를 누비던 영광스러운 시절도 있었지만, 이후 점점 국력이 쇠퇴해서 이미 기력이 쇠할 대로 쇠한 나라였던 스페인에게 두 차례의 세계대전과 전 국토를 전쟁터로 만들었던 내전은 감기가 아니라 거의 불치병 수준으로 나라 경제와 사회구조, 패션을 포함한 문화계 전반을 초토화시켜 버렸다.

하지만 프랑스나 이탈리아, 심지어 독일과 영국에 비해서도 한참 뒤떨어진다는 평가를 받던 스페인 패션 산업에 대한 고정된 인식은 최근 들어 과거형으로 바뀌고 있다. 여전히 세계 4대 패션쇼는 전통의 패션 강국인 프랑스(파리)와 이탈리아(밀라노), 그리고 신흥 강국인 일본(동경)과 미국(뉴욕)이 주도하고 있고, 전 세계 명품 디자이너 브랜드의 75% 이상을 역시 이들 4개 국가가 차지하고는 있지만, 스페인의 패션 산업은 놀라운 속도로 발전하여 전 세계 시장을 공략하고 있다.

그런데 놀라운 점은 그 공략의 첨병이 유명 디자이너가 주도하는 고가의 명품 브랜드가 아니라 옷 한 벌당 15유로에서 비싸 봐야 1백 유로를 넘지 않는 중저가 옷을 대량 생산하는 한 패션 업체라는 것이다. 그처럼 대단한 일을 해낸 브랜드의 이름은 바로 '자라(ZARA)'다.

스페인어에서 알파벳 Z는 [s]음에 가깝게 발음되기 때문에 현지 발음대로라면 '사라'라고 적어야겠지만, 한국인들에게 익숙한 대로 적기로 하자. '자라'는 1975년 스페인 북서부의 작은 도시 라코루냐에서 시작됐다. 창업자 아만시오 오르테가(Amancio Ortega)는 가난한 철도 노동자의 아들로 태어나서 12세 이후로는 정규 학교를 다녀본 적이 없다. 13세에 동네 양복점에 취직해서 미싱 보조로 일하던 중 원단 유통업에 눈을 떠서 1963년에 자신의 이름을 내건 가게를 열었고, 이후 9년이 지난 1972년부터는 의류 제작을 겸하게 되었다. 어렸을 때부터 몸에 익힌 천을 다루는 기술과, 유통업을 하며 쌓인, 좋은 원단을 보다 값싸게 구입하는 노하우를 바탕으로 그는 남보다 좋은 옷을 더 싸게 만드는 데 발군의 능력을 발휘하였다. 만드는 옷마다 시장의 호평을 받은 그는 3년 뒤인 1975년에 자신이 나고 자란 라코루냐에 자라 1호점을 개점한다. 이후 오르테가 회장은 1985년에 자라를 포함하여, 풀앤베어(Pull&Bear), 마시모 두티(Massimo

스페인 현지의 자라 매장. 스페인어 자음 'Z'는 [ㅅ]으로 발음이 된다. 마드리드 근교의 관광도시 사라고사도 스페인어로는 'Zaragoza'로 적는다. 이 때문에 한국 사람이 현지 자라 매장에 방문하면 여기저기서 들리는 '사라'라는 소리 탓에 구매욕에 강한 자극을 받게 된다는 우스갯소리가 있다.

Dutti) 등 굵직굵직한 브랜드를 거느린 거대 패션 그룹 인디텍스(Grupo Inditex)를 출범시켰다.

2012년 기준으로 인디텍스는 전 세계 77개국에 8개 브랜드 5천여 개 이상의 매장을 보유하고 있고, 직원 수 11만 명에 전속 디자이너 숫자만 6백 명이 넘는 거대 패션 그룹으로 성장했다. 창업주 오르테가 회장의 자산 규모는 375억 달러(약 42조 원)로 스페인 최고는 물론, 전 유럽을 통틀어서도 3위 안에 드는 수준이라고 한다.

그렇다면 자라는 어떻게 이렇게 단기간에 급성장할 수 있었을까?

많은 사람들은 그 이유를 공통적으로 자라가 '괜찮은 품질'의 제품을 '저렴'하고 '신속'하게 만들어서 판매하는 글로벌 스파(SPA)[1] 기업 특유의 사업 모델을 가장 효율적이면서도 성공적으로 수행한 데에서 찾는다. 하

---

1 Specialty store retailer of Private label Apparel. 제조 직매형 의류 회사로 스페인의 자라 외에 스웨덴 브랜드인 H&M, 일본 브랜드 유니클로(UNIQLO) 같은 기업들이 대표적이다.

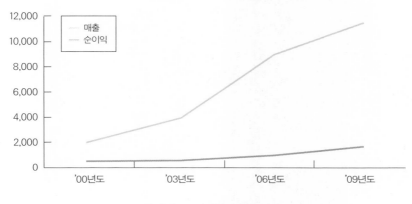

[표1] 자라의 매출과 순이익 성장률 (단위 : 백만 유로)

〈출처 : Inditex社 연간 실적 보고자료〉

지만 단순히 그 정도만으로 자라가 세계 패션계에 이처럼 강력한 영향력
을 미치는 거대 패션 기업으로 성장할 수 있었을까? 그 성장 비결에 대해
많은 궁금증이 들던 차에 자라와 스페인 패션, 그들이 급속도로 성장한
진짜 비결을 발견한 곳은 자라의 매장이나 인디텍스의 본사 사무실이 아
니라 뜻밖에도 세계 3대 미술관 중 하나로 스페인 국민들의 사랑을 듬뿍
받고 있는 마드리드의 '프라도 미술관' 그리고 바르셀로나 시내에 위치한
FC 바르셀로나 축구팀의 홈경기장인 '캄프 누(Camp Nou)'에서였다.

화끈하게 위대하게, 프라도와 사라

프라도 미술관은 마드리드는 물론 전 스페인이 자랑하는 미술관이다.
고야와 벨라스케스 등 스페인이 낳은 세계적인 화가들이 남긴 불후의 명
작들을 셀 수 없이 많이 소장하고 있다.

이와 관련해 프라도 미술관에는 다음의 우스갯소리가 전해져 오기도

스페인의 수도 마드리드 한복판에 자리 잡고 있는 프라도 미술관. 겉보기에는 그다지 커 보이지 않으나 안으로 들어가면 엄청나게 많은 전시실과 숱한 걸작들이 아무렇지도 않게 걸려 있는 모습에 입을 다물 수 없다.

한다. 배낭여행을 온 한 한국인 대학원생이 프라도 미술관의 소장품이 워낙 많아서 전체를 다 구경한 관람객이 이제까지 한 명도 없다는 얘기를 전해 듣고, 오기 반 객기 반으로 '그렇다면 내가 프라도 미술관의 모든 작품들을 감상하고야 말겠다!'라는 목표를 세웠다고 한다. 그리고는 계획했던 스페인 여행 일정을 전면 취소한 뒤 주어진 여행 기간 내내 프라도 미술관에 출근하다시피 하며 모든 전시실을 순서대로 감상하기 시작했다. 그렇게 일주일의 시간이 지나고 마지막 전시실의 마지막 작품까지 감상을 마친 뒤 득의양양해 하고 있었는데, 마감 시간이 다 되자 미술관 직원들이 다음 주 전시를 준비하기 위해 그림들을 바꿔 거는 걸 보고 경악하고 좌절해서 한국으로 돌아와 버렸다는 것이다.

이런 이야기가 전설처럼 전해져 내려올 정도로 프라도 미술관 소장품의 숫자와 전시 규모는 실로 대단하다. 실제로 현재 전시 중인 작품들은 박물관이 소장한 전체 작품의 10분의 1 정도 밖에 안 된다고 한다. 그런데 그곳 프라도에서 만난 작품에서 나는 지난 30여 년간 '자라'가 거둔 패션업계에서의 성공 비결을 찾아볼 수 있었다.

'자라'는 앞서 말했듯이 '스파' 브랜드이다. '스파' 브랜드의 미덕이자 생존과 성공을 위한 필수 요건은 시장에서 유행할 만한 옷의 디자인을 재빠르게 착안하여 그와 비슷한 옷을 신속하게 생산해서 싸게 공급하는 것이다. 실제로 자라가 신상품을 디자인해서 매장까지 배송하는 데 걸리는 시간은 단 2주이다. 계절(대략 3개월)마다 한 번씩 신제품이 나오는 일반 브랜드들에 비해 자라의 신제품은 2주(대략 열흘에서 보름 사이)마다 한 번씩 매장에 등장한다. 한 번 매장에 진열되었다 하더라도 고객들의 반응이 뜨뜻미지근하거나 판매가 영 시원찮은 하위 70%의 제품은 2주 이내에 매장에서 사라지고, 아무리 인기 있는 디자인이나 반응이 좋은 제품이라고 해도 한 달 이상 매장에서 판매하지 않는다. 그런데 여기까지만 보면 순발력이 뛰어나고 업무 속도가 빠른 다른 스파 브랜드와 크게 다를 바 없다. 하지만 자라는 그 과정에 차별적인 강점 하나를 더 내세워 세계적인 기업으로 성장할 수 있었다.

그건 바로 여느 명품 브랜드의 제품에 견주어도 뒤지지 않는 품질이다. 자라는 품질 수준을 '적절한 원단 사용과 재봉 기술' 정도에 맞춘 다른 경쟁 스파 브랜드와 달리 패션 산업에서 가격 수준을 결정하는 가장 주된 요소이자, 베끼기는 쉬워도 소비자로부터 인정받기는 어려운 '디자인' 부분에서 차별화된 품질을 보여 주었다.

스페인 사람들은 불행한 현대사 탓에 1950년대 이후 세계 무대에서 그 존재감을 발휘할 기회를 잃었고 그만큼 경쟁에서도 뒤처져 버렸지만, 그들은 원래 시간과 공간 감각, 색채를 뽑아내고 다루는 분야에서는 유럽에

프라도 미술관을 대표하는 작품인 벨라스케스의 「시녀들」, 1656년경.
프라도 미술관을 방문하는 사람이라면 굳이 이 그림의 위치를 확인할 필요 없이 사람들의 물결을 따라 걸으면 그림을 만날 수 있다. 루브르의 「모나리자」나 대영박물관의 로제타석처럼.

서 가장 앞선 사람들이었다.

다른 유럽 국가들과 달리 스페인은 자신들이 자리 잡고 있는 이베리아 반도가 과거 550여 년간 아랍계 민족인 무어인들의 지배를 받았던 경험이 있다. 무어인들의 앞선 숫자 감각, 기초과학 지식, 시간관념 등이 유럽 특유의 합리성과 만나면서 그들은 엄청난 문화적 발전을 이루었다. 또한 빛나는 태양과 풍요로운 자연 환경의 혜택 덕분에 인간이 구현할 수 있는 가장 화사하고 다채로운 색채들을 어린 시절부터 접해 왔던 스페인인들은 안료를 만들고 염색을 하는 데에서도 발군의 기량을 발휘했다. 그렇기 때문에 지금도 그림의 구도와 공간 배치에 얽힌 비밀을 완전하게 풀어내지 못했다는 평가를 받는 벨라스케스의 「시녀들」이나 검은색 하나로 다른 화가들이 평생 사용하는 모든 색을 표현해 냈다는 평가를 받는 「옷 입은 마하」, 「옷 벗은 마하」(둘 다 모두 고야의 작품) 같은 그림을 그려낼 수 있었다.

현대의 스페인 사람들은 그런 그림들을 일상생활 속에서 접하고 감상하면서 서로의 느낌을 이야기하고, 때로는 따라 그리며 자신도 모르게 탄탄한 기본기를 다져왔던 것이다. 그렇기에 시작은 늦었지만 그들은 세계 수준의 명품 패션 브랜드들이나 다룰 수 있는 색채 감각과 패턴 등을 자신들의 옷에 접목시킬 수 있었다. 자연과 조상들로부터 물려받고 보고 배운 것이 풍부하여 선과 공간에 대한 감각이 살아 있는, 그런 기본기가 탄탄한 기술자들이 있었기에 '자라'를 위시한 스페인 패션 기업들은 오랜 암흑기를 신속하게 극복하고 세계인들의 구미에 맞는 세련된 옷들을 만들어 낼 수 있었다.

탄탄한 기본기가 만들어 낸 서양판 '호접지몽(胡蝶之夢)'의 완성

프라도를 대표하는 작품인 벨라스케스의 「시녀들」. 미술관에 도착해서 처음 이 그림을 접하게 되는 사람들은 세 번 놀란다고 한다. 우선 그 그림의 크기(높이가 3.16미터, 너비가 2.76미터에 이르는 대작이다)와 그 앞에 몰려 있는 관람객들의 어마어마한 숫자에 놀라고, 생각보다 그림의 구도가 조금은 생소하고 어색한 점에 또다시 놀라고, 그럼에도 불구하고 그림을 집중해서 바라보면 그때야 비로소 가슴 깊이 전해지기 시작하는 아름다움과 그로 인한 감동에 마지막으로 놀란다는 것이다.

실제로 왕의 어린 딸을 그린 이 그림의 구도는 조금 특이하다. 처음 관람객의 시선은 그림의 중심에 놓인 어린 왕녀에게 향하지만 이내 그림 속 화가의 눈길을 따라가다 보면 엉뚱하게도 배경의 큰 거울 속에 흐릿하게 보이는 두 남녀에게로 쏠린다. 사람인 듯 유령인 듯 그 형체와 색상조차 불분명한 거울 속의 남녀는 누구일까? 정확한 기록은 없지만, 그림의 주인공인 왕녀의 부모인 펠리페 4세와 왕비 마리아나라는 것이 정설이다. 당시에는 흔한 일이었다지만, 놀랍게도 펠리페와 마리아나는 부부 이전에 외삼촌과 조카 사이였다. 프랑스 부르봉 왕가의 딸과 결혼해서 아들 하나를 두고 행복하게 살던 펠리페 4세가 부인을 잃은 뒤, 연이어 대를 이을 아들조차 잃고 실의에 빠져 있자 그의 여동생인 신성 로마 제국의 황후 마리아 안나(Maria Anna von Spanien)가 엉뚱하게도(당시로써는 크게 특이한 일은 아니다) 자신의 딸을 내주어 결혼하도록 했다는 것이다. 아무튼 펠리페와 마리아나 사이에 태어난 첫째 딸 마르가리타에 대한 두 사람의 애정은 대단했다. 펠리페 왕은 마르가리타가 태어난 지 얼마 되지도 않았을 때부터 좋은 혼처를 찾기 위해 유럽 여러 왕실의 신랑감들을 직접 찾아 나섰으며, 마리아나 왕비는 행사 등에 그녀를 선보일 일이 있으면 조금이라도 더 아름답게 보이기 위해 치장하는 데 오랜 시간 공을 들이도록 했다.

이 그림 역시 최초에는 마르가리타 왕녀를 치장하는 시녀들과 시종인 난쟁이들을 그린 그림이라고 여겨졌다. 그 후 오랜 연구를 통해 실제로는 거울 속에 비친 펠리페 왕 부부를 그리는 벨라스케스 자신이 그림의 주인공이고, 왕녀와 시녀들은 오히려 그림(그리고자 하는 대상)의 바깥에 서 있는 타자이자 어찌 되었든 간에 그림상에서는 주인공 아닌 주인공이 되어 버린 상황을 기가 막히게 묘사한 그림이라는 것이 밝혀졌다. 이 설명대로라면 화폭에 그려진 모습은 그림의 좌측 이젤 앞에 서서 붓을 잡고 있는 화가(벨라스케스)의 머릿속에 있거나, 그림이 그려지는 당시 실제 그림의 대상이 된 펠리페 왕 부부의 머릿속에 있는 모습이라는 것이고, 실제 이 상황을 통해 그려진 그림은 펠리페 왕 부부의 초상화였어야 한다는 것이다.

말장난 같기도 하고 철학 문답 같기도 한 이 그림을 둘러싼 여러 가지 이야기들 때문에 영국의 화가이자 미술평론가였던 토마스 로렌스(Thomas Lawrence)는 벨라스케스의 이 그림을 일컬어, "시녀들이야말로 '예술의 철학(Philosophy of art)' 그 자체이다"라는 극찬을 아끼지 않았고, 이탈리아 출신의 세계적인 기호학자인 미셸 푸코는 그의 저서 『말과 사물』에서 "벨라스케스는 그가 재현되고 있는 그림에서 보여짐과 동시에 그가 무언가를 재현하기 위해 바쁘게 움직이고 있는 그림을 보는 것이 불가능하기라도 한 것처럼, 양립 불가능한 이 두 가시성(visibilities)의 임계선을 지배하고 있다"라고 이 그림을 평한 바 있다.

하지만 이 그림에 대해 지금까지 읽고 들은 어느 누구의 평보다 더 기억에 남는 실감 나는 평가를 해줬던 이는 학창 시절의 미술 선생님이었다.

개인전을 여러 차례 연 중견 화가이기도 했던 선생님께서는 화첩 속 「시녀들」을 보며 고개를 갸웃거리고 있는 제자에게 "이 그림이야말로 호접지몽의 경지를 그대로 보여 주는 그림이지. '내가 그리는지?' 아니면 '내가 그려지는지?', '누가 화가인지?', '누구를 그리려는 건지?'의 경계가 불분명한 그림. 그래서 더 아름답고 위대한 걸작이 된 것이야"라고 말씀하셨다. 그때야 배움이 짧아서 선생님께서 무슨 말씀을 하시는 건지 쉽게 이해하기 어려웠지만, 시간이 흘러 공부가 늘고 화첩으로만 보았던 그림을 실제로 눈앞에서 볼 수 있게 되었을 때 절로 무릎을 칠 수밖에 없었다.

이처럼 어찌 보면 무척이나 혼란스럽고 누구를 왜 그렸는지조차도 헷갈릴 만큼 복잡한 구도와 주제의 그림임에도 불구하고 오랜 기간 걸작으로 인정받고 있으며 지금 이 순간에도 많은 사람들에게 깊은 감동을 줄 수 있는 이유는 무엇일까? 그 이유는 벨라스케스 개인의 인생 역정에서 찾을 수 있다.

1599년 6월 스페인 남부 안달루시아 지방의 대표적인 도시 세비야에서 태어난 벨라스케스는 유대계 변호사였던 아버지로부터 종교와 철학에 관해 배웠다. 미술에 재능을 보이면서부터는 '세비야 예술학교'를 설립한 프란시스코 에레라(Francisco Herrera the Elder)의 밑에 들어가 그림을 배웠다. 당대 유럽 회화의 전범(law)으로까지 여겨졌던 이탈리아 회화 기법과 화풍을 거부하고 과감한 표현과 색의 사용 등의 독자적인 그림 그리기를 강조했던 스승의 가르침 덕분에 어린 벨라스케스는 틀에 매이지 않는 풍성한 표현력을 갖추게 되었다. 12세가 되던 해 첫 스승을 떠나 프란시스코 파체코(Francisco Pacheco)의 문하생이 된 그는 『회화 교본(Libro de los retratos)』이라는 책의 저자이기도 했던 학구파 미술 선생 파체코의 가르침을 받아 스케치, 색의 활용 등에 대해 체계적인 학습을 하

프라도 미술관이 소장한 벨라스케스의 다른 걸작들. 「시녀들」과 마찬가지로 그림의 배경과 내용에 대한 논란이 끊이지 않는 「실 잣는 여인들」, 1657년경(위). 그가 그린 거의 유일한 서사화 중 하나인 「브레다의 항복」, 1635년(아래).

게 된다. 그와 더불어 8백 년 가까운 아랍 왕조의 지배를 겪으며 아랍과 유럽의 문화가 한데 섞여 발전해 온 안달루시아 지방 특유의 문화적 풍토에서 자란 그는 아랍의 발전된 기하학을 자연스럽게 받아들이게 되었고, 그러한 다양한 학문적, 미술적 기초들은 그대로 그의 미술적 자원이 되었다. 이를 바탕으로 「시녀들」을 비롯한 그의 수많은 작품들은 위태로운 듯하면서도 안정적인 구도를 갖추게 되었고, 과격한 듯하면서도 왠지 사람의 마음을 부드럽게 보듬는 색감을 갖게 된 것이다.

「시녀들」이 걸려 있는 12번 방을 제외하고는 시기별로 그 배치가 조금씩 달라지기는 하지만 프라도 미술관에는 모두 일곱 개의 벨라스케스의 방2이 있다. 그 방들을 채운 그의 그림들이 모두 그렇다. 동시대의 그림들과는 무언가 다른 듯한 색감과 구도를 지녔지만, 그 바탕에는 인물과 사물에 대한 철저한 관찰과 사유, 치밀할 정도로 정교하면서도 과학적인 구도와 배치, 그리고 그림을 그리던 당시 화가가 느꼈던 감정과 나중에 그 그림을 보게 될 사람(주로 그림을 주문한 왕이나 귀족)의 감정, 그 사이 선(線)을 절묘하게 넘나드는 표현력이 있다. 탄탄한 기본기가 없었더라면 그저 재능 있는 화가의 시험적 시도나 유쾌한 장난 정도로 그쳤을 그림들은 「시녀들」, 「교황 인노첸시오 10세」, 「사냥 중인 발타사르 카를로스 왕자」, 「브레다의 항복」 등과 같은 걸작들로 거듭날 수 있었다.

---

2 전시실 10번 「벨라스케스와 자연주의」, 11번 「이탈리아 여행」, 12번 「왕의 초상화」, 14번 「종교 회화」, 15번 「난쟁이와 광대들」, 15a번 「신화적인 회화」 그리고 이와 조금 떨어진 곳의 전시실 27번 「전쟁」이 있다

탄탄한 기본기가 만들어 낸 또 하나의 기적, 티키타카**3**

잠시 화제를 스페인의 축구에 대한 이야기로 바꿔보자. 2012년 개최된 '유로(Euro) 2012'에서 스페인 국가대표 축구팀은 엄청난 경기력으로, 결승전에서 보기 힘든 4:0이라는 큰 점수 차로 이탈리아 국가대표팀을 꺾고 우승컵을 들어 올렸다.

무엇보다 전 세계 축구팬들의 관심을 끌었던 것은 그들이 선보인 '가짜 9번(False 9)'이라는 신종 전술이었다. 9번이라는 등 번호는 축구에서 대개 최전방 공격수를 뜻한다. 영국 축구의 전설 보비 찰턴(Robert Charlton)이나 브라질 국가대표팀을 월드컵 우승으로 이끈 대형 스트라이커인 호나우두, 그리고 한국의 스트라이커 박주영 선수 등이 국가대표팀이나 소속 클럽 팀에서 9번을 달았던 대표적인 선수들이다. 유로 2012에서 스페인이 선보인 전술은 최전방에 빠른 스피드를 보유하고 몸싸움에 능한 공격수(9번)를 두는 전통적이고 보편적인 방식이 아니라, 전 선수가 정교하고 치밀한 패스를 하며 점유율을 높여 나가다가 때로는 공격수의 숫자를 7~8명까지 극단적으로 늘리기도 하고, 때로는 수비에 6명 이상의 선수가 참여하는 유기적인 플레이를 하는 축구였다. 단순해 보이지만 선수 전원이 전술에 대해 완벽하게 이해하고 있어야 하고, 공격수로서의 역할과 수비수 또는 미드필더로서의 역할을 모두 해낼 수 있어야만 가능한 전술이었다. 그런데 이러한 전술과 그를 바탕으로 강력한 경기력을 선보인 스페인 축구팀 역시 최근 들어 갑자기 등장했던 것이 아니다.

마드리드를 연고로 하는 '레알 마드리드'와 함께 역사상 가장 유명한 라이벌 관계를 형성하고 있는 'FC 바르셀로나'의 홈구장인 '캄프 누'에는 역

---

3 Tiki-taca. 정교한 패스를 중심으로 강한 압박을 구사하는 스페인팀 특유의 패싱 축구 스타일.

전 세계 축구팬들의 성지 중 하나인 '캄프 누'. 현재 세계 최고의 인기 축구 구단이자, 최근 들어 자국과 해외 리그를 통틀어서 가장 많은 우승컵을 들어 올린 스페인 프리미어 리그의 강팀 FC 바르셀로나의 홈구장이다. 수용 인원 9만 9천여 명의 초대형 경기장과 그 부속 체육 시설로 이루어져 있다. 이곳을 방문한 날에만도 무려 3개 종목 6개의 경기가 진행되고 있었다.

대 FC 바르셀로나의 역사는 물론 스페인 프로축구의 역사까지 한눈에 볼 수 있는 초대형 박물관이 있다. 입구에서부터 수백 개의 우승 트로피가 보는 사람을 압도하는 박물관에는 현역 선수로 현재 세계 최고의 플레이어라는 칭송을 받고 있는 메시(Lionel Messi)와 유로 2012의 MVP로 뽑힌 이니에스타(Andrés Iniesta)의 유니폼과 사인이 된 사진 등이 주요 전시품으로 전시되고 있다. 그중에서도 눈에 띄는 것은 '토털 축구(Total Soccer)'의 창시자인 요한 크라위프(Hendrik Johannes Cruijff)에 관한 전시물이다.

요한 크라위프는 네덜란드에서 태어나 네덜란드 축구 국가대표를 지냈고, 역시 네덜란드 프로축구팀인 '아약스(AFC Ajax)'에서 선수 생활을 시작했던 대표적인 네덜란드 축구인이지만, 그의 축구가 만개한 것은 FC 바르셀로나에서였다. 1973년 FC 바르셀로나는 아약스에게 크라위프의 몸값으로 200만 달러를 제시했다. 이에 당시로써는 천문학적인 외화가 스페인에서 네덜란드로 흘러나가게 되는 것을 우려한 스페인 세무 당국이 제재를 가하겠다고 하자, FC 바르셀로나 프런트는 농업 선진국이었던 네덜란드에서 '농업용 기계'를 수입하는 것으로 하고, 크라위프를 그 농기계 도입 계약에 포함된 '운영 직원'으로 등록해서 일괄 수입 및 통관 등록을 해 버리는 편법을 이용해서 그를 데려 왔을 정도로 축구 선수로서 그의 능력과 인기는 절대적이었다. 그가 선수로서, 감독으로서, 운영 위원 및 고문으로서 바르셀로나에 뿌리내릴 수 있었던 이유는 바로 '토털 사커'와 그에 필요한 개인기, 전술 이해 능력 때문이다. 그리고 그가 바르셀로나에 전파한 것들은 우수한 선수와 지도자들을 통해 다른 팀으로 전파되고 손질되어 보다 나은 전술로 발전하면서 스페인 축구팀들과 선수들 사이에 면면히 이어져 내려갔고 또 계속 보완되어 왔다.

하지만 토털 사커라는 탁월한 전술 역시, 이미 1백여 년도 넘는 클럽 축구의 역사와 전통 아래, 485개의 프로팀(1부 프리메라리가 20개 팀, 2부 세군다A 22개 팀, 3부 세군다B 80개 팀, 4부 테르세라 363개 팀)이 매년 우승은 물론 리그에 잔류하느냐 강등 당하느냐를 두고 피 말리는 접전을 벌이고, 그를 떠받치는 수십 개의 지역 리그별로 다시 수백 개 이상의 축구팀들이 각축을 벌이면서 65만

요한 크라위프는 FC 바르셀로나에서 선수, 감독, 행정가로 모두 우승을 맛보았던 인물이었다.

명이 넘는 등록 선수들을 배출해 내는 스페인의 단단한 축구 기반 덕분에 가능했다.

스페인의 우승과 스페인 축구의 대대적인 약진은 '가짜 9번' 전술의 반짝 승리라기보다는 '어떠한 전술'을 적용하든지 그를 완벽하게 이해하고 체득하여 실전에서 100% 활용할 수 있는 스페인 선수들의 전술 이해도와 탄탄한 기본기의 승리와 가치를 입증한 하나의 예에 지나지 않는다.

삼손의 힘 역시 탄탄한 기본기로부터

이처럼 보이지는 않지만, 조직 구성원들의 내면 속에 잠재되어 있는 기술적 노하우나 문화적 감수성, 그리고 그러한 것들에 대한 공감대 등을 기업에서는 기술적 측면에서는 '원천 기술'이라 하고, 인사·조직적 측면에서는 '고유의 조직 문화'라고 표현한다. 기업이 제공하는 제품이나 외적인 서비스로 드러나서 눈에 띄지는 않지만, 기업 또는 그 기업이 만드는 제품과 서비스의 질에 절대적인 영향을 미치는 것들이 바로 이런 것들이다. 기본이 탄탄한 기업은 한때 조금 어렵거나 약세를 보이더라도 제대로 된 기회를 맞으면 이제껏 움츠렸던 것보다 훨씬 더 높이, 멀리, 오래 도약할 수 있다.

프라도 미술관은 물론이고 스페인, 더 나아가 서양 회화의 대표작 중 하나로 인정받고 있는 벨라스케스의 「시녀들」이 단순한 눈속임이나 몇몇 회화적 기교만으로 만들어진 것이 아니고, 다시금 스페인을 세계 패션의 중심지로 급부상 시키고 있는 저력을 발휘하고 있는 '자라'와 그 모기업 인디텍스 역시 단순히 아만시오 오르테가 회장 개인의 능력이나 사업 수완만으로 지금의 성공을 거두게 된 것이 아닌 것처럼, 한 기업의 성공 역시 한두 가지 특출한 기술이나 몇몇의 출중한 리더만으로 이룰 수는 없는 것이다.

그렇기 때문에 세계적인 경영 컨설턴트이자 『사막을 건너는 여섯 가지 방법』이라는 베스트셀러의 저자로도 유명한 스티브 도나휴는 그의 책에서 성공으로 가는 방법의 첫 단계로 '지도 대신 나침반을 따라가라', 즉 '거창한 미래 계획'이나 '앞으로 어떻게 할 것인지?' 등을 생각하기 전에 자기가 보유하고 있는 기본기, 핵심역량, 원천 기술 등에 대해 면밀히 살피고 그를 활용할 방법을 찾아야 한다고 한 것이다.

한때 미국은 물론 전 세계에서 가장 잘나가는 여행용 가방 회사가 있었다. 콜로라도 주의 덴버에 살던 제시 슈웨이더(Jesse Shwayder)라는 소규모 가방 제작자가 설립한 이 회사는 1965년 가볍고 튼튼하면서도 많은 물건을 담을 수 있는 신제품을 선보이면서 성경에 나오는 힘이 장사였던 사내 삼손의 이름을 활용했다. 그렇게 탄생한 샘소나이트(Samsonite) 가방은 항공 산업의 폭발적인 성장, 해외여행의 보편화 등과 맞물려 엄청난 인기를 끌게 되었다.

하지만 2008년 전 세계적인 금융 위기가 닥치고 항공 여행이 위축되면서 샘소나이트는 커다란 위기를 맞이하게 되었다. 매출은 급격하게 추락했고, 주가 역시 폭락하여 그야말로 생사의 기로에 서게 되었다. 이듬해 영국 출신으로 '기업 부활의 마술사'라고 불렸던 팀 파커(Tim Parker)가 회장으로 부임했지만, 시장에서 샘소나이트의 부활을 기대하는 사람은 거의 없었다. 그런데 결론부터 이야기하자면 샘소나이트는 부활했다. 그것도 아주 멋지게. 매출은 이전보다 30% 이상 올랐고, 영업 이익 또한 같은 수준으로 증가했다. 전 세계 대부분의 시장에서 점유율이 늘어났으며, 특히 빠른 속도로 성장하는 주요 시장인 중국에서의 매출 증가율은 역대 최고를 기록했다.

이토록 빠른 시간 내에 샘소나이트가 부활할 수 있었던 것은 뼈를 깎는 자구 노력 끝에 전 세계적으로 실적이 부진한 매장 수십여 곳의 문을 닫고, 불필요하게 지출되는 비용들은 과감하게 삭감하는 등 일반적인 구조 조정 기업에서 볼 수 있는 모든 활동과 그 모든 것들을 가능하게 했던 팀 파커 회장의 과감하면서도 신속한 의사결정과 추진력 덕분이었다. 그러나 다른 무엇보다 그들이 확실한 부활을 할 수 있었던 것은 그들의 기본기가 탄탄했기 때문이다.

앞서 말했던 것처럼 샘소나이트는 콜로라도 덴버의 한 가방 공장에서 시작했다. 1910년부터 여행용 가방을 만들었던 샘소나이트는 가볍고 튼튼하다는 점에서만큼은 경쟁자들이 따라올 수 없을 정도로 탄탄한 기본기를 갖추고 있는 기업이었다. 가방 위에 널판지를 얹고 사장인 슈웨이더의 가족들이 모두 올라 앉아 있는 당시의 광고 사진은 단순히 광고를 넘어서서 하나의 사회적 이슈가 되며 대단한 인기를 끌었을 정도로 샘소나이트는 튼튼한 가방을 만드는 데 탁월한 기술력을 보유하고 있었다. 거기에 제품의 소재가 되는 폴리프로틸렌을 다루는 솜씨 역시 뛰어나서 샘소나이트 가방은 튼튼한 데다가 가장 가벼운 가방으로도 유명했다. 수십 년간 그런 가방을 만들어 내던 기본적인 기술력이 있었기에 잠깐 사업적인 위기를 겪기는 했지만, 곧 고객의 마음을 사로잡는 탁월한 신제품을 선보일 수 있었고, 그런 제품이 그들을 위기에서 구해 주었다.

코즈모라이트(Cosmolite)가 바로 그들의 그런 기본기가 빛을 발한 대표적인 사례이다. 2009년 출시된 이 제품은 디자인 능력, 소재를 다루고 형체를 잡는 능력, 바퀴 등의 각종 부자재를 적재적소에 부착하는 능력 등을 제대로 살려 낸 작품이었다. 이러한 것들은 가방을 만드는 사람들이라면 기본적으로 구사할 줄 알아야 하는 기초적인 능력임에도 불구하고 구

샘소나이트의 부활을 알린 베스트셀러 제품인 코즈모라이트.

현하기가 쉽지 않은 것들이었다. 또한 회사는 이런 가방의 강점을 최대한 부각시키는 TV 광고를 통해 엄청난 홍보 효과를 거두었다. 광고는 고속으로 달려오던 자동차와 가방이 부딪치는 장면을 보여 준다. 충돌 후 살펴보니 차의 앞 범퍼는 박살난 반면 약간 우그러져 있던 가방은 손으로 툭 치니 원상회복되었다. 이 광고는 내구성과 커다란 용량에도 불구하고 물병 하나 정도의 무게인 2.2kg밖에 안 되는 초경량, 잠금 장치와 바퀴 등 가방 제작의 가장 기본 요소지만 제대로 만들어 내기 어려운 것들을 샘소나이트의 숙련된 직원들이 성공적으로 해냈다는 것을 만방에 알리는 하나의 선전포고와도 같은 광고였다. 덕분에 코즈모라이트는 2009년부터 3년간 여행용 가방에 주어지는 온갖 상이란 상은 죄다 휩쓸며 샘소나이트 부활의 첨병이 되어 주었다.

결국 기본이 승패를 결정한다
이와 같은 사례는 이웃 나라 일본에서도 찾을 수 있다. 지금이야 세계적인 골프 장비의 상당수가 일본 회사의 제품이지만 1950년대 중반 무렵만 하더라도 상황은 달랐다. 대부분의 서양 스포츠들이 구한말 무렵 먼저 개화된 일본을 통해 우리나라로 전래되는 것이 일반적이었는데, 유독 골프만큼은 오히려 '조선이 먼저, 일본이 나중'[4]이라고 할 정도로 한국이 일찍, 아니 일본이 늦게 시작한 편이었다. 그도 그럴 것이 일본에는 골프가 발전하기 위해서는 필수적인 조건인 평탄한 초지가 적은 편이었다. 또한 초창기에는 별다른 장비가 없어도 충분히 즐길 수 있는 다른 스포츠와 달리 골프는 반드시 골프채라는 장비가 있어야 할 수 있는 운동인데, 골프채가 당시 이미 평균 신장이 170cm대를 훌쩍 뛰어넘은 서양인의 체형에 맞춰 개발된 것이어서 19세기 무렵까지 평균 신장이 155cm대에 머물렀던 일본인들로서는 공을 쳐내기는커녕 제대로 휘두르기조차 버거운 지경이었다. 이런 점 때문에 골프는 그들이 가까이하고 즐기기에는 적당하지 않았던 스포츠였고 관련 장비 산업 역시 발전하려야 발전할 수가 없었다.

  그랬던 그들이 불과 50여 년이 지난 후에는 세계 최고의 골프용품을 생산해 내는 골프 산업 강국이 되었다. 그 이유로는 여러 가지가 있지만 그중 가장 흥미로운 견해가 있다. 바로, 과거 막부 시절에 활동했던 수많은 사무라이에게 칼(일본도)을 제공하며, 그 산업적 전성기를 구가했던 검 제작의 장인들이 사무라이가 점차 사라지고 싸움의 무기가 칼보다는 총과 대포 위주로 바뀌면서 일자리를 많이 잃었는데, 그들이 막 태동하기 시작한 골프장비 제작 산업 쪽으로 영입되어 자신들의 기술을 맘껏 발휘하며 명품 장비를 만들어 냈다는 것이다.

---

4 1937년 타카토미 타네오가 『조선골프소사』에 기고한 글 참조.

실제로 일본도를 만드는 과정 중 가장 중요한 공정의 하나가 스노베(素延べ)이다. 성질이 다른 두 개의 철(심철과 피철)을 접합시킨 덩어리에 열을 가한 뒤 한 명의 장인은 망치질을 하고 다른 장인은 망치질의 리듬에 맞춰 쇠를 끌어 당겨 길게 늘이는 공정이다. 이를 통해 두 가지 성질의 쇠가 하나로 합쳐지고 덩어리였던 것이 긴 칼의 모양으로 변하게 된다. 글로 적어 놓으면 간단해 보이지만 이 기술이 워낙 고난도의 복잡한 기술이어서 웬만한 기술자는 따라 하기조차 어려운, 일본도의 품질을 좌우하는 기술이라고 한다. 그런데 초기에 골프채를 만드는 과정에서도 이와 비슷한 공정이 있었다. 그때 진가를 발휘한 것이 일본도 장인들의 이 '스노베' 기술이었다. 수백 년간 대를 이어가며 물려받아 온—성질이 다른 쇠를 두드리고 달궈서 자유자재로 자신들이 원하는 강도와 탄성의 칼로 재탄생시켜 온—그들의 기본기가 다른 영역의 산업 분야에서도 그 빛을 발한 것이었다.

이와 같은 사례에도 아직까지도 많은 사람들이 기본기라 하면 '돈이 안 되는', '고루한', '고지식해서 직접적인 효용성과는 별 연관이 없는 것'이라고 생각한다. 특히 기업을 경영하거나 조직을 운영하는 이들은 바빠서 기본기에 대해 관심을 쏟기 힘든 경우가 많다.

하지만 일의 성패는 결국 그 일을 하는 사람이 몸담은 조직의 기본기에 달려 있다. 기본기가 얼마나 탄탄하고 차별적이냐에 따라 그를 활용하여 더 나은 결과물들을 만들어 낼 수 있는지 그렇지 못한지가 좌우된다. 프라도 미술관에 걸려 있는 수많은 걸작들을 그린 조상들로부터 기본기를 대대손손 물려받은 지금의 스페인인들이 잠깐의 침체기를 탈출하여 스페인 패션 산업의 본격적인 꽃을 피우려 하는 것처럼.

프라도 미술관(Museo Nacional del Prado)

위치 Calle Ruiz de Alarcón 23, Madrid 28014

홈페이지 www.museodelprado.es

관람 시간 09:00~19:00(화~토) / 09:00~14:00(일, 공휴일)

휴무일 매주 월요일 / 1월 1일, 추수감사절, 성탄절

관람료 12유로

Underline Note

1) 유럽의 다른 유명한 미술관과 마찬가지로 프라도 역시 엄청난 규모와 방대한 소
장품을 보유하고 있어 짧은 시간 안에 모두를 관람하기란 거의 불가능에 가깝다.
미리 계획을 세워 특정 시대(사조)의 작품 또는 몇몇 유력 작가의 작품 위주로 관람
하겠다는 목표를 갖고 그에 따라 동선을 맞춰 관람하는 것이 후회가 없다.

2) 오후 특정 시간(대략 4시) 이후에는 관람 티켓을 50% 할인된 가격에 판매하니 가
능하면(숙소가 프라도에서 멀지 않으면) 하루에 다 관람하기보다는 다른 관광지를 구
경한 뒤 오후 4시에 이곳에 들러 하루 일과를 마무리하는 형식으로 며칠에 걸쳐
관람을 하는 것도 좋다.

모두가 이기려면, 모두가 져야 한다

오르세 미술관에서 배우는 [전략적 의사결정]

30여 년 전의 다툼

인적이 끊긴 유럽의 어느 기차역.

한 노신사가 의자에 앉아 하염없이 기차를 기다리는 가운데 철도역의 상징인 시계가 점차 황금빛으로 물들자 역 곳곳은 미술관의 형상으로 변화하기 시작한다.

"발길이 끊긴 열차 역, 건축의 힘으로 미술관이 되다."

"공간의 가치를 새롭게 한다."

몇 해 전 등장해서 '잘 만든 광고'로 많은 사람들의 입에 오르내리던 현대자동차 그룹 계열 건설사의 기업 홍보 CF이다. 그런데 이 CF를 보고 감동을 받은 사람 중에는 내 아내도 포함되어 있었다. 어느 때부터인가 CF에 나왔던 '그 미술관' 오르세에 꼭 가고 싶다며 노래를 부르는 것이었다. 마침 그 이듬해 유럽에 방문할 기회가 생겼지만 계획한 일정에 파리만 있는 것도 아니었고, 빠듯한 기간 내에 다른 도시에도 들러야 해서 여러 곳의 미술관에 들를 시간이 없었다. 항공권을 구매한 날부터 떠나기 직전까

잘 만든 광고로 이름을 드높이며 2008년 당시 여러 광고상을 수상했던 현대
엠코의 오르세 미술관을 모티브로 한 광고 '공간의 가치를 창조하다'.

지 오르세를 방문할 것인지 말지에 대해 끝없는 논쟁이 계속되었다.

결국 '일단 주요 일정만 소화한 뒤, 다시 한 번 더 생각해 보자'라는 조
금은 애매한 절충안을 손에 들고 우리는 비행기에 올랐다. 하지만 먼저 일
정이 있었던 런던에서는 물론이거니와 파리에 도착해서까지도 우리는 토
론을 거듭했지만, 결론을 내지 못했다. 우리에게 주어진 '체류 시간'이라
는 자원이 너무나 제한적이었기 때문이었다. 게다가 그 부족하기만 한 체
류 시간이라는 자원을 활용해서 서로가 얻고 싶은 이익(새로운 경험, 즐거

움 등)은 달라도 너무 달랐다. 그런데 오르세 미술관과 관련해서 끝도 없는 논쟁을 벌인 것은 비단 우리 부부뿐만이 아니었다.

1977년 어느 날, 프랑스의 대통령 관저인 엘리제궁 쪽에서 고성이 터져 나왔다. 이 관저의 주인이자 당시 프랑스의 대통령이었던 지스카르 데스탱의 목소리였다. 프랑스의 유서 깊은 귀족 집안 출신으로 대통령 취임 전 프랑스 학술원(Académie française) 연구원이었고, 자신의 정치적 성향만큼이나 온건함과 타협을 중시하던 평상시의 그의 이미지를 고려했을 때는 쉽게 떠오르지 않는 모습이었다. 하지만 실제 방 안에서의 그는 무척이나 분노해서 쉽게 화를 누르지 못하고 있었다. 이유는 '기차역' 때문이었다.

불온한(?) 기차역

나폴레옹 3세를 폐위하고 새롭게 집권한 프랑스 제3공화정의 지도자들은 아직 그 세력이 완전히 사라지지 않은 왕권 옹호론자들과 블라디미르 레닌이 극찬을 마지않았던 파리 코뮌의 거센 도전에 직면해야 했다.[5] 그런 그들과 경쟁을 벌여 국민들의 지지를 한데 모으고 자신들의 정통성을 세계만방에 떨치는 가장 손쉬운 방법은 동서고금의 수많은 위정자들이 택했던 방법, 즉 외세와의 전쟁, 대규모 토목 공사 또는 초대형 행사 개최 등이었다.

그런 연유로 산업 사회의 고도화, 경제권의 확장, 지성과 문화 등에 대한 사회적 관심의 확대와 더불어, 프랑스 위정자들이 절감한 개최 필요성까지 보태어져서 50년이 안 되는 길지 않은 기간 동안 파리에서만 총 다

---

5 레닌은 측근들에게 '파리 코뮌이야말로 세계 역사상 최초로 벌어진, 노동 계급에 의한 사회주의 혁명의 예행 연습이다'라며 칭찬과 감탄을 아끼지 않았다.

1900년 당시의 파리 만국박람회. 이 박람회에 한국(당시 대한제국)은 별도의 전시관을 만들고 여러 가지 물품을 전시했다.

섯 번(1855년, 1867년, 1878년, 1889년, 1900년)의 만국박람회가 개최되었다.

박람회의 목적은 궁극적으로 전 세계에서 출품한 다양한 과학, 기술, 문화, 예술의 산물 등을 전시하는 것이었지만, 개최하는 프랑스로서는 그 모든 것들을 아울러서 각 박람회마다 자국 국민들을 포함한 전 세계인들의 이목을 끌고 행사의 규모를 과시할 만한 랜드마크가 필요했다. 그래서 1889년 '프랑스혁명 1백주년 기념' 파리 만국박람회장의 정문 역할을 하는 에펠탑을 건립하였고, 1900년 박람회 때는 그랑 팔레(Grand Palais), 프티 팔레(Petit Palais), 알렉상드르 3세 다리 등을 세웠다. 그 점잖던 지스카르 데스탱 대통령을 분노하게 만들었던 기차역 역시 바로 1900년 만국박람회를 위해 지어진 건축물이었다. 기차역은 원래 1700년대까지만 하더라도 센 강변의 아름다운 궁궐이었으나 1871년 파리 코뮌 때 내전에 가까운 격렬한 시위와 그에 대한 진압 과정에서 불태워졌다. 그 후

30년 가까이 불에 그슬리고 군데군데 허물어진 그대로 방치돼 있던 건물을 1900년 파리 만국박람회를 기념하기 위해 파리 남서부 지역을 운행하는 기차들이 멈춰서는 열차 역으로 개조하게 되었다.

문제는 역사상 그리고 세계 어느 나라에서나 지지 기반이 확고하지 않은 정권이 자신들의 힘과 정통성을 과시하려 지은 건물은 실용성보다는 의도가 불순한 상징물이나 과시 목적의 과도한 장식, 그리고 불필요하게 거대한 규모 등으로 지어지는 경우가 많듯, 이 역 또한 그러했다. 파리의 미술 학교(École des Beaux-Arts) 교사이자 당대 최고의 건축가 중 한 사람이었던 빅토르 라루(Victor Laloux)가 설계한 역은 화려함과 웅장함 그 자체였다. 문제는 실용성이었다. 당시 제조 기술의 획기적인 발전과 함께 더 많은 객차를 한번에 이끌 수 있는 강한 마력의 화차(火車)가 속속 개발되어 기차의 길이가 비약적으로 늘어나고 있었음에도 불구하고 역의 플랫폼 길이는 턱도 없이 짧았다. 반면 둥그런 돔 형태의 천장과 정교한 문양으로 장식된 벽면, 과거 궁궐의 형태를 거의 그대로 복원한 역사(驛舍) 외관 등은 쓸데없이 거대하고 호화로웠다.

결국 20세기 초중반 몽파르나스 역이 파리에서 남부 지역으로 향하는 대부분의 열차들이 출발하는 관문의 역할을 맡게 되고, 그 주위로 파리의 부도심이 형성되면서 1939년 이 역은 다시금 1백여 년 전 파리 코뮌 시절처럼 도심의 흉물로 방치돼 버렸다.

다행히 역과 함께 부속 건물로 지어진 호텔이 영업을 계속하고 있어서 철거의 위험은 덜었지만, 제2차 세계대전과 그 복구에 정신이 팔려 있던 프랑스인들의 관심 밖에 있었다. 그랬던 이 역이 다시금 프랑스인들의 눈길을 모으게 된 것은 1958년 5월의 어느 날이었다. 제2차 세계대전의 영웅이었고, 전후 프랑스 제5공화국의 초대 대통령으로 존경 받는 지도자

기차역으로 전성기를 구가할 당시의 오르세 역.

였지만, 68혁명6 이후 1969년 실시된 국민투표에서 패배한 샤를 드 골이 대통령 사임 및 정계 은퇴를 바로 역 부속 건물의 호텔에서 발표했기 때문이었다.

하지만 관심도 잠시, 이후 사람들의 무관심 속에서 오히려 흉물이니 철거해 버리자는 주장이 사람들에게 설득력 있게 받아들여지기 시작했다. 1973년 1월 영업 중이던 호텔마저 문을 닫으면서 철거 쪽에 무게 중심이 실리게 되었다. 그렇게 무려 40년 넘는 기간 동안 무관심과 '철거해야 한다'는 주장 사이를 오가며 아슬아슬하게 목숨을 연명해 왔던 이 건물의 운명이 극적으로 뒤바뀐 것은 1970년대 중반에 들어서이다. 경제의 회복과 그에 따른 문화에 대한 관심과 투자가 늘어나면서 자연스럽게 예술적인 가치는 물론 역사적인 사연을 담고 있는 역에 대한 복구 혹은 복원에 대한 이야기들이 오고 가게 되었다. 그 영향으로 1977년 지스카르 데스탱

___

6 5월 혁명이라고도 불림. 반(反) 드골 정부, 반 보수, 반 구시대를 표방하며 파리의 좌파 시위로부터 촉발된 시민 혁명.

대통령이 역 건물을 미술관으로 활용하기 위한 방안을 논의하기 시작한 것이었다.

'세기의 천재', '암기 기계'도 풀지 못한 의견 대립

하지만 논의는 시작부터 난관에 부딪혔다. 우선 프랑스, 그것도 파리에 미술관이 너무 많다는 것부터 문제가 되었다. 미술관 하나 더 짓는 것이 문제가 아니라, 어떤 미술품들을 전시하느냐가 문제였다. 이미 고대부터 현대에 이르기까지 다양한 시기의 예술품들을 모두 소장하고 있던 루브르라는 초대형 박물관이 있고, 현대미술을 특화시킨 미술관과 도서관을 한데 모은 복합문화시설인 퐁피두 센터가 막 준공을 앞두고 있으며, 이외에도 크고 작은 수많은 미술관과 박물관들이 존재하던 당시의 파리에 어느 시기 어떤 사조의 미술품들을 전시하는 시설을 만들 것인지는 충분히 논쟁거리가 되었다. 자문 회의가 소집될 때마다 미술 전문가, 학계 인사, 정부 관료 들이 서로 다른 의견과 주장을 내놓았다. 이 때문에 회의를 시작한 지 한참이 지나도록 어떠한 결론도 내리지 못하고 허송세월 시간만 보내다가 마침내 참다못한 지스카르 데스탱 대통령이 분노를 터뜨린 것이었다.

지스카르 데스탱 대통령은 '역사상 가장 지성적인 대통령', '대통령이 아니었다면 학자로 평생을 보냈을 사람', '현대 프랑스가 낳은 세계 최고의 천재'라는 세간의 평가가 말해 주듯 지적인 정치인의 상징과도 같은 사람이었다.

평등한 교육, 교육의 보편성 등을 중시하는 프랑스에도 엄연히 영재 교육이나 명문 학교 등과 같이 탁월하게 우수한 인재를 대상으로 하는 차별적인 교육 제도 혹은 교육 기관이 존재한다. 그중에서도 국립행정학교

(ENA), 파리 이공과대학(EP)은 '입학이 곧 성공의 보증수표'라고 불릴 정도로 졸업하기만 하면 프랑스 정·관·재계 고위직 진출을 위한 고속도로 위를 달릴 수 있는 학교라서 경쟁률이 치열할 뿐만이 아니라, 숫제 각 학교의 최우등생들만이 지원하는 편이다. 그만큼 합격할 확률은 매우 낮아서 합격을 위해 몇 년간 밤잠 자지 않고 공부하는 것이 당연시되고 있다. 그런데 지스카르 데스탱은 그런 두 학교의 학위를 모두 갖고 있었다.

국립행정학교는 수많은 공무원들이 제2차 세계대전 당시 대부분 사망하거나 친나치 괴뢰 정권이었던 비시(Vichy) 정부에 부역한 전력으로 숙청당한 터라 만성적인 인력 부족에 시달리자 고위직 공무원들을 집중적으로 양성시킬 목적으로 1945년 드골 정부가 설립한 그랑제꼴(Grandes écoles)로 역대 프랑스 대통령, 총리 및 장관들 중 상당수를 배출한 곳이다. 파리 이공과대학은 나폴레옹 집권 시절 군사학교 중 하나로 설립되었으나 이후 고급 기술 관료들과 과학자들을 양성하는 이공계 교육기관으로 변신하였다. 이곳 역시 국립행정학교와 마찬가지로 수많은 고위 관료와 재계 총수들을 배출한 명문이다.

지스카르 데스탱은 이 두 학교의 학위를 모두 갖고 있을 뿐만 아니라 두 곳 모두를 수석으로 졸업했다. 함께 공부했던 동기들은 그를 일컬어

'살아 있는 암기 기계'라고 했고, 프랑스 언론은 그를 '20세기 프랑스 최고의 지식인 대통령'이라고 지칭했다. 그랬던 그가 화를 참지 못하고 분노를 폭발시킨 것이었다. 새롭게 단장할 오르세 미술관의 컬렉션을 어떻게 구성할지, 그렇게 만들어진 미술관을 주로 어떤 용도로 활용할지에 대해 논쟁만 되풀이하고 어떠한 결론도 내리지 못하고 있기 때문이었다.

그런데 파리 여행을 하던 우리 부부도 '오르세 미술관'을 두고 계속해서 틈만 나면 논쟁을 벌일 뿐 어떠한 결론도 맺지 못하고 말았다. '파리에서의 한정된 일정'이라는 '제한된 자원'을 활용하여 서로가 '하고자 하는 일'과 '해야 할 일'이 달랐고, 그를 두고 진행한 의사결정의 과정에서 '타협'이라는 메커니즘이 제대로 작동하지 못했기 때문이다. 그런데 이렇게 타협하기 어려운 의사결정의 순간이 훨씬 더 자주, 그리고 격렬하게 벌어지는 곳이 있으니 바로 기업 경영의 현장이다.

경영자의 숙명, '패러독스 경영'

기업이 고객에게 가치를 제공하여 경쟁자들보다 우위에 서기 위해서 택하는 전략은 대략 크게 두 가지로 나뉜다. 하나는 비슷한 품질의 제품을 남보다 훨씬 싸게 제공하는 것이고, 다른 하나는 가격이 조금 비싸더라도 다른 경쟁자가 따라올 수 없을 정도로 예쁘거나 특이하거나 혹은 기술적 완성도가 높은 제품들을 공급하는 것이다. 첫 번째 전략을 '가격 우위(cost leadership)'라고 하는데 월마트 등을 포함한 할인마트나 중국에서 생산한 수많은 저가 공산품들이 이에 해당한다. 반면 두 번째 전략은 '차별화(differentiation)'라고 하며 특이한 디자인의 고가 전자제품을 생산하는 다이슨(Dyson)이나 페라리나 람보르기니 등과 같은 초고가의 스포츠카 메이커들의 전략이 이에 해당된다. 이 두 가지에 더불어, 관점을 조금 줄여서 '가격 집중(cost focus)'이니 '차별화 집중(differentiation focus)'이니 하는 것들이 있지만, 대부분의 경우 기업들이 택하는 전략은 '가격 우위' 전략과 '차별화' 전략이다.

과거에는 이렇게 분류하고 그중에 자신과 자신의 기업의 상황에 맞춰 전략을 선택하는 것이 가능했다. 둘 중 하나의 전략만 제대로 수행해도 충분히 시장에서 살아남을 수 있었고, 경쟁자를 누르고 성공할 수도 있었다. 하지만 시대가 바뀌었다. 어느 한 가지 전략만 가지고는 확실한 성공을 장담할 수 없을 정도로 시장 환경은 빠르게 변하고 있고, 경쟁은 더욱더 치열해지고 있다. 오늘 내가 차별적인 기술의 제품을 선보이면, 내일이면 경쟁자는 그와 비슷한 혹은 더 차별적인 제품을 나보다 1달러, 1원이라도 더 싸게 출시하는 무한 경쟁이 곳곳에서 펼쳐지고 있다. 그렇기 때문에 최근에는 '더 싸게'와 '다르게(더 낫게)'라는, 어찌 보면 모순된 두 가지 전략을 모두 충족시킬 수 있는 방법을 찾기 위한 노력이 기업 내부에서 끊임없이 이어지고 있다.

그러다 보니 필연적으로 발생하는 것이 기업 내부 구성원 사이에서의 의견 불일치, 의사결정상의 불협화음이다. 업무상 '더 싸게'라는 전략 실행에 관심이 많은 재무회계 부서, 영업전략 부서, 인사 부서, 유통관리 부서 등과, '다르게'에 관심이 많은 상품기획 부서, 연구개발 부서, 디자인 부서는 의견 일치를 이루기가 쉽지 않고, 매번 자기주장, 자기 논리를 앞세워서 치열하게 다투기만 할 뿐 제대로 된 결론은 만들어 내지 못하는 경우가 대부분이다. 이 때문에 근래에 들어서는 패러독스 경영(paradox management)의 필요성이 급격하게 대두하고 있다. 상식선에서는 서로 공존할 수 없을 것 같은 상충하는(trade-off) 두 가지 이상의 전략적 방향, 정책, 주장, 이론 등을 서로 조화시켜 최적의 답, 전략 등을 내는 경영 활동이 필요하다는 생각 때문이다.

그런데 말이 쉽지, 이 패러독스 경영이라는 것은 실제로 해보면, 사업의 진행이 거의 불가능할 정도로 어려움을 겪을 때가 대부분이다. 왜냐하면 패러독스 경영이 원활하게 작동하여 의사결정을 이루려는 순간이면 어김없이 이른바 '내부 논리', '부서 이기주의', '자기중심적 사고' 등이 등장하기 때문이다. 많은 경우 '이렇게 결정을 내리면, 내(우리 부서)가 너무 손해 보는 것은 아닐까?', '(의사결정 과정에서) 한 번 밀리면, 다음부터도 번번이 양보해야 하는 게 아닐까?', '쉽게 양보하면, 내(우리 부서) 영향력(혹은 정치력)이 약해지는 것은 아닐까?' 등과 같은, 어찌 보면 전혀 쓸데없는 생각이 합의와 타협을 방해한다.

그렇기 때문에 그와 같은 상황에서는 중심을 잡아 주는 그 '무엇(혹은 사람)'이 필요하다. 그것에 해당하는 것이 바로 조직의 비전, 핵심가치, 또는 리더이다. 논쟁의 과정을 통해 만들어 내고자 하는 핵심가치와 의사결정을 통해 추구하는자 하는 비전이 명확해야 논쟁과 의사결정이 끝없는 다툼이나 내부 논리에 의한 감정 싸움에 휘말리지 않고 올바른 해답을 구하거나 더 좋은 답을 만들어 나가는 가치 있는 과정이 될 수 있다. 또한 리더는 논쟁과 의사결정 과정의 범위와 나아가야 할 방향에 대해 지속적으로 참가자들에게 제시해 주고, 그 범위 밖으로 벗어나는 의견이나 자기중심주의 혹은 부서 이기주의에 빠져 발전적인 방향을 제시하지 못하는 참가자에 대해서는 논의에 영향력을 발휘할 수 있는 기회를 제한함으로써 논의가 빠른 시간 내에 제대로 된 방향으로 전개될 수 있도록 해줘야 한다.

프랑스 현대문화예술의 메카 구실을 하는 퐁피두 센터. 센터의 이름은 지스카르 데스탱 대통령의 전임자이자 이 센터 건립에 결정적인 기여를 했던 퐁피두(Georges Pompidou) 전 대통령의 이름에서 땄다.

'패러독스 경영'이 만들어 낸 근현대 미술의 보고

앞의 이야기로 돌아가 보자. 다시금 감정을 추스른 지스카르 데스탱은 다시금 논의를 이끌었다. 루브르라는 세계에서도 손꼽히는 거대한 전시 시설이 바로 근처에 있고, 현대미술 작품을 전문적으로 전시하는 최신식 시설인 퐁피두 센터가 이제 막 준공을 앞두고 있는 상태에서 새롭게 미술관을 개관한다면 특정한 시기에 국한한 전문 전시 시설이어야 하되, 그 시기적 범위는 현대 이전, 중세 이후가 되어야 함을 참가자들에게 분명히 했다. 또 전시 형태도 루브르나 퐁피두와는 또 다른 모습이어야 함을 주지시켰다. 어떻게 보면 해결하기 쉽지 않는 모순의 상황에서 최선의 결과를 만들어 내기 위해 서로에게 조금씩의 발전적 양보를 이끌었던 지스카르 데스탱 대통령의 활약 덕분에 답보를 거듭했던 미술관 건립 관련 논의는 일정한 방향을 잡고 급물살을 타게 되었다.

그러한 과정을 통해 박물관 설립 및 운영에 대한 방향을 잡은 프랑스 정부는 1979년 이탈리아의 저명한 건축가인 가에 아울렌티(Gae Aulenti)에게 리뉴얼을 위한 설계와 시공을 맡겼다. 이후 무려 7년이라는 기간 동안 내외부에 걸쳐 대대적인 공사를 벌인 뒤 파리의 흉물이었던 건물은 1986년 12월 9일 오르세 미술관으로 화려하게 개관하였다.

3층 건물의 미술관은 19세기 유럽 미술을 전문적으로 전시하는 공간이라는 기본 콘셉트 아래 1층은 1850년부터 1880년 사이의 미술품들을 주로 전시하고 있다. 그 유명한 밀레의 「만종」과 「이삭줍기」, 마네의 「피리 부는 소년」, 그리고 쿠르베의 「세상의 근원」, 앵그르의 「샘」 등이 1층에서 만날 수 있는 주요 전시품이다. 2층은 프랑스 제3공화국 시대의 미술품들을 주로 전시하고 있다. 시기적으로는 1880년부터 1900년 사이의 작품들로, 세기 말에서 세기 초에 이르는 시대적인 특성이 담긴 다양한 작품들이 전시되어 있고, 이때 유행했던 아르누보 작품들도 다수 포함되어 있다. 3층은 전 세계의 관람객들에게 가장 인기 있는 층으로, 르누아르의 「물랭 드 라 갈레트의 무도회」, 고갱의 「타히티의 여인들」, 로트레크의 다양한 작품들, 고흐의 「오베르의 교회」 등 세계적으로도 가장 유명한 미술품들 중 상당수가 전시되어 있다.

그렇다 보니 일부 여행 안내 책자에서는 오르세를 방문할 때 시간이 없으면 우선 3층부터 올라가서 보고 나머지 층들(특히 2층)은 건너뛰라고 조언할 정도인데, 개인적인 생각으로는 싸구려 여행 안내 책자의 가장 바람직하지 못한 부분이 바로 이런 부분이 아닐까 한다. 오르세에는 1층은 물론 2층에도 평생 잊지 못할 감동을 선사할 작품들이 어마어마하게 많이 존재한다. 2012년 기준으로 오르세의 전시품들은 그림이 2천 5백여

최근 오르세를 방문했을 때 요란한 사이렌 소리가 들려 무슨 화재 사고라도 난 줄 알았더니 센 강 쪽의 대형 시계가 멈춰선 것을 고치기 위한 출동한 것이었다. 하긴 파리 시민들에게는 이 또한 '대형 사고'일 듯하다.

점, 조각이 1천 5백여 점, 기타 공예품들이 1천 1백여 점, 사진과 드로잉 등의 소품들이 약 1천 5백여 점 이상이나 된다.

특히 오르세 미술관 3층에는 야외 테라스와, 가벼운 차와 스낵을 들 수 있는 카페가 있는데 그곳에서 바라다 보이는 센 강과 파리 시내의 전경은 이루 말로 표현할 수 없을 정도로 아름답다. 이런 점 때문에 3층 테라스는 몽마르트르 언덕 꼭대기의 사크레쾨르 성당 앞마당과 에펠탑 건너편 샤오 궁(Le Palais de Chaillot)과 더불어 파리 시내의 가장 아름다운 모습을 볼 수 있는 명소로 꼽힌다. 이래저래 오르세는 3층만 잠깐 훑어보고 나올 곳은 아닌 셈이다.

'오른손이냐? 왼손이냐?'의 문제가 아니다

사람이 무언가를 먹거나 마실 때의 핵심은 그 음식물이 '얼마나 맛있고 영양분은 고루 갖춰져 있는가? 내가 그것을 사 먹을만한 돈이 있는가? 혹시 같은 값에 더 맛있고 양이 많은 것은 없는가?'이지, 그 음식물을 '오른손으로 먹느냐? 왼손으로 먹느냐?'가 아니다. 마찬가지로 조직이 의사결정을 내릴 때 명심해야 할 사항은 '그 결정이 우리 조직의 성과에 얼마나 큰 영향을 미치는가? 우리 조직이 그 결정 사항을 이행할 능력이 있는가? 혹시 다른 대안은 없는가?' 등이지, '어느 조직이 할 건가?' 혹은 '이 결정이 누구한테 더 유리한가?'가 아니다. 그럼에도 불구하고 우리는 경영 활동에서 가장 '전략적'으로 의사결정을 해야 할 순간에 가장 '정략적'으로 의사결정을 하는 우를 범할 때가 많다.

1986년 일본 이즈 반도 동쪽 해상에 떠 있는 오시마 섬의 미하라 화산이 폭발했다. 해발 758m의 거대한 휴화산이 폭발하자 섬 전역은 말 그대로 폭격을 당한 것처럼 삽시간에 아수라장이 되었다. 하지만 지진과 화산 폭발이 그다지 드물지 않았던 일본의 국민답게 오시마 섬의 주민들은 동요하지 않고 차분하게 관공서와 경찰, 소방서의 지시를 기다리고 있었다. 그런데 이때 비상대책기구를 구성한 일본 국토성 공무원들과 이즈 반도가 속한 시즈오카 현의 현청 관료들은 회의실 문을 걸어 잠그고 수 시간째 격한 토론을 거듭하고 있었다. 그들이 한시가 급박한 그 순간에 몇 시간이나 열띤 토론을 한 까닭은 다름이 아니라, '비상대책본부'라는 이름 앞에 사고의 직접적인 원인인 미하라 산의 이름을 따서 '미하라 사태 비상대책본부'로 할지, 사태가 발생한 지역인 이즈 반도(혹은 오시마)의 이름을 따서 '이즈(혹은 오시마) 사태 비상대책본부'로 할지를 두고 한 치의 양보 없는 팽팽한 힘겨루기를 했기 때문이다. 이름을 어떻게 짓느냐에 따라 향후 피해 복구의 책임 소재 공방이나 관련 예산의 배정 등에 있어 분명한 유불리가 있을 거라는 현장 공무원들과 관료들의 생각에서 비롯된 일이었다. 이외에도 연도 표기를 어떻게 할지와 회의의 급을 어떻게 정할 것인지 등 실제 화산 폭발로 인해 촉발된 사태와 그로부터 일본 국민들의 생명과 재산을 지키기 위해서는 하등의 연관도 없는 세 가지 안건에 대해 첨예하게 대립하며 비상사태가 발생한 지 물경 3시간여가 지날 동안 아무런 대책도 내놓지 못하고 치열한 논쟁만을 벌였다.

결국 뒤늦게 이 소식을 전해 들은 내각 관방장관 국무대신 고토다 마사하루(後藤田正晴)가 격노하여 국토성과 시즈오카 현 관료들은 배제한 채 관방, 운수, 총리직할 부서만 소집해 독단적으로 섬 주민 1천 8백 명 및 인근 피해 예상 지역 주민 1만여 명에 대한 대대적인 이주 계획을 추진하였고, 피해 복구 대책 역시 신속하게 수립하여 실행하였다. 그때 고토다 장관이 한 얘기가 "화산이 터지고 도민의 생명이 위험한데 그 일을 오른손으로 하건 왼손으로 하건 무슨 상관이오!"였다. 사태의 본질을 꿰뚫어 본 리더(고토다 마사하루)의 올바른 판단과 강력하고 단호한 의사결정 덕분에 서둘러 큰 참사는 막을 수 있었지만, 지금까지도 '전략적 의사결정의 실패 사례', '관료주의의 폐해'에 대해 이야기 할 때면 가장 처음으로 거론되곤 하는 일본 관료들의 부끄러운 모습이다.

혹시 지금 우리 주변에도 오르세 미술관 건립을 논의하던 시기 갑론을박할 뿐 올바른 의사결정에는 전혀 기여하지 못했던 이들이나, 화산이 폭발해서 주민들의 머리 위로 화산재가 쏟아지는데 현판 글씨를 두고 목숨 걸고 싸웠던 관료들과 같은 이들이 없는지 주의 깊게 살펴볼 필요가 있다.

오르세 미술관(Musée d'Orsay)

위치 62, Rue De Lille 75343 Paris Cedex 07 France
홈페이지 www.musee-orsay.fr
관람 시간 09:30~18:00(목요일 제외) / 09:30~21:45(목)
휴무일 매주 월요일 / 1월 1일, 추수감사절, 성탄절
관람료 9유로(특별 전시별로 추가요금 발생 가능)

Underline Note

1) 교통이 편리한 곳에 위치하고 있으니 전날 근처 관광지에 들를 일이 있을 때 미리 뮤지엄 패스를 구입해 두면 기다리지 않고 입장할 수 있다. 다만 주변 풍광이 좋으니 날씨와 시간만 허락한다면 일행과 이야기를 나누면서 느긋한 마음으로 센 강의 강바람을 맞으며 줄 서 기다리는 것도 꽤 운치가 있다.

2) 프랑스 내 다른 미술관과 비교해서 유독 주요 작품들의 해외 순회 전시가 빈번한 편이어서 '이 작품만은 꼭 보겠다'라는 결심을 갖고 방문하면 실망할 가능성이 높다. 그보다는 마음의 여유를 갖고 주위의 센 강과 역사적 사연이 담긴 건물, 그리고 그 안에 소장된 미술품의 전반적인 어우러짐을 즐기면서 관람하면 새로운 매력을 느낄 수 있다. 특히 3층 야외 테라스의 카페는 강력 추천 석양이 질 무렵 반드시 방문해 보시길.

핵심은 '제값 받고 파는 것'이 아니라, '제값 주고 사는 것'이다

페기 구겐하임 컬렉션에서 배우는 [사업 모델 구축]

- -

강철 부녀(父女)

1912년 4월.

40대 초반의 미국인 벤저민은 머리끝까지 화가 난 상태였다. 일 년 가까이 얼굴을 보지 못했던 자녀들을 만나기 위해 예약해 뒀던 배편이 낮은 급여와 열악한 근무 환경에 불만을 품은 화부들의 파업으로 출발하기 직전에 결항되었기 때문이었다. 개인 비서였던 빅터가 다른 배편을 알아보기 위해 항구 이쪽저쪽을 뛰어다녀 보았지만 사정은 여의치 않은 듯했다. 결국은 정해진 일정에 미국의 집으로 돌아가는 것을 포기하고 있을 때쯤 문밖에서 빅터가 요란하게 뛰어오는 모습이 보였다.

"구했습니다. 배편을 구했습니다!"

실제로 빅터의 손에는 그가 필요했던 세 장의 승선권이 들려 있었다. 갓 건조되어 처녀 출항을 하는 배라고 했다. 그런 건 아무 상관없었다. 어차피 그가 탈 1등 객실은 어떤 배라도 그 배 안에서 가장 호화롭고 안락할 것이기 때문이었다. 반쯤 풀었던 짐을 다시 꾸린 그는 항구로 나가서 배에 올라탔다.

그리고 몇 시간 뒤, 벤저민은 선실 내를 서성거렸다. 잠시 생각에 빠져 있던 그는 빅터를 불렀다. 얼굴이 하얗게 질린 빅터는 지금 여기서 뭐 하시는 거냐며 그를 채근했다. 평상시라면 상상도 못 할 일이었다. 하지만 벤저민은 그런 그의 불손한 태도에 화도 내지 않고 평소와 달리 부드러운 미소를 띠어 보이기까지 했다.

"턱시도와 브랜디를 꺼내 오게."

태연스러운 그의 말에 빅터는 이제 아예 고함을 치기 시작했다.

"주인어른! 뭐하시는 겁니까? 지금 밖은 난리라고요. 얼른 구명정을 타셔야 합니다. 턱시도는 또 무슨 말씀이세요? 구명조끼를 입으세요!"

하지만 천천히 옷을 갖춰 입은 벤저민은 한 손에 브랜디 잔을 들고 체온으로 술을 데우기 시작했다. 순간 '덜컹'하는 충격과 함께 뭔가 부러지고 찢어지는 굉음이 밖에서 들려왔다. 마시기에 딱 좋게 덥혀진 브랜디를 한 모금 입에 머금은 그는 아예 안락한 소파에 자리를 잡고 앉아서 사관을 불렀다. 역시 빅터처럼 경황없는 얼굴로 찾아온 사관에게 그는 떨림 없이 엄숙한 목소리로 말했다.

"상황이 급박하다고 신사가 경망스럽게 굴 수 있나. 난 이대로 이곳에 가장 어울리는 복장을 하고 이 브랜디를 즐길 테니 자네들은 어린아이와 숙녀 분들을 먼저 도와 주도록 하게."

그 말에 사관과 빅터 모두 펄쩍 뛰었다.

"하지만 구조는 1등 객실 승객부터 하도록 되어 있습니다. 게다가 이건 비밀인데, 이 배의 구명정 정원은 타고 있는 승객 수보다 적게 설계되어 있습니다. 서두르지 않으면 자리가 모자랄지 모릅니다. 다행히 1등 객실 승객부터 구명정에 태울 예정이니 얼른 가셔야 합니다."

처녀항해와 동시에 그 마지막 운명을 맞이하며 1천 5백여 명의 승객을 태운 채 침몰하고만 비운의 불침선 타이타닉.

그러나 그는 가끔 브랜디 잔을 입에 댈 때를 제외하고는 미동도 하지 않았다. 얼마 후 "내게 배정된 구명정의 자리가 있다면 어린아이나 숙녀 분들에게 양보하도록 하겠네"라고 내뱉더니 입을 다물고 긴 생각에 잠겨 버렸다.

1912년 4월 15일 새벽 2시 20분. 영원히 침몰하지 않을 거라며 '불침선(不沈船)'으로도 불렸던 타이타닉은 차가운 대서양의 심연으로 가라앉아 버렸다. 그리고 그 배와 함께 가라앉은 1,503명 중에는 끝까지 신사의 모습을 지키려 노력했던 미국인 백만장자 벤저민 구겐하임이 있었다.

1941년 7월 14일.

뉴욕 엘리스 아일랜드의 이민국. 두리뭉실한 주먹코에 짧게 말아 올린 파마머리를 한 모습은 영락없는 평범한 동네 아줌마 같았지만, 사람을 움찔거리게 할 정도로 차갑게 쏘아보는 눈빛에 거만함과 도도함이 그대로 배인 모습으로 팔짱을 긴 채 이민국 관리들이 행정 절차를 밟고 있는 상황을 바라보고 있는 한 여성이 있었다. 이민국 관리는 당시 미국과 전쟁(제2차 세계대전)을 치르고 있던 적성국(敵性國) 독일 국적의 한 남자에게 의심의 눈초리를 거두지 않은 채 계속해서 이것저것 물어보며 통과를 시켜 주지 않고 있었다. 남자는 끊임없이 해명했지만, 영 신통치가 않은 듯했다. 그때였다. 잠자코 그 모습을 바라보고만 있던 여성이 이민국의 관리들을 몰아붙이기 시작했다.

"자, 여기! 혼인 증명서가 있잖아요. 미국인과 결혼하면 미국 입국이 가능한 것 아닌가요?"

"미국인인 나와 이 남자가 결혼했다는 증빙을 못 믿겠다면, 미국은 이 증명서를 발급해 준 우방 프랑스 정부를 못 믿겠다는 건가요?"

"미국이 언제부터 이민자들을 가려서 받았죠? 대통령도 이 사실을 알고 있나요?"

쉴새 없이 몰아붙이는 그녀의 까칠한 목소리와 말하는 사이사이 눈을 치켜뜬 채 쏘아보는 그녀의 눈빛에 이민국 직원들은 독일 국적의 남자를 몰아세우던 방금 전까지의 모습은 간데없이 기어들어가는 목소리로 변명을 늘어놓기 시작했다. 하지만 이 여성은 단호했다.

"변명은 그만하고, 당신들이 결정하세요. 지금 여기서 입국허가를 내줄건지, 미국 대통령의 전화를 받고 허가를 내줄 건지."

그 말에 이민국 관리들은 그녀가 내민 혼인 증명서를 다시 살펴보았다. 그리고 그 증명서에서 신부의 이름을 확인한 관리들은 깜짝 놀라서 그 자리에서 즉시 적국 독일 남자의 이민을 받아들였다. 그 모습을 옆에서 지켜보던 신참 이민국 직원이 선배들에게 물었다.

"아니 저 여자가 누군데 그러시죠?"

그러자 방금 입국 도장을 찍어 준 고참 이민국 직원이 한숨을 쉬며 답했다.

"페기, 페기 구겐하임."

이미 유럽은 물론이고, 미국에서도 그 유명세가 대단했던 미술계의 큰

사업적으로 실수투성이였고, 가정적으로도 문제가 많았던 사람이었지만, 생의 마지막 순간에서는 '신사의 품격'을 지키고자 했던 벤저민 구겐하임.

손이자 사교계의 여왕 페기 구겐하임이 바로 그녀였다. 그리고 타이타닉 호에서 멋진 최후를 맞이한 낭만적인 억만장자 벤저민 구겐하임이 그녀의 아버지였다. 벤저민은 바로 이 딸의 생일에 맞춰 미국의 집으로 돌아가려다 타이타닉 호와 함께 최후를 맞이한 것이었다.

개인에 대한 욕망을 예술에 대한 욕구로 승화시킨 전설의 컬렉터

페기 구겐하임의 할아버지와 외할아버지는 세계적으로도 유명했던 재벌이었다. 보따리 장사로 푼돈을 벌던 페기 구겐하임의 할아버지는 장사를 하기 위해 떠돌던 중 알게 된 광산 관련 정보를 바탕으로 구리 광산에 투자하여 떼돈을 번 사람이었다. 산업의 발달과 전기 공급의 확대 등으로 구리 수요가 폭발적으로 늘어나면서 전 세계적인 '구리 왕'으로 통했다. 그녀의 외할아버지 역시 천부적인 장사꾼이었다. 정치적인 신념과 상관없이 북부 연방군에 필요한 물품을 대는 군납업자로 큰돈을 벌었다. 게다가 전쟁이 북부 연방군의 승리로 끝나자 전후 복구에 필요한 물품을 대는 일 역시 그의 몫이었다. 할아버지와 외할아버지 덕분에 그녀의 집안은 1900년대 초 미국을 주름잡는 재벌 가문으로 성장할 수 있었다.

그녀의 아버지 벤저민 구겐하임은 1912년 사망하기 직전에 유럽에서 사업과 관련한 몇 가지 의사결정을 내렸다. 몇몇 가족 사업에서 손을 떼기로 하고 지분을 돌려받은 것이다. 그 돈으로 독자적인 사업을 시작했고, 또 몇몇 기업에 투자했다. 하지만 결과적으로 이 의사결정 탓에 페기는 아버지의 사망에도 불구하고 유산을 거의 받을 수가 없었다. 작은 돈은 아니지만, 재벌가의 유일한 상속녀가 받은 유산이라고 하기에는 믿기지 않을 액수인 4만 5천 달러가 그녀가 아버지로부터 물려받은 재산의 전부였다. 상당액의 채권과 주식도 물려받았지만, 단기간에 현금화하기는 어려운 것들이 대부분이었다.

　한동안 빈곤한 생활을 계속하던 그녀의 삶이 다시 아버지 벤저민이 살아 있을 때의 수준으로 회복된 것은 외할아버지가 사망하며 자신의 딸이자 페기의 어머니에게 거액의 유산을 남겨주면서부터였다. 잠시나마 '돈이 없는' 보통 사람들의 삶을 지독하게 경험했던 그녀는 그토록 바라마지 않던 '돈'이라는 무기가 다시금 주어지자 전과 비교할 수 없을 정도로 그 무기를 열심히 휘둘렀다. 그러나 그녀가 그 무기를 휘두른 대상은 당시의 일반적인 부유층 안주인들이 선호했던 값비싼 보석이나 모피가 아니었다.

　그녀의 관심은 오로지 '미술품'으로 향해 있었다. 그것도 당시 부유한 미술품 애호가들이 일반적으로 선호하던 르네상스나 중세 유럽 시기의 미술품이 아닌 현대 미술품에 관심을 집중했다. 그녀가 관심을 보인 대부분의 미술품들은 작품을 구입하는 당시에 생존하고 있는 작가들의 작품들이었다. 당시만 해도 미술 애호가라 하면 대부분이 다빈치나 미켈란젤로처럼 르네상스 시대의 거장들에게 관심이 쏠려 있었고 현대적인 작가들을 좋아한다고 해봐야 르누아르나 고흐 정도가 주된 관심 대상이었으므로 아직 죽기는커녕 화단에 이름을 알리지도 못한 신예 작가들의 작품을 사 모으고 그들의 작품 활동을 지원했던 그녀의 모습은 사람들의 궁금증을 자아냈다.

하지만 그녀는 그런 이들의 시선쯤은 아랑곳하지 않고 계속해서 작가들을 지원하고 그들의 작품들을 '제값'에 사들였다. 물론 피카소나 샤갈처럼 당시 이미 엄청난 명성을 떨치고 있던 예술가들의 작품들도 그녀의 수집 목록에 올라 있었지만, 그렇지 못한 작가들의 작품이 더 많았다. 당시 그녀가 작품을 사거나 지원했던 예술가들의 면면을 보면 이브 탕기(Yves Tanguy), 앙드레 마송(André Masson), 커트 셀리그만(Kurt Seligmann), 마크 로스코(Mark Rothko) 등이 있다. 1941년 이민국을 한바탕 뒤집어 놓은 소동의 남자 주인공 역시 그녀가 지원하던 예술가였다. 막스 에른스트(Max Ernst). 쉬르레알리즘(Surrealism)이라 불리는 초현실주의의 대부이며, 다다이즘의 창시자 중 한 사람인 그가 바로 페기 구겐하임과 함께 이민국을 발칵 뒤집어 놓은 장본인이었다.

파리에서 처음으로 그를 만난 페기 구겐하임은 이내 남자로서의 그와 뛰어난 예술가로서의 그, 둘 모두와 사랑에 빠져 버렸다. 그리고 나치의 전체주의 정권 치하였던 독일을 떠나 가짜 여권을 가지고 프랑스에 불법 체류 중이었던 그를 구해 내기 위해 프랑스 현지에서 결혼을 한 뒤, 그 증명 서류를 가지고 미국에 망명할 수 있도록(미국 시민권자였던 그녀는 단순 귀국이었다) 도와 준 것이었다.

그녀는 항상 그랬다. 다른 사람들의 일반적인 상식, 고정관념과는 조금 다르게 생각하고 그 생각에 따라 행동했다. 제2차 세계대전이 발발하기 직전에도 그랬다. 외조부의 사망 이후 지금의 환율로 수천억 원 가까이 되는 막대한 유산을 물려받은 그녀는 새로운 삶의 활력을 찾기 위해 파리로 떠났다. 그곳에서 다양한 화가들과 친분을 맺으며 미술의 세계에 눈을 뜬 그녀는, 당시 유행하던 아방가르드 예술의 거장 마르셀 뒤샹의 도움을 받아 1938년 영국 런던에 자신의 성을 딴 화랑을 열게 되었다. '젊은 구겐하임(Guggenheim June)'라는 이름의 화랑은 페기 구겐하임 자신을 위한 것이기도 하지만 집으로 돌아오지 못하고 차가운 대서양 북쪽 바다 속에서 숨진 아버지 벤저민 구겐하임을 위한 것이기도 했다.

이민국에서 입국 심사를 기다리고 있는 심각한 표정의 페기 구겐하임과 약간 긴장한 듯 겁에 질려 있는 막스 에른스트.

한동안 열정적으로 화랑을 운영했던 페기는 어느 순간부터인가 점점 다른 욕심이 생기기 시작했다. 작가 한 사람의 기획전을 위한 공간으로 운영되는 화랑 경영에는 점차 싫증이 났고, 좀 더 확대된 규모의 그럴 듯한 현대 미술관을 건립하고 싶어졌다. 그런 그녀가 자신의 생각을 현실로 만들 수 있게 도와 준 사람은 그 무렵 한창 교분을 나누던 유명한 미술사학자 허버트 리드(Herbert Read)였다. 페기 구겐하임이 예술비평가적 안목을 가질 수 있도록 해 준 평생의 스승이자 영국은 물론 유럽 전역에 이름을 떨치던 저명한 미술사학자였던 그는 그녀에게 미술관 설립에 필요한 것들을 알려주고 도움을 줄만한 예술가들이나 문화예술 관련 관료, 학자 등을 소개시켜 주었다.

개관 준비로 한창 바쁘던 1939년 9월 무렵 페기 구겐하임은 자신의 이름을 딴 현대미술관의 개관 기념 특별전에 전시할 미술품과 작가들을 섭외하기 위해 잠시 파리로 건너와 있었다. 그날 오전 역시 기념전에 섭외할 작품을 물색하기 위한 모임이 한창이었다. 갑작스럽게 호텔 방문이 열리며 일을 도와 주던 직원이 헐레벌떡 뛰어들어 왔다. 그는 얼굴이 새파랗게 질려 있었다.

"무슨 일이야? 왜 그렇게 호들갑이야?"

짜증스럽게 묻는 페기에게 그는 대답 대신 벽난로 위에 놓인 라디오를 급히 켰다. 알베르 르브룅(Albert Lebrun), 당시 프랑스 대통령의 목소리가 흘러나왔다.

"지난 새벽, 히틀러의 독일이 폴란드의 국경을 넘어 무단으로 침공을 감행했습니다. 우리 프랑스는 그와 같은 불법적이고 폭력적인 침략 행위에 심각한 우려를 금할 수 없으며, 독일군은 즉시 본국으로 되돌아갈 것을 권고하는 바입니다."

이후 '현 상황은 곧 안정될 것'이고, '영국을 포함한 다른 국가와 해결책을 마련'하여 '절대로 확전되지 않을 것'이라며 프랑스 국민들의 절대적인 안정을 당부하는 말로 긴급 성명은 마무리되었다. 하지만 그 방에 있던 모든 사람은 상황이 심상치 않다는 것을 직감했다.

아니나 다를까 정치적 입장에 따라 유럽 각국이 서로 상대방 국가에 대한 선전포고를 하기 시작했고, 독일의 폴란드 침공은 25년 전 사라예보 사건7이 그랬듯이 새로운 세계대전의 시작이 되었다. 전쟁의 양상은 삽시간에 독일 쪽으로 기울었다. 국경에서 독일군과 프랑스군이 교전 중이라는 소식을 들은 것이 불과 얼마 되지 않은 것 같았는데, 독일군이 이미 근교까지 밀고 들어와서 파리 입성이 멀지 않았다는 소문이 들려오기 시작했다. 미국과 영국의 가족, 지인들이 서둘러 런던 또는 아예 뉴욕으로 돌아오라며 급전을 보내왔다. 하지만 그녀는 그럴 생각이 없었다. 미술관을

---

7 보스니아를 방문 중이었던 오스트리아의 프란츠 페르디난트(Franz Ferdinand) 황태자가 범(凡)게르만주의에 반대하던 세르비아 민족주의자였던 가브릴로 프린치프(Gavrilo Princip)에 의하여 살해된 사건. 이 사건이 제1차 세계대전 발발의 촉매가 되었다고 보는 견해가 많다.

준비 중인 그녀의 눈길을 끄는 광경이 포착되었기 때문이었다. 독일군이 파리 근처까지 밀고 들어와서 시가지로 진격할 타이밍을 재고 있다는 소문을 들은 파리 시민들, 시내 화랑, 근교에 성을 가지고 있던 과거의 귀족들은 피난이나 이민을 가기 위해 짐을 싸기 시작했다. 자신과 가족의 목숨이 위협을 받게 된 때에 부피가 큰 예술품까지 챙길만한 여유가 있는 사람은 거의 없었다. 게다가 피난 혹은 이민 생활이 언제까지 계속될지 모르는 상황이었기에 사람들은 서둘러 소장하고 있던 미술품들을 시장에 내놓았다. 가문 대대로 내려오던 명작들은 물론이거니와 피카소와 미로 등 제1차 세계대전 이후 한창 주가가 높았던 최고 인기 작가들의 대표작들도 매물로 나왔다. 하지만 작품을 팔겠다고 내놓는 사람은 있었지만, 내놓은 작품을 사겠다는 사람은 단 한 사람도 없었다.

그때 그녀가 미술 시장에 등장했다. 그리고는 주변 사람의 만류를 무릅쓰고 시장에 나온 미술품들을 사 모으기 시작했다. 파리를 빠져나가는 피난 행렬들을 바라보며 그녀는 하루 종일 매물로 나온 미술품들을 살펴보고, 값을 치르고, 작품들을 자신의 사무실로 옮겨다 놓았다. 예전 같았으면 그 가격에 절대로 살 수 없었던 미로나 마그리트의 작품들을 (과거에 비해) 헐값에 사들일 수 있었다. 돈이 있어도 아예 구할 수 없었던 피카소의 작품들도 여러 점 '적당한 가격'에 구입할 수 있었다. 그 외에도 파리 시민의 집안에 틀어박혀 있던 귀한 작품들도 이때 페기의 컬렉션에 포함될 수 있었다.

그렇다고 해서 그녀가 위험을 즐기는 성격이거나 무작정 운과 팔자를 믿는 운명론자여서 그런 무모한 행동을 했던 것은 아니었다. 정열적으로 미술품을 사 모으던 그녀는 독일군이 파리에 입성하기 정확히 이틀 전, 누군가로부터 연락을 받고 안전하게 알프스 산자락 이제르 강 인근의 조용한 산골 마을인 그르노블로 피난을 갔다.

이후 그녀는 유럽에 남아 있는 유대계 예술가들을 영국이나 더 안전한 미국으로 이주시키기 위한 활동에 전념하여 앞서 미 이민국을 한바탕 시끌벅적하게 만들었던 막스 에른스트를 포함한 수많은 예술가들을 무사히 미국으로 데리고 오는 데 성공한다. 그리고는 파리에서 '싼값(?)'에 사들인 불후의 걸작들을 기반으로 '금세기 미술 화랑(The Art of This Century Gallery)'을 열게 되었다. 그리고 그녀는 뉴욕 사교계의 여왕으로, 미국 현대미술계의 막강한 후원자로 그 화려한 명성을 계속 이어나간다.

혹자는 숱한 남성 편력과 약간 부자연스러운 패션과 화장(사실 그녀는 썩 미인이라고는 할 수 없는 외모의 소유자였다), 어떤 것에 대해 때로는 집착에 가까운 모습이었다가 또 때로는 방관하다시피 했던 변덕스러운 성격 등을 예로 들며 그녀에게 '엽기적인 컬렉터'라는 별칭을 붙여 주기도 했지만, 그녀는 진심으로 예술과 예술가들, 그리고 자기 인생을 사랑할 줄 아는 사람이었다.

제2차 세계대전이 끝난 이후 유럽의 문화계가 초토화되고, 유명 화가의 작품들이 시장에서 눈에 띄게 사라지자, 뉴욕의 많은 화랑들은 자신들이 소장하고 있는 유럽 작가의 그림과 조각 등을 비싼 값에 내다 파는 데 혈안이 되어 있었다. 당연히 사람들의 눈은 이미 '화랑계의 큰손'이자 '미국 내에서 유럽 현대미술 작품을 가장 많이 소유하고 있다고 소문난' 페기 구겐하임에게 쏠려 있었다. 하지만 그녀는 그런 세태와는 담을 쌓고 자기 자신만의 방법으로 미술에 대한 사랑을 계속 이어갔다.

당시 그녀가 물심양면으로 정성을 쏟아 지원했던 한 알코올 중독 예술가는 그녀의 도움 덕분에 훌륭한 작품들을 화단에 선보일 수 있었고, 이후 미국 미술계의 거장으로 성장하게 되는데 이제는 너무나 익숙한 이름

'목숨 걸고(?)' 모은 세기의 걸작들을 바탕으로 뉴욕에서 화려하게 문을 연 '금세기 미술 화랑'과 그 안에서 포즈를 취한 페기.

이 된 잭슨 폴록이 바로 그이다. 하지만 이미 정치적, 상업적으로나 문화적으로도 세계 초강대국의 반열에 들어서기 시작한 미국, 그 중심지 뉴욕의 분위기는 예전 같지가 않았다. 다소 별난 점이 있었지만, 어찌 보면 순진하고 진실했던 그녀에게 뉴욕 예술계는 '돈에 찌든 사업가'들이 판을 치는 복마전이었다. 그런 미국 생활에 염증을 느낀 페기는 1949년 다시 유럽으로 돌아갔다.

전쟁(제2차 세계대전)이 끝난 직후 이탈리아 여행을 떠났을 때부터 눈여겨봐 두었던 베네치아가 그녀의 정착 목적지였다. 마침 24회 베니스 비엔날레 사무국이 그녀에게 특별전을 마련해 줄 테니 소장하고 있는 미술품들을 전시해 달라는 요청을 해온 터였다. 점잔을 빼면서 잘난 체하는 뉴욕의 관람객들과 달리 미술 작품에 대한 감상을 솔직하게 표현하며 순수하게 감동할 줄 아는 베네치아의 관람객들에게 완전히 매료된 그녀는 호텔에 머물며 자신이 정착할 팔라초8를 물색했고, 오래지 않아 과거 베네치아 총독과 공화정 지도자가 소유했던 유서 깊은 저택인 팔라초 베니에르 데이 레오니(Palazzo Venier dei Leoni)를 구입할 수 있었다. 18세기에 지어진 대리석 저택이었던 이 팔라초는 겉이 온통 담쟁이넝쿨로 뒤덮인 야트막한 건물이었다. 이곳에서 페기 구겐하임은 자신이 수집한 미술품들을 모두 모아 자신만의, 하지만 모두를 위한 미술관을 열고 싶어했다. 규모는 크지 않았지만, 자신이 사랑했던 작가들의 작품을 전시하기엔 충분했고, 특히 가족과 같았던 두 마리의 강아지가 뛰어놀 수 있는 아름다운 정원이 있기에 팔라초 베니에르 데이 레오니는 그런 그녀의 꿈을 실현시키기에 적합한 곳이었다.

베네치아에 있는 페기 구겐하임 컬렉션은 확실히 미술관이라기보다는 제법 큼지막한 화랑에 가까운 규모이다. 처음 방문했을 때는 베네치아의 관문이 되는 산타루치아 역으로 가기 위해 수상 택시를 탔다가 베네치아 중앙 소방서를 지날 무렵 독특한 모양의 조형물과 기괴한 그림을 그려 넣은 현수막으로 장식된 건물을 발견하고 잠시 사진을 찍기 위해 들렀는데, 가까운 선착장에 배를 댈 때까지만 해도 이 건물이 페기 구겐하임 컬렉션이라고 전혀 눈치 채지 못했다. 마찬가지로 현수막의 기괴한 그림이 현대 미술의 거장 프랜시스 베이컨의 「침팬지를 위한 습작」이었다는 것도 알아보지 못했다.

규모는 작지만, 현대 미술에 대한 페기 구겐하임의 안목과 넘치는 애정을 반영이라도 하듯 페기 구겐하임 컬렉션의 작품들은 하나하나가 눈길을 끄는 문제작이나 다른 곳에서 접하기 힘든 희귀작, 또는 그림을 그린

---

8 Palazzo. 이탈리아 저택 또는 귀족의 궁전.

베네치아 중심가를 흐르는 가장 큰 운하에 면해 있는 팔라초 베니에르 데이 레오니. 지금도 테라스 어딘가에서 큰 선글라스에 수영복을 걸친 페기가 벌떡 일어나 어서 오라 손짓할 듯하다.

작가의 인생에서 중요한 시기가 되는 때에 그린 작품들인 경우가 많다. 그중 몇 가지만 살펴보면, 슬프고 비극적인 그림 「게르니카」로 유명한 피카소가 그린 가장 경쾌하고 밝은 그림 중 하나인 「바다에서」, 그녀의 지원 덕분에 인생이 바뀐 몇 명의 예술가 중 가장 극적인 성공을 거둔 잭슨 폴록의 대표작 「달의 여인」, 페기 구겐하임과의 교류를 통해 안정적인 창작 활동을 할 수 있었던 파울 클레의 「마법의 정원」 등과 같은 회화 작품들이 있고, 여느 미술관에서 쉽게 만나보기 힘든(하지만 우리나라의 미술관인 '리움'도 그의 작품을 소장하고 있다) 알베르토 자코메티의 조각 「걷는 여인」이나, 그녀의 두 번째 남편이자 영원한 예술적 동반자였던 막스 에른스트의 「아테네의 거리에서」 같은 조형물들도 페기 구겐하임 컬렉션의 이름을 널리 알린 주인공들이다.

그런데 이곳 페기 구겐하임 컬렉션을 방문하거나, 그녀의 생애 특히 제2차 세계대전 직전 엄청난 숫자의 미술품들을 사들이며 세계 미술계의 거물로

페기 구겐하임 컬렉션의 입구를 지키는 미술관의 상징과도 같은 작품이자 이탈리아가 낳은 최고의 현대 조각가 중 한 명인 마리노 마리니의 걸작 「도시의 천사」.

등극하게 될 무렵의 모습을 살펴볼 때마다 드는 생각이 있다. '어떻게 그녀는 제2차 세계대전이 발발한 절체절명의 순간에 미술품들을 사들일 생각을 했을까?', '그렇게 맹렬히 미술품을 사들이던 그녀는 어떻게 파리 시내로 독일군이 밀어닥치기 직전에 그곳을 빠져나올 수 있었을까?'

어떻게 그럴 수 있었을까? 답은 '정보'였다. 그녀는 단순히 엽기적이고 허영심으로 가득 찬 여자나 무식하게 배포만 큰 상속녀가 아니었다. 주변에 관련 분야에 전문적인 지식과 엄청난 양의 정보를 가진 사람들을 두고 그들이 가진 능력과 정보를 최대한 발휘하도록 하는 데 탁월한 능력을 보유한 사람이었다. 덕분에 그런 이들이 파리 미술 시장의 동향과 전쟁의 확전 상황, 심지어 독일군의 파리 진격 일시와 외국인, 특히 유대인에 대한 박해 등에 관한 정보들을 그녀에게 빠짐없이 알려준 것이었다. 그런 정보를 바탕으로 그녀는 '지금이 미술품을 사들일 절호의 기회'라고 판단했다가 어느 순간 '지금은 털고 떠날 때'라는 결단을 내렸던 것이다.

기업의 생존 원칙

잠깐 다른 얘기를 해보자.

서울대학교 경영대 교수와 한양대학교 경영대 석좌교수를 역임한 한국 경영학계의 구루 윤석철 박사는 자신의 책 『프린시피아 매니지멘타』에서 '기업의 생존부등식'이라는 개념을 소개하였다. 그에 따르면, 시장(market)이 정상적인 모습으로 존재하려면 일종의 부등식이 성립되어야 하는데, 첫 번째 부등식은 생산자(공급자)의 입장에서 '판매한 상품의 가격은 언제나 상품을 만들어 내기 위해 투입한 원가보다 커야 한다'는 것이다. 두 번째 부등식은 소비자의 입장에서 '구입한 상품으로부터 느끼는 가치는 구입할 때 지불한 상품의 가격보다 커야 한다'는 것이다. 이 둘을 결합시키면 이중의 부등식이 성립되는데, 윤석철 박사는 이를 '생존부등식'이라 하였다(80쪽 표1 참조).

이 생존부등식의 도식을 자세히 살펴보면, 시장의 수요와 공급에 의해 결정되는 제품의 가격을 중심에 두고 그것과 소비자가 느끼는 필요에 의해 결정되는 제품의 가치 사이의 차이가 소비자 이득이 되고, 제품의 가격과 생산자의 노력과 능력에 의해 결정되는 제품의 원가 간의 차이가 생산자 이득이 된다고 한다. 그런데 문제는 제품의 가격을 생산자가 마음대로 할 수 없다는 데에 있다. '아니, 물건 파는 사람이 가격을 붙여 파는데, 뭘 마음대로 못한다는 거야?'라고 생각할 수도 있다. 하지만 그것은 표면적인 결과일 뿐, 실제 가격이 형성되는 메커니즘을 자세히 살펴보면 생산자, 소비자, 경쟁자, 정부 등이 촘촘하게 연결되어서 서로 한 치의 양보 없이 팽팽하게 밀고 당기는 가운데 결정되는 경우가 대부분이다. 이런 이유 때문에 기업에서는 가격을 어느 정도 선에서 고정되는 것으로 보고(혹은, 심지어 점진적으로 더 내리는 것을 목표로 한 채) 제품의 원가를 절감하는 방

[표1] 생존부등식 그래프

제품의 가치(V)	
제품의 가격(P)	(V-P)
제품의 원가(C)	(P-C)

─── 제품의 가치(■), 가격(■), 원가(■), (V-P), (P-C) 사이의 관계

〈출처 : 윤석철 著『프린시피아 매네지멘타』中 부분 발췌〉

법으로 생산자 이득을 크게 하기 위해 노력하게 된다. 그를 위해 가장 신경 쓰는 것 중 하나가 공급하는 제품이나 서비스의 원료가 되는 원자재나 인건비 등의 절감이다.

이런 방식으로 성공한, 그리고 지금도 성공적으로 사업을 영위하고 있는 기업이 바로 월마트이다. 독특하게도 우리나라에서는 별 힘을 못 쓰고 고전을 면치 못하다 철수해 버렸지만, 월마트는 미국을 포함한 전 세계에서 최고로 인정받는 유통 기업이다. 1962년 창업자인 고(故) 샘 월튼(Samuel M. Walton)이 아칸소 주 뉴포트에 문을 연 '벤 플랭클린' 상점을 모태로 하는 월마트는 이후 급속하게 점포수를 늘려서 1969년 10월에는 법인 등록을 하게 되었고, 1972년 뉴욕 증권거래소에 상장된 뒤, 2010년 말 기준 4,218억 달러(한화 약 460조)라는 어마어마한 매출을 기록했다. 이는 같은 해 노르웨이의 국민총생산을 능가하는 금액으로 전 세계 국민총생산 규모 30위권 내에 드는 엄청난 돈이다. 다시 말하자면 1년에 월마트의 한 해 매출 이상 되는 재화를 생산하는 국가가 전 세계적으로 30개도 안 된다는 이야기이다. 그런 막대한 실적을 바탕으로 월마트는 미국『포춘(Fortune)』지가 선정한 500대 기업 중 매출 규모 1위를 꾸준하게 차지하고 있다.

그렇다면 어떤 전략, 어떤 힘이 이들이 강력한 경쟁자들을 물리치고 부

[표2] 월마트의 매출 대비 원가구조 및 영업수익

	산업평균	월마트
매출액	100.0	100.0
매출원가	71.9	73.8
구매비용	65.9	69.3
물류비용	4.0	2.8
기타	2.0	1.7
영업비용	23.3	18.5
임금	11.2	10.1
광고비	2.3	1.1
임대료	2.2	1.9
기타 영업비용	7.6	5.4
영업수익	5.9	8.5

〈출처 : P. Ghemawat, Wal-Mart Store's Discount Operations : HBS Teaching Note 5-387-127〉

동의 1위 유통 기업이 될 수 있게 했을까? 모두 다 알다시피 월마트는 '남들보다 싸게'를 실현했기 때문이다. 월마트는 설립 초기부터 접근성은 좋지만 임대료가 비싼 시내보다는 차를 타고 좀 멀리 나가더라도 넓고 싼 부지에 매장을 신설해 왔다. 그렇게 낮춘 초기 투자비를 바탕으로 그들은 지금까지도 월마트 하면 저절로 생각나는 슬로건인 '매일매일 최저가!(Everyday Low Price!)'를 현실로 이뤄낼 수 있었다.

그런데 여기서 한 가지 간과하면 안 될 것이 있다. 일부 사람들에 의해 '월마트는 강력한 구매력을 바탕으로 제품을 납품하는 업체들을 쥐어짜서' 최저가로 납품을 받는 악덕업체인 것처럼 알려지기도 했지만, 실제로 위의 표를 보면 그렇지만은 않다는 것을 알 수 있다. 물론 월마트가 탁월한 구매력을 바탕으로 납품업체들에게 가능한 한 최저가로 납품하도록 하는 정책을 펼치고 있는 것은 사실이다. 하지만 앞의 표를 보면 실제 그들의 매출액에서 매출원가가 차지하는 비중은 다른 업체들의 평균에 비해 절대로 낮지 않다. 비슷하거나 오히려 조금 상회하는 수준이다. 특히 매출원가 중에서도 구매비용만 따져 보면 경쟁업체 평균보다 3% 이상 더 높은 비중을 보인다. 반면 물류비용과 기타 비용에서 월마트는 확연하게 경쟁업체보다 비용을 절감하고 있다. 영업비용으로 가면 그 차이는 더 커진다. 영업비용을 구성하는 주요 요소에서 월마트는 경쟁업체에 비해 확실한 차이를 만들어 내고 있으며, 이는 매출원가를 상쇄하고도 남아 월마트에게 경쟁업체 대비 월등한 수준의 영업이익을 가져다주고 있다.

이렇게 '가격'면에서 확실한 경쟁 우위를 차지하기 위해 그들은 이미 70년대 중반 완전 자동화 물류센터를 구축했고, 80년대 중반에는 전 세계 물류 시스템을 실시간 통제하기 위해 전용 인공위성을 발사했으며, 90년대에는 전 납품업체와 통합 통신네트워크를 구축하는 등 최적의 물류시스템을 통해 원가 절감을 이뤄 내기 위해 많은 노력을 기울여 왔다. 그를 바탕으로 월마트는 계속해서 '매일매일 최저가!'라는 그들만의 방침을 고수할 수 있었고, 여전히 세계 유통 시장의 최강자로 군림하고 있다.

여기서도 마찬가지로 '정보'가 등장한다. 월마트가 전 세계에서 가장 싼 물건들을 공급받을 수 있었던 것 역시 그들이 정보를 쥐고 있었기 때문이다. 그러한 정보를 바탕으로 실제 물건을 공급하는 생산자들에게는 적정한 보상을 해 주면서 그 외에 추가적으로 드는 물류비용이나 기타 불요불급(不要不急)한 비용들은 최대한 아끼는 방법을 통해 최저의 원가를 실현했던 것이다. 그런 그들의 정보력은 워낙에 막강해서 심지어 그들의 날씨 분석 자료가 웬만한 국가의 일기예보보다 정확하다고 한다. 그들은 그

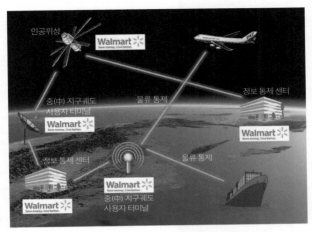

위성을 통한 월마트의 전 세계 유통 관리망을 간단하게 보여 주는 그림. 그들은 단돈 1달러라도 더 아낄 수 있다면 기꺼이 인공위성을 띄우고 슈퍼컴퓨터를 도입하는 등의 과감한 투자를 통해 그들이 목숨처럼 지켜 온 '매일매일 최저가'를 계속 유지할 수 있었다.

런 날씨 정보를 바탕으로 최적의 농산물을 최저의 가격으로 사서 적정한 가격에 소비자에게 공급할 수 있었다.

페기 구겐하임 역시, 자신이 보유한 정보를 바탕으로 화랑 주인들이나 투기 세력들에게 돌아가는 거품 비용은 최대한 배제한 상태에서 실제 작품을 창작해 낸 예술가들에게는 적절한 보상을 하며 최고 수준의 작품들을 수집했기에 사망 후 35년여가 지난 지금까지 20세기 최고의 예술 컬렉터로, 이 시대의 위대한 화랑 경영자로, 시대를 앞서 갔던 미술 애호가로 사람들의 기억 속에 남을 수가 있었다.

세계 미술계의 대모로, 현대미술계의 유력한 지원자로 그 명성을 떨쳤던 페기 구겐하임은 '베네치아의 여왕'이라고 불리며 행복하게 살다 1979년 크리스마스를 불과 이틀 앞두고 심장마비로 영원히 잠들었다. 자녀가 있었지만, 그녀는 생전 자신의 삶의 방식대로 돈이 될 만한 작품들은 단 한

점도 그들에게 물려주지 않았다. 대부분의 작품들은 삼촌 솔로몬 구겐하임이 뉴욕에 건립한 구겐하임 미술관에 기증했고, 뉴욕 구겐하임 미술관은 그녀의 뜻을 기려 별도의 컬렉션을 미술관 내에 두었을 뿐만이 아니라, 그녀가 살았던 팔라초 베니에르 데이 레오니를 개축하여 지금의 페기 구겐하임 컬렉션의 문을 열었다.

지금도 베네치아의 많은 사람들은 햇볕이 따스한 날이면 집 테라스에 나와 얼굴만 한 선글라스를 낀 채 일광욕을 즐기던 '베네치아의 여왕'의 모습을 기억한다. 그리고 그들은 그런 그녀가 생의 마지막에 베네치아 시민들에게 선사한 아름다운 미술관에 방문하여 다시금 그녀를 추억하고는 한다.

페기 구겐하임 컬렉션(Collezione Peggy Guggenheim)

위치 Palazzo Venier dei Leoni, Dorsoduro 701, I-30123 Venezia
홈페이지 www.guggenheim-venice.it
관람시간 10:00~18:00
휴관일 매주 화요일 / 성탄절
관람료 14유로

Underline Note

1) 미술관의 규모나 소장하고 있는 작품 숫자에 비해 입장권이 조금 비싼 감이 없지는 않으나 다양한 할인 프로그램 및 무료 입장 이벤트가 굉장히 많다. 표를 구입하기 전에 미술관 홈페이지를 반드시 먼저 살펴볼 것을 권한다.
2) 다른 유명 미술관도 그런 경우가 많지만 특히 베네치아의 페기 구겐하임 컬렉션은 여주인의 드라마틱한 삶의 흔적과 이야기가 가득 담긴 일종의 전시물 그 자체이다. 시간을 두고 천천히 둘러 보며, 수영복을 입고 커다란 선글라스를 낀 채 테라스에 나와 베네치아 운하를 오가는 곤돌라와 수상 보트에게 손 흔들며 아름다운 인생을 노래했을 페기를 떠올려 보는 것은 어떨까?

Lesson 4

함께 나눈 원칙과 가치보다
더 강한 것은 없다

바티칸 미술관에서 배우는 [기업의 가치와 원칙 공유]

천사와 악마의 비밀 서고

책으로도 전 세계적인 베스트셀러가 되었던 영화 「천사와 악마」의 마지막 장면은 교황이 취임을 하고 그를 보기 위해 바티칸 광장에 몰려든 가톨릭 신도들에게 첫 인사를 하기 직전의 모습을 담고 있다. 교황이 자신을 포함한 교황 후보들의 목숨을 구하기 위해, 또한 세계를 파괴할 수도 있는 엄청난 폭발력을 지닌 반물질(antimatter)를 찾기 위해 죽을 고비를 넘겨가며 숱한 고생을 한 주인공 랭던 교수(톰 행크스 분)와 그를 도와 많은 난관을 뚫고 사건을 해결한 베트라 박사(아예렛 주러 분)에게 많은 의미를 함축한 듯한 미소와 함께 살짝 고개를 숙여 감사의 인사를 표하는 가운데, 영화 속에서 신의 대리인과 평범한 종교인 사이에서 고뇌하는 인상적인 캐릭터를 보여 줬던 스트라우스 주교(아민 뮐러 스탈 분)가 신임 궁무처장이 되어 주인공 두 사람에게 깊은 감사의 인사를 하며 선물 하나를 준다. 선물은 바로 하버드대학교에서 기호학을 연구하는 랭던 교수의 연구에 중요한 열쇠가 되는 갈릴레오 갈릴레이의 책 『진실의 도형』이었다.

영화「천사와 악마」포스터.

    영화에서 납치된 교황과 강탈당한 반물질을 되찾기 위해 필요한 중요한 단서를 쫓던 랭던 교수는 바티칸의 비밀 서고에 들어가 과거에 사라졌다던 책『진실의 도형』을 발견한다. 순간 수많은 사람의 목숨이 달린 절체절명의 어려운 문제를 해결해야 하는 자신의 처지도 잊은 채 그는 그 책의 존재에, 그리고 그 책이 자신의 수중에 있음에 기쁨을 넘어선 환희를 맛본다. 실로 진리를 추구하고, 학문에 탐닉하는 학자들의 감출 수 없는 본능을 그대로 드러내는 재미있는 장면이 아닐 수 없다.

    하지만 실제 바티칸 문서보관소 소장인 세르지오 파가노(Sergio Pagano) 주교의 말에 따르면, '영화는 영화일 뿐' 바티칸 문서보관소에 그러한 문건은 존재하지 않는다고 한다. 하지만 그러한 해명에도 불구하고 과거의 역사, 문화, 과학기술 등을 연구하는 수많은 학자들은 바티칸 문서보관소 저 깊숙한 곳 어딘가에 자신들이 아직까지 보지 못한, 그래서 자신들의 학문 연구에 결정적인 기여를 하게 될 비밀스런 문건이 있을 거라는 막연한 기대를 하고 있다. 그도 그럴 것이, 과거 인류가 서적 등의 정식 출간물을 포함해 활자로 기록된 정보를 생산하고 그를 유통하기 시작한 이래,

그에 대한 중요성을 가장 먼저 인식하여 체계적이면서도 꼼꼼하게 수집하고 정리한 곳이 바로 바티칸 문서보관소였기 때문이다.

문서보관소가 바티칸에 설립된 것은 공식적으로는 1448년에 평상시 가톨릭 자료 수집과 기록 보존의 중요성을 강조했던 교황 니콜라오 5세의 지시에 의해 그가 소장하던 약 350여 권의 책을 보관하는 건물을 지으면서부터인 것으로 알려져 있다. 그러나 실제로는 그보다 훨씬 오래 전인 4세기 초에 로마 황제 콘스탄티누스 1세가 기독교를 공인하고, 당시 교황이었던 실베스테르 1세에게 라테라노 궁전을 주거지로 제공하여 그곳에 머물도록 허용했을 무렵부터라는 견해가 일반적이다.

당시에는 오늘날처럼 일반 대중 대다수가 글을 읽는다는 것은 상상할 수도 없는 일이었고, 만약 대중이 독서 능력이 있고, 읽기를 원한다고 하더라도 그 수요에 맞춰 책을 찍어낼 만한 인쇄 기술이 없었다. 당연히 책이라는 것은 상상할 수 없는 고가의 물건이었고 소수의 학자나 교사 그리고 성직자들만이 소유하고 활용할 수 있었던 귀중품이었다. 그렇기 때문에 바티칸 문서고는 단순히 가톨릭에 관한 문헌들을 수집 보관하는 역할을 넘어서서, 근대 활자 기술의 발달과 도서 보급의 보편화, 의무교육 제도의 확대 등이 있기 전까지는 인류 문화의 거의 유일한 보관 창고였다고 해도 과언이 아니다. 그러다 보니 바티칸 문서고는 일반인의 예상과 달리 수장(收藏)하고 있는 문서 대부분이 가톨릭과는 그다지 상관없는 것이고, 심지어 그들이 수천 년간 그토록 싸우고 없애기 위해 노력해 왔던 이교도들의 것들도 많다. 그와 같은 경향은 도서관이 위치하고 있는 바티칸 미술관이라고 별반 다를 것이 없다.

과거의 바티칸 도서관이 가톨릭 성직자들의 헌신과 기여 덕분에 수백 년 동안 이어져 왔다면, 현재의 도서관은 세계 각국에서 선발된 이들 최정예 문헌학자, 고미술 전문가들에 의해 운영 및 관리되고 있다.

인류 문화의 카오스, 바티칸 미술관

바티칸 시국 내에 자리 잡은 바티칸 미술관은 교황궁의 측면 입구를 통해 입장할 수 있다. 리소르지멘토 광장에서 바티칸 거리로 이어지는 비탈길의 중간에 있는 미술관 입구만 봐서는 그 규모를 짐작하기가 쉽지 않지만, 안에 들어가서 보면 끝도 없이 이어지는 전시 공간과 종교 시설, 정원들에 입을 다물 수 없는 지경이 된다.

세계에서 가장 유명한 그림 중의 하나인 미켈란젤로의 「최후의 심판」이 그려져 있는 '시스티나 예배당'을 필두로 그리스·로마 시대의 조각상들을 모아 놓은 '피오 클레멘티노 미술관', 화려한 천장 장식이 인상적인 '지도의 방', 현대 종교회화를 중점적으로 전시한 '보르자 가문의 방' 등 무려 1백여 개가 넘는 전시 공간으로 이루어진 바티칸 미술관은 전시를 관람하는 코스의 길이만도 무려 7km에 달하는데 걷다 보면 어느 방향에서

와서 어디로 가던 길이었는지, 내가 가는 방향이 맞는 방향인지 헷갈리게 되고 곳곳에 '널려 있는(?)' 예술품들에 빠져서 두리번거리다 보면 다른 관람객들과 어깨를 부딪치기 일쑤다. 이 때문에 모든 전시 코스는 입구부터 출구까지 일방통행으로 이동하게 되어 있다.

그런데 전체 작품을 대강 훑어보는 데만도 반나절이 넘게 걸리고, 전시물들을 제대로 감상하려고 마음먹으면 최소한 며칠은 꼬박 걸린다는 이 엄청난 규모의 미술관에는 특이한 전시관이 몇 개 있다. '이집트 전시관'과 '에트루리아 미술관' 그리고 '그레고리오 세속 미술관'이 바로 그것이다.

바티칸 미술관은 미술관이기는 하지만 엄연한 종교 시설이다. 1503년 교황에 즉위한 율리오 2세의 명령에 의해 지어진 미술관은 엄격한 종교적 신념과 성경의 말씀들을 바탕으로 건립된 하나의 종교 시설 그 자체이다. 그런데 이런 역사와 전통이 있는 미술관임에도 불구하고, 그 안을 들여다보면 상당히 재미있는 모습들을 발견하게 된다.

우선, 미술관을 포함한 전체 바티칸 시국의 방호와 경비를 맡고 있는 사람들이다. 그들은 바티칸 시민도, 바티칸을 둘러싸고 있는 이탈리아의 시민도 아니다. 빨간색과 노란색, 밝은 파란색이 섞인 중세 유럽풍 의상을 입고 '과연 무슨 용도일까?'라는 의문이 드는 창을 든 근위병들은 스위스 출신의 용병들이다.

지금이야 일부 정신 나간 맹신도나 다른 종교의 원리주의자 정도를 제외하고 감히 바티칸이나 교황을 대놓고 공격할 사람들은 많지 않겠지만, 중세 무렵만 해도 교황이 현실 정치에 많은 개입을 하고 각국의 국왕이나 유력 가문 역시 교황의 선출에 막대한 영향력을 미쳤기에 교황 자리는 각국 왕정이나 유력 가문 간의 정치적 논리에 휩쓸리기 일쑤였다. 그러한 탓에 당시의 교황들은 중립적인 입장에서 자신들을 보호해 줄 수 있는

바티칸 전체의 방호를 담당하는 스위스 용병들의 모습. 일설에 따르면 이들 용병이 입은 화사한 색깔의 복장을 디자인한 것이 바로 미켈란젤로라고 하는데 확실한 것은 아니다.

군대가 절실하게 필요했다.

특히 프랑스 샤를 8세의 힘을 등에 업고 알렉산드르 6세를 배출한 보르자 가문과 사사건건 대립했던 줄리아노 델라 로베레 추기경은 1503년 교황으로 선출되어 율리오 2세로 즉위하기 전, 즉 나폴리 원정을 통해 바티칸의 실권을 잡게 될 무렵부터 바티칸을 둘러싸고 있는 이탈리아(더 정확히는 보르자 가문)의 군사적 위협으로부터 바티칸을 지켜줄 병력을 물색해 왔었고, 과거부터 용맹하기로는 전 유럽 최고라고 인정받아왔던 스위스 용병들을 바티칸을 지키는 병력으로 고용하기로 결정한 것이었다. 1506년 1월 22일에 150여 명의 스위스 용병이 바티칸에 도착하여 근위대 창설식을 거행한 뒤 본격적으로 바티칸을 지키는 역할을 맡게 되었고 그로부터 5백 년 넘게 바티칸의 정규 병력은 2백여 명의 스위스 용병으로 유지되어 왔다.

하지만 시대가 바뀌다 보니 이와 같은 병력 운영에서 변화의 조짐이 일고 있다. 외침(外侵)으로부터 바티칸 자체의 국권을 수호하는 역할보다는 연간 500만 명 이상이 방문하는 관광객들을 원활하게 안내하거나 통

카라바조, 「그리스도의 매장」, 1602~1604년.

제하고, 혹시 발생할지 모르는 테러 등의 안전사고를 미리 예방하는 것이 방호 인력의 주된 업무가 되면서 스위스 용병은 1백여 명 수준으로 줄어들었다. 대신 바티칸 시국이 자체적으로 고용하여 운영하는 경호 인력이 1백여 명, 그리고 (한때 가장 큰 위협의 대상으로 스위스 용병대가 창립된 원인이기도 한 나라였던) 이탈리아의 경찰 병력 약 140여 명이 함께 바티칸을 지키고 있다.

다음으로는 미술관에 전시되어 있는 미술품들의 유형이다. 물론 시스티나 예배당의 양쪽 벽에 그려진 신약성서와 구약성서의 내용을 담은 그림이나 천장에 그린 미켈란젤로의 걸작 「최후의 심판」은 가톨릭을 믿지 않는 사람도 그 앞에 서면 경건한 마음이 들 정도로 지극히 종교적인 색

아침나절의 바티칸 미술관 입구. 아직 문을 열려면 시간이 꽤 많이 남아 있는데도 벌써 관람객들의 줄이 입구는 물론 미술관 벽을 따라 길게 늘어서 있다.

채를 띤 작품들이다. 이 외에도 카라바조의 대표작인 「그리스도의 매장」 과 조토(Giotto di Bondone)의 「스테파네스키 제단화」 등이 전시된 회화 관, 라파엘로가 오랜 기간 혼신의 노력을 쏟아 부어 완성한 프레스코화 와 스타코 장식을 소장하고 있는 라파엘로의 회랑 역시 신앙심이 깊은 사 람들은 감격의 눈물을 흘리며 신께 절로 감사의 기도를 올릴 정도로 가 톨릭적인 색채가 짙은 곳이다.

그러나 앞서 얘기한 이집트 전시관이나 에트루리아 미술관 그리고 그레 고리오 세속 미술관으로 넘어가면 얘기가 달라진다. 이집트 전시관은 말 그대로 로마 시대에 이집트에서 운반해 온 미술품과 건축물 등이 소장되 어 있다. 특히 전시 공간 자체도 이집트 건축의 특징적인 모습을 살리기 위해 여러 개의 기둥으로 태양을 형상화한 독특한 모양을 띠고 있다. 모

'세상에서 가장 아름다운 복도'로 유명한 지도의 방.

든 것이 정통 가톨릭에서는 이단시하는 모습들이다. 에트루리아 미술관 역시 마찬가지다. 이탈리아 라치오 주의 한 지방에서 출토된 에트루리아 인들의 미술품들을 주로 소장한 이 미술관에는 로마 신화 속에 등장하는 전쟁과 군사의 신 '마르스(Mars)'를 형상화 한 조각상을 비롯하여 타 종교 (불교)의 지도자를 묘사한 조각 등이 전시되어 있다. 그레고리오 세속 미 술관은 '세속'이라는 미술관의 이름에서 알 수 있듯이 앞선 두 미술관보다 도 더 노골적으로 가톨릭 미술에서 탈피해서 그 전시 범위를 그리스 시대 까지 벌려 놓았는데, 미술관의 가장 중심부에 가톨릭 성직자의 관점에서 는 '잡신을 숭배하는 이교도의 총본산'이라고도 할 수 있을 파르테논 신 전의 장식품 「말의 머리 부분 단편」과 「소년의 두부가 있는 돋을새김 단 편」 등을 떡하니 전시하고 있다.

사정이 이러함에도 불구하고, 바티칸 미술관은 언제 방문하더라도 여기저기서 사람을 긁어모아 만든 군대가 지키고 있다는 생각이 든다던지, 종교와 상관없이 이곳저곳에서 돈 되는 미술품들은 죄다 사 모았다는 생각이 들지 않게끔 하는 묘한 능력이 있다. 어떻게 이런 일들이 가능할 수 있었을까?

바로 모든 것을 하나로 아우르는 커다란 중심, 모두가 향해 있는 집중된 하나의 지향점이 있었기 때문이다. 그 중심과 지향점이 된 것은 바로 '가톨릭'이라는 종교적 신념이었다. 그 신념에 대한 굳은 신뢰, 변함없는 믿음이 있었기에 그들은 다양한 인적 구성을 가지고도, 수백 년째 꿋꿋이 바티칸을 지켜올 수 있었고, 자신들의 종교적 산물보다도 더 많은 이민족, 타종교의 서적과 미술품 등의 문물을 함께 소장·전시하면서도 정체성을 뚜렷하게 지켜올 수 있었다.

바티칸에서 배우는 기업의 비전 수립 3원칙

이를 기업에서는 '비전(vision)', '미션(mission)', '지향점', '사시(社是)', '사훈(社訓)' 등의 다양한 형태로 만들어서 활용하고 있다. 사훈까지는 아니지만 구글처럼 비공식적인 모토[사악해지지 말자(Don't be Devil)]를 비슷한 용도로 사용하는 기업들도 많다. 그런데 거의 대부분의 회사마다 이런 것들을 갖추었음에도 이를 제대로 실현하거나 실천하여 바티칸 미술관처럼 조직의 건전한 성장과 사업의 견실한 성공을 거둔 기업은 많지 않다. 왜 그럴까?

대부분의 기업들이 창업을 할 때 혹은 새롭게 경영진을 바꾸거나 사업구조를 바꿀 때 아니면 다른 의도로 회사 내외부에 혁신의 메시지를 줘야 할 때 이런 '비전', '공유 가치', '사훈' 등을 신설하거나 교체하는 작업들을 많이 하게 되는데, 다음의 세 가지 원칙을 잊은 채 겉보기에 그럴 듯한 것만을 추구하기 때문이다. 그들이 잊은 세 가지 원칙은 바로 '올바를 것', '분명할 것', '일관적일 것'이다.

2000년대 초반까지 세계적인 마약 기지로 통했던 콜롬비아는 미군의 도움을 받아 거대한 마약 재배 및 유통 세력들을 상당수 제거하는 성과를 거둘 수 있었다. 하지만 거대 마약상을 통해 흘러들어오던 수입이 끊기자 경제 발전 역시 정체되어 버렸다. 이에 콜롬비아 정부는 주산물인 커피와 석유 외에 추가적인 수입원으로 관광산업을 발전시키겠다는 복안을 발표하였다. 콜롬비아는 열대에 위치해 있지만 고원지대의 경우 온난한 지역이 많으며 특히 카리브 해 연안인 북부 지방의 경우 천혜의 휴양지로서의 조건을 다 갖추고 있었다. 낙후한 숙박 시설을 개선하고 일부 부족한 인프라만 제대로 갖춘다면 세계적인 관광지로 급부상할 수 있었다. 이에 각 지방정부는 관광객 유치와 중앙정부로부터의 예산 지원을 위해 나서기 시작했다.

그렇게 경쟁에 뛰어든 도시 중에 카르타헤나 데 인디아스(Cartagena De Indias)라는 도시도 있었다. 이 도시는 카리브 해 연안 도시로 아름다운 해변과 스페인 식민지 시절 지어진 수많은 문화 유적을 자랑하는 역사 깊은 휴양지였다. 그 역사성을 인정받아 1984년에는 '유네스코 세계문화 유산에 등재되었고, 2012년 4월에는 34개국 정상들이 참석하는 '미주 정상회의'가 개최될 예정이었다.

하지만 이와 같은 명성에도 불구하고 콜롬비아 정부의 관광 진흥책에 편승해 경쟁적으로 관광객 유치에 뛰어든 다른 지역정부와 그 정부 산하 관광청들의 눈부신 활약 때문에 관광지로서 카르타헤나의 입지는 많이 흔들리고 있었다. 결국 카르타헤나 시의 홍보담당자는 특단의 조치를 시

카리브 해의 아름다운 해안 도시인 카르타헤나 데 인디아스. 하지만 불과 수백 년 전까지만 하더라도 사진 속의 멋진 항구와 평화로운 바닷길을 통해 인디오 노예들과 불법적으로 약탈한 남미의 자원들이 유럽으로 실려나가던 사악한 약탈 행위의 근거지였다.

행하기로 했다. 그는 카르타헤나가 과거 미주 지역으로 수입되던 아프리카 흑인 노예 무역의 주요 관문도시였다는 것을 떠올리고는 도시 인지도를 높일 수 있는 기발한 아이디어를 냈다. 다른 수많은 도시들이 멋진 카리브 해의 풍광이나 끝없이 펼쳐진 커피 농장, 혹은 리마를 탄 인디오 사진 등을 활용하여 홍보 자료를 만들 때, 헐벗은 흑인 노예를 가운데 두고 백인 여성들이 마치 희롱하고 있는 듯한 사진을 사용한 것이다.

.반응은 곧바로 나타났다. 처음에는 인종차별을 반대하는 수많은 시민 단체와 관련 기관으로부터 항의가 폭주했다. 곧이어 이러한 내용이 지역 방송을 시작으로 나중에는 세계적인 뉴스 보도 채널인 시엔엔(CNN)에까지 보도되었다. 결국 시장과 대통령까지 나서서 국민과 해외의 인종 단체 등에 사과 성명을 발표했고 카르타헤나는 확실하게 다른 경쟁 도시들을 누르고 콜롬비아를 대표하는 관광도시로 '인지도를 확실하게 높이겠다'

는 전략적 목표를 완벽하게 달성할 수 있었다.

하지만 여기서 간과해서는 안 될 것이 있다. 카르타헤나는 비록 전 세계인들의 머릿속에 확실하게 그 이름을 자리매김하는 데는 성공했지만, 문제는 그 이름이 '명성'이 아니라 '오명(汚名)'이었다는 것이다. 인지도를 높였음에도 불구하고 아이디어를 낸 홍보담당자는 해고되었고 시장은 퇴임 압박까지 받으며 몇 번이고 시민단체와 방송 카메라 앞에 고개를 숙여야 했다. 대통령 역시 미주회의에 참석하는 국가의 수장들에게 사과의 뜻과 함께 회의의 정상적인 진행을 도와 달라는 아쉬운 소리를 해야 했고, 특히 아프리카계 미국인인 오바마 미국 대통령의 비위를 거스르지 않기 위해 한참을 애썼다는 후문이 나돌았다.

왜 이런 문제가 생겼을까? '남과 다른 강점'을 부각시켜서 잠재적 관광객인 세계인의 머릿속에 카르타헤나의 이름을 깊이 각인시키겠다는 그들의 전략은 왜 성공한 듯하면서도 종국에는 실패한 전략이 되고 만 것일까? 이유는 '남과 다른', '남들보다 더 잘'이라는 점에만 집착하다 보니 자신들의 방향이 '옳은 것인가?'에 대해서는 깊이 생각하지 못했기 때문이다. 과거 기업 활동의 성패는 대부분 남보다 더 좋은 품질이나 더 싼 가격에 달려 있어서 이외의 것들은 대부분 무시되거나 용서되었다.

하지만 이제 시대가 바뀌었다. 기업이 올바른 방향, 도덕적인 가치를 바탕으로 한 모습을 보여 주지 못하면 고객도 내부 구성원도 그들의 제품과 서비스를 지지하지 않는 시대가 되었다. 환경 문제나 기업 소유주의 도덕적인 결함으로 불매 운동에 휩싸인 수많은 기업들이 그를 분명하게 보여 주고 있다. 구글은 기업의 창업주가 천사이고 기업 자체가 '선한 기업'이어서 '사악해지지 말자'를 자신들의 기업 경영의 가치로 내세운 것이 아니다. 그들은 '선함'이라는 가치를 추구한다고 내세울 때 고객으로부터 얻을 수 있는 지지와 동조, 내부 구성원들로 얻을 수 있는 일체감과 헌신의 크기에 대해 예전부터 알고 있던 '똑똑한 기업'이었을 뿐이다. 이 때문에 기업과 같은 조직이 내세우는 가치는 '올발라야' 한다. 하지만 그것만으로는 부족하다.

둘째, 공유하는 가치는 선명하고 차별적이어야 한다. 많은 기업들이 저마다 나름의 공유 가치와 기업 경영의 원칙 등을 내세우고는 있지만, 명확한 목적 의식 없이 그럴 듯해 보이는 것이라면 무작정 가져다 쓰다 보니 대부분 비슷한 경우가 많다. 그러다 보니 고객은 물론이고 기업 내부 구성원들조차도 자기 회사의 주가는 알아도 회사의 지향점, 기업 운영의 원칙이 무엇인지는 잘 모르는 경우가 대부분이다. 이는 애사심이나 업무 태도의 문제가 아니다. 가치와 원칙을 만든 사람들이 그것들을 제대로 만들지 못해서 발생한 당연한 결과다.

LG그룹에는 'LG Way'라는 것이 있다. 그 하부 내용을 구성하는 것 중 '행동 방식'이 되는 '정도 경영(正道經營)'이라는 것이 있는데, 이 단어를 영어로 번역한 것을 보면 'Doing with right way'이거나 'moral management'가 아니라 'Jeong-Do Management'이다. 말 그대로 '정도 경영' 자체가 하나의 고유명사가 되는 것이다. 실제 내용을 들여다봐도 그렇다. 이 정도 경영이라는 것은 단순히 법을 어기지 않거나, 남에게 욕먹지 않고 기업 활동을 하는 것만을 의미하지 않는다. 나만 정당할 것이 아니라 나와 함께 사업을 하는 사람도 정당하게, 심지어 나와 경쟁하는 경쟁자도 정당하게 대해 줄 것을 이야기하고 있다. 이외에도 정도 경영이 담고 있는 독특한 내용들은 엄청나게 많다. 한학(漢學)을 전공한 입장에서 들여다보면, 회사를 경영하는 경영자나 경영학을 전공한 학자가 만들었다기보다는 한학을 오래 공부한 유학자나 철학을 전공한 이가 만든 것이 아닌가 하는 생각이 들 정도로 우리의 삶과 세상에 대한 깊이 있는 성찰

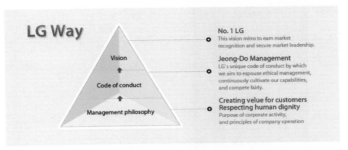

영문으로도 번역되어 전 세계 LG 임직원들에게 전파되어 있는 LG Way. 그림 속 오른편 글씨를 잘 보면, 다른 구성요소들은 모두 영작이 되어 있는데, 유독 '정도 경영'만은 한글의 발음을 영어 표기로만 바꿔 놓은 것을 볼 수 있다.

과 사유가 담겨 있다.

그렇기 때문에 최소한 LG에 재직하는 임직원들에게 이 '정도 경영'이라는 것은 다른 어떤 것과도 헷갈릴 리 없는 선명하고 분명한 행동의 원칙이 되고 있다. 어떠한 외부의 입김이나 환경의 변화를 맞이해서도 최종적으로 그들이 의사결정을 하고 판단할 때의 마지막 기준은 이 '정도 경영에 위배되지 않는가?'이다. 만일 아무리 사업적으로 큰 이익이 있고, 자신의 성과에 많은 기여를 할 일이라 해도 정도 경영에 위배가 된다면 가차없이 그 자리에서 중단하는 것이 LG의 문화로 자리 잡고 있다.

마지막으로, 공유하는 가치와 원칙이 일관되고 지속적이어야 한다. 일본 기후 현 한 시골 마을에 자리 잡고 있는 미라이 공업(未來工業)은 일본은 물론이고 세계적으로도 그 명성이 높은 전자 및 기계부품 제조 기업이다. 1965년 연극을 하던 네 명의 동기가 단돈 50만 엔을 모아 호구지책으로 시작했지만, 그 후 50여 년에 가까운 기간 동안 단 한 차례도 적자를 내지 않고, 꾸준히 성장하며 업계 평균의 두 배가 넘는 영업이익을 내왔다. 하지만 그래봐야 토요타 자동차의 한 부품 라인 정도 밖에 안 되는 규모의 이 기업이 일본을 넘어 전 세계적으로 그 이름을 떨치게 된 것은 그들만의 독특한 경영 철학, 경영 방식 때문이다.

이 회사를 직접 가보면 많은 사람들이 세 번 놀란다고 한다. 첫 번째는 공장 입구부터 시작해서 본사 전체가 낮에는 불을 켠 곳이 거의 없어서 어두컴컴한 것에 놀라고, 두 번째로 그런 실내 여기저기에(정말로 눈길 닿는 곳마다) 다닥다닥 붙어 있는 '항상 생각하라!'라는 종이에 놀라고, 그리고 마지막으로 회사 소개를 시작하면서 우리 돈으로 약 2만 원가량의 견학료를 받는 직원의 모습에 놀라게 된다.

이 모든 것에는 '불필요한 비용은 철저하게 아껴서, 직원들의 행복을 위해 투자한다'라는 야마다 아키오(山田昭男) 창업주의 철학이 담겨 있다. 그는 기업을 숫자, 효율성, 눈에 보이는 성과로 판단하거나 그를 통해 경영하지 않겠다는 생각이 확고하다. 그에게 중요한 것은 '직원들의 행복'이다. 그를 위해 우리가 흔히 '조직 관리상', '사업 목적상', '회사 이미지상'이라는 이유로 사용하는 수많은 비용들을 과감하게 절감했다. 식권 인쇄에 드는 비용을 아끼려고 아예 식권 자체를 없애 버리고 자율적으로 식대를 내도록 했다. 복사지와 전기료를 아끼기 위해 본사 전체에 복사기는 단 두 대만 배치했으며, 모든 전등에는 담당하는 직원의 이름을 붙여서 퇴근할 때 책임지고 그 등을 끄도록 했다. 이는 야마다 창업주에게도 마찬가지로 적용되는 규정이었다. 그렇게 절감한 비용은 고스란히 사원 복지에 활용되었다. 1974년 대만 여행을 시작으로 5년마다 미라이 공업의 전 임직원은 100% 회사 부담으로 해외여행을 다녀오고 있다.

그런데 이런 것들을 시도하는 회사가 비단 미라이 공업만은 아닐 것이다. 다른 수많은 기업도 미라이 공업처럼 불필요한 비용을 절감해서, 회사의 성장이나 직원의 복리후생을 위해 투자하지 않았던 것은 아니다. 하지만 대부분의 경우 큰 성과를 보지 못한 채 실패하는 경우가 많다. 미라이

자신의 회사 로고 앞에서 포즈를 취한 야마다 아키오 전 미라이 공업 사장. 그는 평상 시에도 복장이나 형식 등에 대해서는 전혀 신경을 쓰지 않는 것으로도 유명하다.

공업과 어떤 큰 차이가 있었기 때문일까?

그 가장 큰 이유는 리더의 '일관성'과 그를 실행하는 조직의 '지속성' 때문이다. 다른 대부분의 기업들이 단순히 일회성 구호로 그칠 때 미라이의 야마다 창업주는 '기술개발과 비용 절감을 통한 이익을 사원의 행복을 위해 투자한다'라는 생각이 회사 내 전 구성원들의 머리와 가슴속에 뿌리내릴 수 있도록 지속적으로 강조했다. 그 대표적인 것이 회사 곳곳마다 붙어 있는 이면지에 적혀 있는 '항상 생각하라'라는 글씨이다. 그것들은 회사 구성원 모두가 '항상' 비용 절감을 통해 아낀 자원을 기술개발과 혁신에 투자할 수 있게 '생각'하도록 했다. 그런 생각들을 시간적으로는 50여 년간, 조직적으로는 최고경영자부터 이제 갓 입사한 말단 직원까지 일관되게 해왔기에 다른 기업과 달리 미라이는 성공할 수 있었던 것이다.

함께 나눈 원칙과 가치가 가장 강하다

하지만 단순히 경영자가 의지를 가지고 '올바른 가치'를 '선명하고 차별적'이면서 '일관되게 지속적'으로 제시한다고 해서 모두 성공할 수 있을까? 꼭 그렇지만은 않다. 최고경영자가 평생을 두고 자신의 신념, 비전, 가치관 등을 강조했지만 문을 닫고 만 수많은 기업, 조직 등을 보면 결코 그들이 내세운 가치가 올바르지 않았다거나, 불분명하고 차별적이지 못했다거나, 일관적이고 지속적이지 못했다는 점을 찾아보기가 힘들다.

사상 최악의 부도덕한 파산을 자행한 엔론(Enron)사가 내세웠던 비전과 가치는 '존경, 성실, 소통, 최선'이었으며, 불분명한 사업 실적을 감춘 채 허황된 이상만을 강조하며 주주와 소비자들을 우롱하다가 과거 다른 유사한 기업과 동일한 모습으로 몰락하고 만 국내 모 바이오 기업이 내세웠던 비전은 독창적이며 특이하게도 '인간, 동물, 자연, 사랑으로 풍족한 세상'이었다. 그럼에도 불구하고 그들은 몰락했다.

그들에게 부족했던 '한 가지'는 무엇이었을까? 그것은 그를 믿고 따라주는, 그를 지키기 위해 노력하는, 그에 맞춰 자신의 생각과 행동을 기꺼이 변화시키려는 구성원들이었다. 많은 리더와 최고경영자들이 착각하는 것 중 하나가 비전이라는 것은 리더가 구성원들에게 분명하게 제시하고 확고하게 지켜나갈 때 성공적으로 자리 잡고 그 역할을 제대로 하게 될 것이라는 생각이다. 하지만 그것만으로는 부족하다. 그와 더불어 함께하는 구성원들이 비전을 단순히 구호나 모토가 아닌 생각과 행동의 모든 순간, 모든 과정에서 함께하는 살아 숨 쉬는 것이라고 느낄 때 비로소 그 '원칙과 가치'가 본연의 효과를 발휘하게 될 것이다.

바티칸의 문서고에는 여전히 공개되지 않은 이단의 문서들로 넘쳐난다. 그 문서고를 품고 있는 미술관 역시 타종교, 이문화의 미술품들로 가득 차 있다. 하지만 한 해에만 수백 만 명 이상 찾아드는 전 세계의 관람객들 중 누구도 바티칸 미술관이 가톨릭 문화예술의 정수가 담겨 있는 곳이기 때문에 다른 미술관보다 더 경건하고 엄숙하게 예의를 챙기고 싶은 마음이 드는 곳임을 부인하는 사람은 없다.

이런 현상은 바티칸 미술관을 만들어 온 사람들 또는 그를 지원하는 가톨릭의 리더들이 갖고 있는 분명한 원칙과 가치, 그들이 내세운 비전과 사명으로부터 기인한 바가 크겠지만, 그에 못지않게 그를 지지하며 함께 가꿔온 바티칸 미술관의 직원들은 물론 바티칸 미술관이 '이단의 미술품'을 소장했지만 미술관 운영의 원칙과 담고 있는 가치, 추구하는 목적과 비전은 '이단이 아닐 것'이라고 확고하게 믿고 지원해 온 전 세계의 수많은 가톨릭 신도들의 신뢰와 지지에 힘입은 바가 클 것이다.

바티칸 미술관(Musei Vaticani)

위치 Viale Vaticano, 00165 Rome
홈페이지 www.museivaticani.va
관람 시간 09:00~18:00(월~토) / 단, 입장은 4시까지.
휴무일 매주 일요일(휴관이 비교적 잦은 편이다. 사전에 반드시 공식 홈페이지에서 개관 여부를 확인 후 방문하는 것이 좋다.)
관람료 16유로

Underline Note

1) 바티칸 미술관은 일일 관람 인원에 제한이 있다. 바티칸 방문 계획이 있다면 무조건 아침 일찍 서둘러서 미술관부터 관람한 뒤, 나머지 지역을 관람하는 것이 좋다.

2) 미술관 내부는 관람의 편의를 위해 일방통행을 하도록 되어 있다. 물론 같은 복도, 같은 전시실 내에서의 이동은 자유롭지만, 이동하는 반대 방향으로 가려면 때로는 수많은 인파를 헤치고 가야 한다. 관람하고 싶은 전시물들을 무심코 스쳐 지나가지 않도록 사전에 동선 계획을 잘 짜서 움직이는 것이 좋다.

3) 바티칸 미술관 입구에서는 별다른 제재를 하지 않지만, 미술관을 포함한 건물 전역이 종교 시설물이어서 인접한 다른 시설의 입구에서는 민소매나 지나치게 짧은 반바지 등을 입으면 출입이 제한될 수 있다. 가톨릭 신도가 아니라고 하더라도 타 종교를 배려하는 마음으로 복장을 갖추자.

Lesson 5 --

제대로 빌리면 세상이 다 내 것이 된다

모리 미술관에서 배우는 [역량 개발과 활용]

니혼노 호토 나이토 스포토(日本の Hot Night Spot)

몇 해 전, 아직 해가 떨어지려면 한참은 남았을 7월의 어느 저녁.

일행과 함께 묵고 있던 뉴오타니 호텔을 나서서 손님을 기다리고 있던 택시를 잡아탔다. 이날의 행선지는 미드타운(Mid-Town). 과거 도쿄 내에 있는 여러 부도심 중 하나였다가 최근 성공한 여러 건의 부동산 개발 덕분에 최고의 주가를 올리고 있는 롯폰기, 그중에서도 가장 핫(Hot)한 곳으로 명성을 날리고 있는 복합 공간이었다. 미드타운이 들어선 이곳은 원래 우리나라의 국방부와 비슷한 역할을 하는 방위청의 청사가 있던 자리였는데, 롯폰기에 불어 닥친 대대적인 재개발 붐에 편승하여 일본 굴지의 부동산 개발 회사인 미쓰이 후도산(三井不動産)이 쇼핑, 문화, 전시, 사무 공간이 복합된 건물을 지어 '미드타운'으로 명명하면서 이름 그대로 롯폰기는 물론 도쿄 전체의 '중심'이 된 명소가 되었다.

건물 설계의 상당 부분은 일본은 물론 전 세계적으로 가장 유명한 건축가 중 한 명인 안도 다다오(安藤忠雄)가 맡았고, 그 땅값 비싼 롯폰기의

일본의 새로운 랜드마크로 각광을 받고 있는 롯폰기 미드타운 내부에 위치한 고급 상점가인 갤러리아.

'한가운데'에 위치하고 있음에도 전체 건축 면적의 40%가 녹지로 조성되었다. 게다가 상점 구역에 입점한 업체들도 일본의 일반 쇼핑몰에 입점하는 흔한 대중 브랜드나, 익히 알려진 명품 브랜드가 아니라(물론 그런 업체들도 상당수 입점해 있지만) 고집스럽게 전통 기술을 지켜오고 있는 장인들이나 예술가로 인정받고 있는 구미 각국의 디자이너들의 직영 매장, 기업들의 전시 문화 공간들로 이루어져 있어, 말 그대로 건물 전체가 볼거리이자 명소인 곳이다.

그런데 결국 이날은 미드타운을 방문하지 못했다. 대신 우리 일행이 방문한 곳은 미드타운의 대각선 건너편에 위치한 복합 공간인 롯폰기 힐스(Roppongi Hills)였다. 택시 안에서 '미드타운부터 방문하고, 시간이 남으면 롯폰기 힐스를 가고 여유가 없으면 말자'고 했던 우리의 계획이 급하게 변경되었기 때문이다. 그렇다면 택시 안에서 어떤 일이 일어났던 것일까?

아오야마 대로를 지나 미드타운이 있는 가이엔히가시 거리로 접어들기 위해 아오야마 잇초메(青山一丁目)에 못 미쳐서 좌회전을 할 무렵이었다. 갑자기 택시 기사가 조심스럽게 물었다.

"아나타와 니혼고 하나세마스카?(あなたは日本語を話せますか)"

일반적인 일본인들의 국민성은 매우 조심스럽다. 모르는 상대방에게 갑작스럽게 말을 건다거나 무언가를 물어본다는 것을 굉장히 어려워할 뿐만 아니라, 때에 따라서는 폐를 끼치거나 무례한 행동이라고 생각하는 경우도 있다. 더군다나 일본에서 택시를 타 본 사람이라면 경험했겠지만, 택시 기사들이 손님을 대할 때 보여 주는 조심성은 정말로 타의 추종을 불허할 정도이다. '예의 바름', '조심스러움'을 넘어서서 오히려 어떤 때에는 조금은 부담스러울 정도로 정중하게 손님을 응대한다. 그런데 그런 택시 기사가 갑작스럽게 "일본어 할 줄 아세요?"라고 물은 것이다. 이후 그가 우리에게 한 이야기는 대략 이런 것이었다.

'미드타운이 최근에 오픈을 해서 인기를 끌고 있기는 하지만, 대부분의 볼거리가 상점이라서 낮에 가는 게 더 낫다. 반면 대각선 맞은편의 모리 타워 52층과 53층에는 일본에서 가장 높고 비싼 곳에 자리 잡은 모리 미술관이라는 곳이 있는데, 분위기도 좋고 볼거리도 많다. 나도 가서 봤는데, 미술품도 보고 외부 전망도 볼 수 있어서 일석이조다. 특히 지금 이 시간에 가면 환상적인 동경의 야경을 볼 수 있을 것이다.'

그 말에 미술관이라면 지금 시간에 가면 문을 닫지 않았냐고 물었더니 택시 기사는 기다렸다는 듯이 모리 미술관은 직장인 등을 위해 밤 10시까지 개관한다고 답하는 것이었다. 마치 동남아 여행을 가면 득달같이 달려들어 자신과 계약을 맺고 소개비를 주는 업소로 손님을 모시려고 온갖 감언이설로 꼬드기는 툭툭9이나 쎄옴10 기사 같았다. 어찌되었든 일본에

저녁 8시가 다 된 시간임에도 불구하고 미술관에 입장하기 위해 늘어선 줄. 인기 있는 기획전이 열릴 때는 이 줄이 10시 폐관 시간까지 계속 이어지는 경우도 있다.

서는 처음 접하는 모습이었다.

하지만 호객 행위(?)에 이끌려 모리 미술관을 방문한 순간 곧바로 이곳에 오길 잘했다는 벅찬 뿌듯함이 가슴속에서 마구 샘솟았다. 일단 저녁 7시라는 '미술관을 관람하기엔' 상당히 늦은, 아니 일반적인 미술관이라면 입장 자체가 불가능할 시간이었음에도 불구하고 환하게 밝혀져 있는 1층 출입구와 그 앞으로 늘어선 수많은 인파들 때문에 기대감이 생겨났다. 전형적인 회사원으로 보이는 다양한 연령대의 사람들이 줄지어 서서

---

9 Tuk tuk. 소형 트럭 등을 개조해서 만든 동남아 특유의 대중교통 수단.

10 Xe-om. 베트남의 오토바이 택시.

모리 미술관 입구. 저녁 퇴근 무렵이면 이곳이 넥타이를 맨 회사원들로 바글바글 붐빈다.

입장을 하고 있었다. 그 사이사이에는 막 학교를 마치고 도착했음직한 교복을 입은 고등학생들과 방금 유치원에서 자녀를 데려와 함께 들른 맞벌이 부부로 보이는 가족들도 있었다. 하나같이 일반적인 미술관에서는 쉽게 발견할 수 없는 모습들이었다. 1층으로 입장했지만, 정작 미술관은 건물의 거의 맨 꼭대기인 52층과 53층에 있었다. 안내 책자에 '최첨단 초고속 엘리베이터'라고 자랑스럽게 적혀 있는 엘리베이터를 타고도 한참이나 걸릴 만큼 미술관은 높은 곳에 있었다. 미술관 입구가 250m 높이의 도쿄타워 전망대보다 약간 낮은 높이라고 하니 그도 그럴만했다.[11] 53층에는 미술관 메인 갤러리가 있었고, 그 아래층인 52층에는 '도쿄 시티 뷰'라는 전망대와 '모리 아트센터 갤러리'라는 별도의 갤러리가 있었다. 약 1천 제곱미터 정도의 면적인 모리 아트센터 갤러리에서는 주로 메인 갤러리와는 별도의 전시가 열린다고 했다.

화려하지만 보는 사람의 가슴 어딘가를 서늘하게 만드는 데가 있는 동경의 야경을 바라다보며 유명한 현대미술 작품을 관람할 수 있다는 것은

---

11 방송용 안테나까지 포함한 도쿄타워의 실제 높이는 333m이다.

분명 커다란 매력이 있었다. 그래서일까? 늦은 시간이었음에도 굉장히 많은 사람들이 미술관을 관람하고 있었다.

모리, '빌림의 미학'으로 최고가 되다

그런데 나중에 들은 얘기지만, 이곳은 미술관에 대해 좀 안다는 사람의 입장에서 보면, '도저히 잘 유지될 수 없는' 미술관이라고 한다. 아니, 그 정도를 넘어서서 '존재할 수 없는' 미술관이라는 얘기도 들었다.

그 이유는 먼저 입지 조건에서부터 찾아볼 수 있다. 세금으로 운영되는 공립 시설이나 자선 교육 재단이 운영하는 시설을 제외하고는 대부분의 미술관들이 티켓을 판매하여 수익을 얻고 있지만, 값비싼 작품들을 보호 및 전시하는 시설과 인력을 제대로 운영하려면 그 돈만 가지고는 턱도 없다. 그렇기 때문에 미술 애호가들이나 기업들의 찬조를 받아 빠듯하게 운영되고 있는 곳이 대다수인데, 이곳 모리 미술관은 일본은 물론 세계에서도 땅값이 비싸기로 유명한 동경 한복판 롯폰기, 그중에서도 가장 노른자위 같은 땅에 들어선 초고층 빌딩, 그 빌딩에서도 가장 임대료가 비싼 최상위 층에 떡하니 자리 잡고 있는 것이다. 고정비가 많이 들 수밖에 없다. 입지 조건에서 비롯된 문제는 여기서 끝이 아니다. 미술품이라는 것이 손으로 들고 다닐 수 있는 4호(우편엽서 4개 정도 크기)나 10호짜리만 있는 것이 아니다. 1백 호, 2백 호짜리도 수두룩하고 5백 호(약 3m×2.5m 정도 크기) 이상 되는 작품들도 비일비재하다. 이러한 작품들을 53층의 메인 갤러리까지 올려 보내려면 그 운반비만 해도 어마어마하며, 그로 인해 증가하는 보험료의 상승분은 일반인은 상상하기조차 쉽지 않은 엄청난 거액인 경우가 대부분이다.

게다가 모리 미술관은 다른 세계적인 미술관에 비해 고정적인 규모의 관람객을 불러 모으는 데 치명적인 한계가 있다. 바로 '상설 전시관'이 없다는 점이다. 상설 전시관이 있는 대부분의 미술관에는 언제나 관람할 수 있는(물론 미술관 사정이나 해외 전시와 겹치면 불가능하겠지만) 프랜차이즈 스타 미술품이 있다. 예를 들어 루브르의 「모나리자」, 대영박물관의 로제타석, 오르세의 「만종」 등과 같은 식으로 말이다. 하지만 모리 미술관에는 상설 전시나 프랜차이즈 작품이 없기에 미술관 홍보와 관람객 유치에 상당한 어려움이 있다.

하지만 그럼에도 불구하고 모리 미술관은 2003년 10월 개관한 이래 여러 차례 연중 최다 관객수 기록을 갱신해가며 전무후무한 인기몰이를 하고 있다. 또한 수익 면에서도 단순히 미술관만 놓고 보면 큰 적자가 나는 재무 구조지만, 미술관 자체가 건물 전체에 사람들의 관심과 돈을 위에서부터 뿌리는 '폭포수 효과'를 발휘하기에 미술관의 소유주이면서 미술관이 입주한 모리타워의 소유주이기도 한 모리 가문으로서는 절대로 손해보지 않는 장사라고 한다.

그렇다면 모리 미술관은 어떻게 이러한 제약 사항들을 극복하고 큰 성공을 거둘 수 있었을까? 여러 가지 이유가 있겠지만, 첫 손가락에 꼽을 만한 것은 '필요한 것을 잘 빌려서'였다.

모리 미술관은 시작부터 '빌림'의 역사였다. 처음 개관을 준비하며 교섭하기 쉽고 말도 잘 통하는 일본인 미술관 운영 경험자를 찾기보다는 구미 미술관 선진국의 노하우를 들여오기 위해 과감하게 옥스포드 현대 미술관과 스톡홀름 현대 미술관에서 큐레이터와 디렉터로 활동했던 영국인 미술행정가 데이비드 엘리엇(David Elliott)을 초대 관장으로 영입했다. 파격적인 대우를 받으며 관장이 된 그는 자신이 갖고 있는 유럽 미술관 운영의 노하우를 모리 미술관에 그대로 전수해 주었고, 수십 년 간 굴지

모리 미술관이 입주한 모리타워와 주변 롯폰기의 전경. 후지 산과 도쿄 앞바다가 바라다보일 정도로 우뚝 솟은 이 빌딩의 52층, 53층에 미술관이 위치하고 있다.

의 미술관 큐레이터로 활동하며 쌓아온 미술계의 인적 네트워크를 활용하여, 신생 미술관인 모리 미술관으로서는 쉽게 유치하기 힘든 현대 미술계 거장들의 전시회를 열었다. 그런 그의 활약 덕분에 모리 미술관은 원활하게 개관 준비를 할 수 있었고, 개관 이래 놀랍도록 빠른 시간 내에 굴지의 미술관으로 자리 잡을 수 있었다.

거기에 그들은 입주하고 있는 모리타워의 야경을 빌려 자신들 미술관만의 것으로 만들었다. 그렇게 빌린 야경을 활용하여 자신들의 명성을 더욱더 널리 알릴 수 있었다. 그뿐만이 아니었다. 다른 유명 미술관과 비교하면 모리 미술관은 고층 빌딩의 상층부에 있다 보니 관람객들이 바람을 쐬며 휴식을 취할만한 야외 공간이 없다는 단점이 있었다. 모리 미술관은 그러한 단점을 극복하는 방법 역시 '빌림'을 통해 해결했다. 그들은 모리타워의 지상층 공간을 빌려, 그곳에 자신들의 미술품 중 일부를 과감하게 전시했다. 그중 대표적인 것이 프랑스 출신 여류 조각가인 루이즈 부르주아(Louis Bourgeois)의 청동 조형물인 「마망(Maman)」이었는데, 높이만 9m가 넘는 거대한 거미 모양 조형물인 마망을 일본의 언론들은 앞다퉈서 방송에 내보냈다. 그렇게 함으로써, 엄연히 모리타워의 공간인 그곳을 지나쳐서 미술관을 방문하게 되는 관람객들은 모두 그곳을 모리 미술관의 야외 전시 공간으로 인식하게 되었다.

그들의 '빌림' 본능은 거기서 멈추지 않았다. 신생 미술관으로서 가장 절실했던 것이 고정적인 관람객이 되어줄 도쿄 거주 미술 애호가들의 관심이었는데, 모리 미술관은 도시 내 다른 미술관과 연계하여 패키지 티켓을 구매할 수 있는 프로그램을 만들어서 기존 미술관들이 보유한 관람객들의 관심을 그대로 끌어(빌려) 오려는 시도를 하였고, 그 시도 역시 큰 성공을 거두었다.

그뿐만이 아니었다. 미술관이 입주한 모리타워가 서 있는 롯폰기 힐스에는 일본의 주요 방송사 중 하나인 TV아사히의 본사가 입주하고 있었다. 그들은 TV아사히의 방송 프로그램에 미술관을 단골로 빌려 줌으로써 거꾸로 방송의 힘을 그대로 빌려올 수 있었다. TV아사히 아침 프로그램의 진행자가 모리 미술관의 작품들을 배경으로 두고 문화계 소식을 전달한다거나 캐스터가 이슬이 촉촉히 내려앉은 모리 정원에서 날씨 예보를 전하기라도 하면 출근 전 잠시 켜놓은 TV에서 그 장면을 본 회사원들이 그날 저녁에는 어김없이 모리 미술관에 몰려드는 현상이 계속되었다.

그러한 '빌림'의 절정이 바로 모리 미술관을 방문한 날 경험한 택시 기사의 구전 마케팅 능력이었다. 미술관의 2대 관장 난조 후미오(南條史生)는 새롭게 시작하는 기획전을 홍보하기 위해 한 택시 회사에 제안하여, 베테랑 기사들 위주로 41명을 선발하여 큐레이터의 상세한 설명과 함께

모리 미술관이 입주한 모리타워 입구에 위치한 루이즈 부르주아의 유명 조형물인 「마망」. 이 조형물 덕분에 미술관은 홍보 효과를 톡톡히 본 것은 물론이고 모리타워의 앞마당을 미술관의 일부로 사용할 수 있었다.

모리 미술관의 미술품들을 관람하는 기획 행사를 개최했다. 난생 처음 방문한 미술관에서 칙사 대접을 받으며 미술품들을 관람한 이들은 말 그대로 '모리 미술관 구전 마케팅의 전사'가 되었다. 택시 기사들은 자신의 차량에 탑승한 승객들에게 모리 미술관에 대해 입에 침이 마르도록 칭찬을 늘어놓았고, 그러한 마케팅은 확실한 효과가 있었다. 여기가 끝이 아니었다. 주도면밀한 모리 미술관은 이와 같은 행사 내용을 TV아사히에 제공하는 것 역시 잊지 않았다. TV아사히는 우리로치면 'VJ 특공대'와 같은 프로그램에 40명이 넘는 택시 기사를 초청한 이 특이한 미술관 관람 행사를 내보냈다.

우리 일행이 탄 택시의 기사는 그 41명 중 한 명이 아니었지만, 동료로부터 귀에 못이 박히도록 모리 미술관에 대한 자랑을 듣고, 너무 궁금해서 휴일에 자비를 들여 '태어나서 처음으로' 미술관 관람을 한 뒤 큰 감명을 받았다고 했다. 이와 같은 적극적인 '빌림'을 통해 모리 미술관은 일본은 물론, 세계적으로도 그 유명세를 떨치는 미술관으로 성장할 수 있었다.

승자가 된 '빌림'의 대가들

사업에서도 마찬가지다. 경영을 하면서 다른 경쟁자들이 흉내 내지 못할 차별화된 핵심기술, 핵심역량을 갖는 것은 다른 모든 것을 떠나서 기업의 사활을 걸어야 할 만큼 크고 중요한 활동이다. 하지만 그것만으로는 부족하다. 세상이 변했기 때문이다. 과거에는 시장 구도도, 소비자의 니즈도 단순했다. 그래서 기업은 자체적으로 보유한 내부의 기술, 내부의 역량만으로 충분히 그 니즈를 충족시킬 수 있었고, 시장을 지배할 수 있었다.

예를 들어보자. 지금이야 차 안에서 라디오는 물론이고 TV와 인터넷까지 이용하는 것이 무척이나 자연스러운 일상이지만, 불과 한 세기 전만 하더라도 차 안에서 음악을 듣는 것은 불가능한 일이었다. 축음기는 무거웠고, 라디오는 이동하는 차내에서 전파를 잡아내지 못했기 때문이다. 그래서 당시 자동차를 만들던 기업은 '자동차는 이동 수단이고 기계장치이니 보다 더 힘센 엔진에 아름다운 차체를 만들면 충분히 경쟁에서 이길 수 있고 그럴 수 있는 역량만 갖추면 된다'고 생각했다.

하지만 1910년대 중반 갓 군에서 제대한 윌리엄 리어라는 전기기술자가 전장에서 활용되는 이동 무선 기술을 활용해서 차 안에서도 라디오를 들을 수 있는 장비를 개발해 냈다. 그는 시제품의 제작을 폴 갤빈(Paul Galvin)이라는 사람에게 맡겼는데, 이 제품의 상품성을 한눈에 간파한 폴 갤빈은 집요하게 윌리엄 리어에게 특허를 자신에게 넘기라고 권유했다. 때마침 '비행기'의 매력에 푹 빠져 있던 윌리엄 리어는 새로운 사업을 위해 폴 갤빈에게 이동하는 차내에서도 라디오를 들을 수 있는 기술 특허를 넘겼고, 폴 갤빈은 이동하는 '자동차(motors)'에서 들을 수 있는 유명 축음기 회사 빅터의 고급 축음기 '빅트롤라(Victrola)'라는 뜻으로 제품의 이름과 회사의 이름을 바꿔 달았다. 세계적인 통신기기 기업으로 우리에게도 익숙한 '모토로라(Motorola)'의 탄생에 얽힌 얘기이다.

그런데 여기서 끝이 아니었다. 기계공학의 영역이던 자동차 내부에 '라디오'라는 전기, 전자, 전파공학 기술을 끌어들인 자동차 산업은 이후 1백여 년의 시간 동안 엄청난 속도로 다른 기술들을 끌어모으기 시작했다. 야간 운행을 위한 조명 기술, 안전한 운전을 도와 주기 위한 다양한 차량제어기술, 빠르고 정확한 길 찾기를 도와 주는 기기인 내비게이션 시스템과 그에 활용된 위성 송수신 기능, 그리고 수소에너지 자동차, 전기자동차 등의 구동을 위해 필요한 화학, 축전지 기술 등.

그뿐만이 아니었다. 자동차의 디자인이 강조되면서 유체역학, 운동역학 기술이 도입되었고, 고객이 원하는 인테리어를 만들어 내기 위해 미술 심리학과 피부과, 이비인후과 같은 의학 분야까지 속속 자동차 산업에 접목되고 있다. 이제 누구도 자동차를 기계공업만의 산물이라고 하기 어렵다는 것을 잘 알고 있다.

이러한 '빌림'은 단순히 일부 기술 분야를 떠나서 한 기업의 핵심이라고 할 수 있는 R&D(연구개발) 운영 시스템 전반의 변화까지 불러일으키고 있다. 세계적인 생활용품 기업인 피앤지(P&G)의 경우, 방대한 생산 품목과 사업 분야에 비하면 연구 인력 규모가 생각보다 적은 편이다. 그럼에도 그들은 세계에서 가장 신속하고 창의적으로 소비자들에게 필요한 제품들을 개발하여 제공하고 있다. 그럴 수 있었던 것은 그들의 '개방형 연구 제도' 덕분이다.

1837년 영국의 양초 제조업자였던 윌리엄 프록터와 아일랜드의 비누 제조업자였던 제임스 갬블 간의 사업적 제휴를 통해 탄생한 피앤지는 2000년대 초반 기존 연구(Research)와 개발(Development)을 뜻하는 R&D를 대체할 단어로 C&D라는 단어를 들고 나왔다. 연결(Connect)과

윌리엄 리어가 만들어 낸 최초의 자동차용 라디오. 투박한 모양에 기능 역시 단조롭기 짝이 없었지만, 이후 카오디오 산업의 발달에 크게 기여한 기념비적인 제품이었다.

개발(Development)의 약자인 이 C&D는 기업의 내부에서 모든 제품을 시작부터 끝까지 개발하던 종전의 방식을 탈피하여, 필요한 기술이 있다면 외부에 의뢰를 하거나, 외부에서 개발한 기술을 도입하여 내부의 기술과 융합한다거나 하는 방식을 통해 기존의 R&D와 같은 역할을 하도록 하겠다는 것이었다. 그런 그들의 전략은 현재까지는 크게 성공을 거두고 있다. 2006년 기준, 신제품의 35%가량이 이러한 C&D의 결과로 개발이 되었으며, 비용대비 R&D 생산성은 기존대비 60%나 개선되었으며 반면 전체 매출액 중 R&D 비중은 약 1.2%가량 줄어들었다. 이처럼 이제 세상은 '잘 만드는 사람'들만의 시대를 벗어나서 '잘 빌리는 사람들의 시대'로 접어들고 있다.

앞으로는 제대로 빌리지 않고는 생존할 수 없다. 핵심기술, 핵심역량을 보유하기 위한 노력과 투자는 계속하되 조직에 필요한 것들 중 보유하지 못하거나, 직접 개발하기보다는 외부에서 '빌릴 수 있는' 것들은 적극적으로 도입할 수 있도록 기업 조직을 보다 열려 있는 형태로 운영해야 한다.

고객은 원조(Origin)가 아닌 독창성(Originality)을 선택한다

그런데 아직까지도 대부분의 사람들은 '빌리는 행위'를 뭔가 부족하거

나 모자란 사람이 아쉬운 소리를 하는 측은한 행동으로 치부해 버리고
마는 경우가 많다. 특히 경영 활동을 하는 사람들이 더더욱 그러하다. 사
업에서 성공하기 위해서는 자신만의 고유한, 독창적인, 유일한 기술이나
특장점이 있어야 한다고 믿고 그러한 것들은 스스로 개발해야 하며, 절대
로 남에게서 빌릴 수 없다는 고정관념에 빠지게 되는 경우가 많다. 물론
어느 정도 타당한 면도 있지만 고객이 기업에게 궁극적으로 원하는 것은
'원조(Origin)'가 아닌 차별화된 가치, 다른 기업이 줄 수 없는 독특한 매
력 등의 '독창성(Originality)'이다.

복사기나 팩스를 비롯한 사무자동화 기기 생산업체인 제록스는 1970년
캘리포니아 주의 팰로앨토에 팰로앨토 연구소를 설립했다. 60년대 말부터
시작된 불황으로 거리에는 일자리를 잃거나 연구 보조금이 끊긴 우수한
연구 인력들이 넘쳐났고, 팰로앨토 연구소는 그런 그들을 대거 영입했다.
모처럼 제대로 된 지원과 대우를 받게 되어 신이 난 연구원들은 밤낮을
가리지 않고 연구에 매진했고, 짧은 시간 안에 여러 가지 획기적인 기술
들을 개발하였다. 당시로써는 최첨단 기술이었던 분산 컴퓨팅(distributed
computing), 마이크로소프트와 애플 OS의 기반이 되었던 그래픽 유저
인터페이스(graphic user interface), 컴퓨팅 문서 생산의 기준이 된 워드프
로세서 등이 이때 그들이 개발한 기술이었다. 이외에도 레이저 프린터, 이
더넷(Ethernet), 유비쿼터스 컴퓨팅(Ubiquitous computing) 등 가히 20세
기 말 정보화 사회의 폭발적인 성장을 이끌었던 수많은 기술 중 상당수가
팰로앨토 연구소에서 만들어졌다. 하지만 결과적으로 그런 모든 기술의
달콤한 과실은 제록스가 아닌 다른 기업에서 다 따먹게 되었다.

이러한 제록스의 '실수'에 대해 관심을 갖고 오랜 기간 연구해 온 버클
리대 하스 경영대학원의 헨리 체스브로 교수는 자료 분석과 연구원 수

백 명과의 인터뷰 등을 통해 제록스의 실수의 원인이 '폐쇄형 혁신 구조(Closed Innovation Model)'에 의존하는 연구개발 분위기 때문이라는 결과를 얻게 되었다.

즉 과거에는 매출이 내부 개발 비용을 충분히 충당할 수 있었기 때문에 훌륭한 R&D 조직을 운영하는 것이 정답이었지만 시대가 바뀌어 시장에서의 제품 수명 주기가 단축되어 신제품에 대해 기대할 수 있는 매출은 줄어든 반면, 그 제품을 개발하는 데 필요한 제반 비용은 점차 더 상승하게 되어서 내부 개발 비용을 매출이 충당하지 못하는 사례들이 일어나고 있다는 것이다. 이런 이유로 수많은 기업(팰로앨토 연구소가 개발한 기술의 과실을 따먹은 기업들)의 경우 내부의 R&D 조직과 더불어 외부로부터의 기술 수혈을 당연시하여 개발에 필요한 시간과 비용을 줄이기 위한 노력을 계속해 왔다. 이와는 반대로 자신들이 보유한 기술 중 가치는 있지만 자신들의 사업과 직접적인 연관이 없는 기술들은 과감하게 분리 독립(spin-off)시키거나, 기술이전 및 판매(license out) 등을 통해 신규 매출을 창출하는 노력들을 해오고 있는데, 이를 일컬어 폐쇄형 혁신 구조와 상대되는 개념에서 '개방형 혁신 구조(Open Innovation Model)'라고 한다. 제록스에서 개발한 원천 기술을 활용하여 큰 사업적 성공을 거둔 IBM, 애플, 마이크로소프트, HP, 유닉스 등이 바로 그러한 혁신 모델을 잘 활용한 사례다. 반대로 제록스는 원조·원천 기술에만 집착한 나머지 그를 사업화하거나, 반대로 외부에서 필요한 기술을 들여와서 자신들이 보유하고 있던 기술과 융합하여 새로운 가치를 만들어 낸다거나 하는 노력을 게을리했고, 그것이 그들의 발목을 잡았다.

물론 원천 기술에 대한 개발을 소홀히 해서는 안 된다. 다른 경쟁자들이 쉽게 따라 하거나 넘보지 못하는 기술, 하나의 기술을 가지고 여러 영역에 적용시킬 수 있는 기술이 경영을 하는 데 있어서 얼마나 강력한 무기가 되는지는 모두가 잘 알고 있는 사실이다. 하지만 앞으로의 세상은 제대로 잘 '빌리는 기술' 역시 기업이 추구해야 할 강력한 원천 기술 중 하나가 될 것이다. 자신들이 필요로 하는 기술이 어디 있는지, 그 기술을 어떻게 들여오는지, 가져온 그 기술을 보유하고 있던 기술과 어떻게 융합시켜서 새로운 가치를 만들어 내는지가 사업의 성패를 좌우하는 중요한 역량 중 하나가 될 것이다. 그래서 '잘 빌리는 사람', '잘 빌리는 기업'이 주목을 받게 될 것이다. 지난 10여 년간 모리 미술관이 그러했듯이.

모리 미술관(森美術館)

위치 東京都 港区 六本木 6-10-1 六本木ヒルズ 森タワー 53F

홈페이지 www.mori.art.museum

관람 시간 10:00~22:00(화요일 제외) / 10:00~17:00(화)

휴무일 연중무휴

관람료 1천 5백 엔

Underline Note

1) 이 책에서 소개하는 다른 미술관과 달리 모리 미술관은 상설 전시 없이 기획 전시만으로 운영된다. 언제 가더라도 늘 새로운 전시를 만날 수 있다는 장점이 있지만, 반면 시기가 맞지 않으면 원하는 미술품을 관람할 수 없다는 단점도 있다. 따라서 방문하기 전에 어떤 전시가 열리고 있는지 반드시 확인하고 방문하는 것이 좋다 (전시 내용에 따라 개관 시간, 관람료 등도 함께 바뀌니 그 점도 주의할 것).

2) 모리 미술관에서는 2007년에 개관한 국립 신(新)미술관, 같은 해에 개관한 산토리 미술관을 함께 묶어 '롯폰기 아트·트라이앵글'이라 이름 붙이고 할인된 가격으로 이들 세 곳을 모두 관람할 수 있는 티켓을 발매하고 있다. 할인 폭이 크므로 도쿄의 미술을 폭넓게 경험해 보고 싶다면 꼭 기억해두는 것이 좋다.

session 2

리더와 팔로워가
위대한 성공과
참혹한 패배를
가르다

최고의 팔로워가 최고의 리더가 된다
국립 소피아 왕비 예술센터에서 배우는 [효과적인 리더십]

불 같은 왕을 사로잡은 여인

지금은 사망한 고인이 되었지만, 한때 자국의 대통령 선거에서 네 번 연속으로 당선되며 중남미의 대표적인 지도자로 자리매김했던 베네수엘라의 지도자 차베스(Hugo Chávez) 대통령.

그는 풍부한 베네수엘라의 석유 자원을 바탕으로 극단적인 '반(反)부유층, 친(親)서민'의 정책을 펼쳐서 국민 대다수인 빈곤층의 절대적인 지지를 받았으며, 그와 같은 대중적 인기를 바탕으로 국내 정치는 물론 중남미 여러 국가의 정치, 사회, 경제 등에 크나큰 영향력을 미쳤다. 특히 다혈질에 거침없는 성격의 그는 지리적으로 가까운 미국 정부와 미국 자본에 의해 많은 부분이 예속되어 있는 중남미의 국가 수반임에도 불구하고, 공식석상에서 대놓고 반미 발언을 쏟아 내는 것은 물론 실제 정치 활동에서도 반미 친러 성향을 도드라지게 내비침에 따라, 이란의 전 대통령인 아마디네자드(Mahmoud Ahmadinejad)와 함께 세계적으로 가장 유명한 '반미 정치인'이라는 명성(?)을 얻게 되었다. 그런데 공식석상에서 이 차베스의 입을 다물게 만든 이가 있었으니 바로 스페인의 국왕 후안 카를로스 1세(Juan Carlos I)다.

때는 2007년 11월 10일. 칠레의 수도 산티아고에서는 스페인과 과거 스페인의 지배를 받았던 식민지 국가(주로 중남미 국가)의 정상 22명이 모여 정치, 경제에 관해 논의하는 정상회담인 제17차 이베로-아메리카 정상회담을 진행하고 있었다. 사건은 폐회식 도중에 일어났다.

먼저 인사말을 하게 된 차베스 대통령이 미국의 이라크 전쟁을 지지했던 호세 마리아 아스나르 전 스페인 총리를 파시스트라고 지칭하며 "인간도 아니다", "파시스트가 인간이면 차라리 뱀이 더 인간에 가깝다"는 등의 독설을 내뱉었다. 현대 정치인에게 '파시스트'라는 단어는 '전체주의자'라는 원래의 뜻을 넘어서서 '독재자'라는 뜻으로도 쓰이기에 그 자체로도 심한 모욕이지만, 불과 반세기 전만 하더라도 국가가 둘로 나뉘어서 '파시스트'들에 의해 촉발된 내전을 혹독하게 치렀던 스페인 정치인에게 '파시스트'는 한국인에게 '빨갱이' 혹은 '수구 꼴통'이라고 하는 것보다도 훨씬 더 혹독한 비난이자 욕설이었다. 당연히 스페인 언론과 그를 지켜보던 국민들은 분노했다. 현 총리였던 호세 사파테로 역시 마음속에서 분노가 부글부글 끓어오른 것은 마찬가지였다. 더군다나 그에게는 과거 공화군의 장교였던 할아버지가 스페인 내란 중 파시스트들에 의해 살해된 아픈 기억이 있었기에 그 분노의 감정은 더 했다. 하지만 그는 "회의의 중요한 원칙 중 하나는 '존중'이다. 상대를 존중하는 예의만 갖춘다면 얼마든지 반대 의견은 개진할 수 있다"라며 완곡하게 차베스를 비난했다. 변호사 집안의 아들로 태어나 스페인의 명문 레온대학교 법학과 교수를 역임했던 지식인다운 차분한 대처였다. 하지만 군인 출신의 다혈질이었던 차베스는 그의 차분한 대응에 더 화가 났다. 사파테로 총리의 말을 끊고 다시 자

사진의 맨 오른쪽에 검은 셔츠를 입은 채 등을 지고 앉은 이가 차베스 베네수엘라 대통령이고, 왼쪽에서 세 번째 자리에 앉아 근엄한 표정으로 차베스를 무섭게 노려보며 경고하는 이가 후안 카를로스 1세 국왕, 왼쪽 옆이 사파테로 총리이다.

기 이야기를 하려고 했다.

그때였다. 회의석상에 있던 사람들, 그를 취재하던 기자들은 물론 TV나 라디오를 통해 폐회식을 생방송으로 지켜보고 있던 전 세계인들을 깜짝 놀라게 하는 일이 일어났다. 국가를 실질적으로 지배하는 지도자는 아니지만, 스페인 문화권의 최고 어른으로 이날 폐회식에서도 가장 상석에 앉아 있던 스페인의 국왕 후안 카를로스 1세가 사파테로와 차베스 두 사람 사이에 불쑥 끼어들었다. 그리고는 차베스에게 삿대질까지 해가며 외쳤다.

"그 입 닥치지 못할까?"

이 말과 함께 차베스를 무서운 눈으로 노려보자, 회의석상은 일순 차갑게 얼어붙었다. 남미를 포함한 제3세계 국가들을 종횡무진 누비며, 초강대국인 미국의 대통령까지도 할 말을 잃게 만드는 좌충우돌 다혈질 지도자 차베스를 단 한마디 말로 제압하는 놀라운 카리스마의 소유자인 카를로스 1세! 그런데 그런 그를 꼼짝 못하게 하는 이가 있었으니, 바로 그의 부인인 소피아(Sofía de Grecia y Dinamarca) 왕비이다.

'그리스(Grecia)와(y) 덴마크(Dinamarca)의 소피아(Sofía de)'라는 이름처럼 그녀는 그리스, 덴마크 그리고 아이슬란드의 왕들을 배출한 북유럽의 유서 깊은 왕가인 글뤽스부르크(Glücksburg) 집안 후손이다. 그리스의 마지막 왕이었던 콘스탄티노스 2세[1]가 그녀의 남동생이며 영국 여왕 엘리자베스 2세의 부군이 되는 필립 공이 그녀의 아저씨뻘이 된다. 이처럼 호화로운 혈통을 자랑하는 그녀이지만, 카를로스 국왕과의 만남은 다른 대다수 유럽 왕족 간의 혼인에서 볼 수 있는 '정략결혼'에 의한 것은 아니었다.

제2차 세계대전 당시 나치 독일, 이탈리아와 불가리아 등 추축국(樞軸國)에 의해 그리스가 점령당하자, 그녀의 집안은 불가피하게 이집트에서 남아프리카 공화국에 이르는 정처 없는 유랑 생활을 해야 했다. 1945년 5월 독일이 항복을 하고 나서도 근 1년 가까이 지난 1946년 무렵에야 고향인 그리스로 돌아올 수 있었던 소피아 왕비는 이후 독일 남부의 왕립학교인 살렘성(城) 기숙학교에서 고고미술과 음악 등을 전공했다.

오랜 해외 생활 탓이었을까? 도피와 유학 생활을 마치고 그리스로 돌아온 그녀는 시간이 날 때마다 고국 그리스의 이곳저곳을 혼자서 여행하는 것을 즐겼다. 1954년의 어느 날 역시 마찬가지였다. 크루즈 여객선을 타고 에게 해의 여러 섬들과 바다를 구경하던 그녀의 눈에 한 남자가 들어왔다. 왕가의 혈통을 물려받은 정식 왕위 계승자였지만 당시 스페인을 철권 통치했던 프랑코 총통의 위세에 눌려 그 지위가 상당히 불안했던 왕실 청년 후안 카를로스였다. 햇살이 쏟아지는 에게 해의 선상 위에서 짧은 대화를 나눈 그들은 7년 뒤인 1961년 영국 왕 조지 5세의 손자이자 엘리자베스 2세 영국 여왕의 사촌 동생인 켄트 공의 결혼식에서 다시 운명적인 재회를 하게 되었다. 서로가 힘들고 어려운 처지일 때 만나서 마음을 나눴

---

1 그리스는 1973년 군사 쿠데타에 의해 왕정이 폐지되고 이듬해 국민투표를 통해 공화제가 도입되었지만, 콘스탄티노스 2세는 아직까지 공식적으로 폐위되지 않은 채 '전(前) 왕'이라고 불리며 그리스에 거주하고 있다.

카를로스 국왕과 소피아 왕비의 결혼 50주년 축하 행사에 참석하기 위해 스페인을 방문한 메드베데프 당시 러시아 대통령 부부를 맞이한 카를로스 국왕 일가.(왼쪽으로부터 장남 펠리페 왕자, 소피아 왕비, 메드베데프 대통령, 영부인 메드베데바, 카를로스 국왕, 레티시아 왕세자비)

던 그들은 이듬해인 1962년 5월 많은 이들의 축복 속에 그리스 아테네의 중심가에 있는 성 디오니시오스 성당에서 결혼식을 올렸다. 그래서일까? 영욕의 부침이 심하고 정쟁과 음모가 난무하며 배신이 횡행하는 유럽 왕가 간의 혼인 관계 속에서 카를로스 국왕과 소피아 왕비는 50년이 넘는 기간 동안 늘 서로 믿고 의지하며 사랑으로 가정을 꾸려 나가는 모범적인 결혼 생활을 계속해 왔다.

그런데 왕가의 속사정에 밝은 많은 이들에게 물어 보면 이들 두 사람의 행복한 결혼 생활의 비결이 왕실의 안주인인 소피아 왕비의 현명한 셀프 리더십과 팔로워십 덕분이라는 견해가 대다수이다.

앞서 전 세계 스페인 문화권 시민들에게 깊은 인상을 남겼던 제17차 이베로-아메리카 정상회담에서의 일화에서 볼 수 있듯 카를로스 국왕은 여

유리와 금속 재질을 주로 사용한 모던한 외관이 눈길을 끄는 국립 소피아 왕비 예술센터.

느 스페인 남성들과 다를 바 없이 다혈질에 화끈한 성격으로 유명하다. 국왕이지만 하고 싶은 말이 있으면 스스럼없이 하고 공식적인 석상에서라도 마음에 안 드는 사람이 있으면 대놓고 비난하기 일쑤였다. '며느리에 대해서 말고는 누구를 비난하는 하는 것을 못 봤다'는 우스개가 코미디언들의 개그 소재로 쓰일 만큼 겸손하고 차분한 처신으로 유명한 엘리자베스 2세 영국 여왕이나, '스웨덴 문화의 수호자이자 인자한 군주'로 인정받는 칼 구스타프 16세 스웨덴 국왕 등 다른 유럽 왕가의 지도자들에 비해 카를로스 국왕은 '한 성격'하는 걸로 유명했다. 소피아 왕비는 그런 그를 내조하며 때로는 적극적인 지지자로 또 때로는 침실 속의 야당으로 국왕의 성격을 누그러뜨리고 그가 감정에 휩쓸리지 않고 올바른 결정을 내리도록 곁에서 많은 조언을 한다고 한다.

그 때문일까? 모나코 왕비였던 그레이스 켈리가 사망한 이래, 아마도 소피아 왕비만큼 자국민들의 열렬한 사랑을 받는 왕가의 여주인도 없는 듯하다. 심지어 아직 두 눈 시퍼렇게 뜨고 왕성한 활동을 하며 잘 살고 있음에도 불구하고 그녀의 이름을 딴 대형 예술센터가 마드리드 한복판에 건립되었으니 국립 소피아 왕비 예술센터가 바로 그것이다.

왕비에게 바쳐진 스페인 예술 최고의 헌사

예술센터는 스페인의 수도 마드리드의 관문인 마드리드 기차역에서 바로 길 하나를 건너서 위치하고 있다. 인근에 있는 프라도 미술관을 비롯해 스페인 내 다른 유수의 미술관, 박물관들이 돌을 주재료로 한 웅장한 고건물을 사용하고 있는 데 비해, 소피아 왕비 예술센터는 외벽의 소재로 대부분 유리를 사용하여 안이 훤히 들여다보이는 파격적인 형태를 띠고 있으며 엘리베이터까지 외부로 노출시킨 현대적인 모습이 인상적인 건물이다.

마드리드 역 방향에서 예술센터 입구로 들어서면 조금은 생경한 느낌을 받을 수 있다. 마치 방들로 둘러싸인 일본 전통 가옥의 중정(中庭)에 들어선 듯한 공간이 나타나는데, 그 중정을 이루고 있는 4개의 건물들의 모습도 일반적인 유럽의 유명 미술관들과 조금은 다른 형태이다. 그도 그럴 것이 'Museo'라는 이름만 붙는 스페인의 다른 미술관들과는 달리 이곳의 정식 명칭에는 'Centro de Arte(예술센터)'라는 이름이 중간에 더 들어간다. 말 그대로 스페인 예술에 대한 학술적인 연구, 자료 보존, 일반 대중에의 보급 활동 등이 이루어지는 복합적인 공간이기 때문이다. 따라서 고풍스러운 건물 자체가 하나의 예술품이고 역사적 유물의 구실을 하는 유럽의 일반적인 유명 미술관과 달리 소피아 왕비 예술센터의 외관은 밋

밋하기 그지없다. 그나마 건물 뒷면에 위치한 노출형 엘리베이터 타워가 그런 밋밋함에 약간의 활력을 더해 주지만 그렇게 인상적이지는 않다.

하지만 일단 미술관을 관람하기 시작하면 이전까지 들었던 그런 생각들이 한순간에 싹 사라질 만큼 어마어마한 수준의 컬렉션들에 입을 다물 수가 없게 된다. 오래된 공립학교 같은 회색 벽의 무미건조한 복도들을 지나 옆으로 이어진 방으로 들어간 순간, 거장들이 맘껏 벌이는 형과 색의 향연이 눈앞에 펼쳐지는 것이다.

눈과 가슴이 얼얼해지는 첫 번째 펀치는 미술관을 들어서서 첫 번째 방에서부터 얻어맞게 된다. 많은 단기 여행객들이나 단체 관람객들은 오로지 '게르니카'만을 외치며 이 미술관에 들어서지만 곧 이상한 점을 발견하게 된다. 조금 전 자신들이 잡담을 하며 지나친 방들에 수두룩하게 걸려 있던 작품들이 바르셀로나를 대표하는 초현실주의 거장인 호안 미로, 스페인을 대표하는 초현실주의 작가이면서 역사상 가장 큰 상품성을 지닌 세계적인 스타 작가였던 살바도르 달리 그리고 벨기에의 초현실주의 작가 르네 마그리트의 작품들이었다는 것을 깨닫는다. 그리고는 스쳐왔던 방들을 허겁지겁 되돌아 걸어가며 안내 책자에 소개된 작품들을 찾아보느라 부산을 떠는 장면을 심심치 않게 볼 수 있다. 그러다 2층의 어떤 방으로 들어서면 정작 그토록 애타게 찾아왔음에도 불구하고 너무 놀라고 감탄한 나머지 아무 말도 못하는 사람들로 가득 차 있는 모습을 마주하게 된다.

「게르니카」. 스페인 내전 당시 프랑코 정권을 지지하던 독일 나치군이 대항 세력의 근거지 중 하나였던 게르니카 일대를 폭격하여 수천 명의 사람들이 사망하거나 부상당한 비극적인 사건을 주제로 피카소가 가로 3.5m, 세로 7.8m의 거대한 벽에 흑색과 백색의 물감만을 사용해서 그린

국립 소피아 왕비 예술센터 206호 전시실에 전시 중인 피카소의 걸작 「게르니카」. 1937년 4월 스페인 내
전 당시, 프랑코 측을 지원하던 독일 나치군이 24대의 폭격기로 게르니카 지역을 폭격하던 당시의 참상을
그려낸 작품이다.

그림이다. 사실적인 형상도 아니고 핏빛이 낭자한 색상이 아님에도 불구
하고, 게르니카 앞에 서면 대부분의 사람은 그 그림이 그려낸 전쟁의 참
혹함과 인간의 잔인함, 스페인 민초들의 슬픔과 한(恨)에 빠져들어 할 말
을 잃는다. 수많은 피카소의 걸작 중에서도 바로 「게르니카」를 최고의 작
품이라고 손꼽는 이들이 상당할 정도로 이 작품은 많은 사람들의 사랑과
관심을 받고 있다.

덕분에 국립 소피아 왕비 예술센터는 쉽게 이해하기 어려운 현대미술
품을 주로 전시하고, 미술관의 역사 자체도 그리 길지 않다는 단점에도
불구하고, 전 세계에서 몰려든 관람객들로 북새통을 이루고 있다.

최고의 리더이자 팔로워였던 왕비와 미술가
하지만 이러한 현재의 위상을 갖춘 미술관이 만들어지기까지는 한 사람의 헌신적인 노력이 필요했다. 전후 스페인을 대표하는 건축가이자 미술가인 호세 루이스(José Luís Fernández del Amo Moreno)가 바로 그이다.

1952년. 호세 루이스가 이끌고 있던 소장파 스페인 미술인들의 모임에서는 '이미 전시품이 포화 상태에 이른 프라도 미술관에서 벽에 걸릴 기회조차 박탈당하고 있던 현대미술 작가들의 작품들을 전시할 수 있는 공간을 마련해야 한다'는 목소리가 드높았다. 하지만 한동안 답보 상태에 머물렀던 전시관 개관과 관련한 논의는 문화예술에 대한 조예가 깊었던 '그리스와 덴마크의 소피아'가 스페인 왕세자였던 후안과 1954년 결혼을 하면서 급물살을 타게 되었다. 소피아 왕세자비의 전폭적인 지지로 부족하나마 마드리드 국립도서관의 로비 층에 전시 공간이 마련되었으며, 박물관 운영위원회도 결성되어 호세 루이스가 첫 디렉터를 맡게 되었다.

하지만 거기까지였다. 이후 미술관 건립은 제자리걸음을 치면서 방향을 찾지 못하고 있었다. 우선 건물부터 문제였다. 18세기에 지어진 이래 1965년까지 종합병원으로 활용되던 건물을 미술관으로 활용할 계획이었지만, 구체적으로 어떻게(헐고 다시 지을 것인지? 증개축을 할 것인지?), 언제까지, 무슨 돈으로 할 것인지가 아무것도 정해지지 않았다. 미술관의 전시 범위 또한 마찬가지였다.

그때 다시 활약한 것이 바로 소피아 왕비와 건축가 호세 루이스였다. 하지만 두 사람이 자신들의 지위와 명성을 믿고 강력한 리더십을 발휘하여 모든 논의에서 타협을 이끌어 내고 이견을 잠재워서 문제를 해결했으리라고 생각한다면 오산이다. 오히려 두 사람은 회의 시간에 침묵을 하거나 아예 논의에 참가하지 않는 경우가 허다했다.

역사적으로 스페인의 미술계, 특히 현대미술계는 늘 차별을 받아 왔다. 프랑코 총통의 집권과 내전 시기에 이르러 그 절정에 도달했던 전체주의

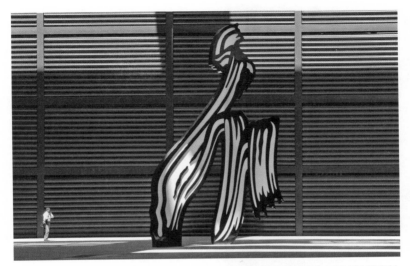

국립 소피아 왕비 예술센터의 내부 중정 모습. 대부분의 단체 관광객들은 중정에 전시되고 있던 현대미술 작품을 그냥 지나쳐갔는데 묘하게 느낌이 익숙해서 작품 설명을 읽어 보니, 현대미술의 거장 로이 리히텐 슈타인의 판화 작품「붓자국(Brushstroke)」을 조형물로 형상화 한 작품이었다.

적인 정치 문화가 당시까지 남아 있었던 데다가 강력한 국왕의 지원과 식민지에서 쏟아져 들어오는 금은보화와 귀한 물품들로 주체하지 못했던 과거의 영광을 잊지 못한 채 콧대가 하늘 높은 줄 몰랐던 미술 행정가들은 현장 미술계의 목소리에 귀를 기울이지 않았다. 이런 상황 속에서 현대미술가들은 '한번 밀리기 시작하면 끝이다'라는 절박한 생각으로 논의에 임했고, 저마다의 입장을 앞세운 다툼 탓에 의사결정이 제대로 이루어지지 않았다. 이때 소피아 왕비는 문화 관련 행정관청과 최종 의사결정권자인 왕과 총리를 맡고, 호세 루이스는 미술계 인사들을 맡아 설득하기 시작했다. 그러고 나서 그들이 발휘한 것은 주도적인 리더십이 아니라 주도적인 팔로워십이었다.

리더십의 빈자리에 들어선 또 하나의 리더십

한때 조직에서 어떠한 의사결정을 하거나 전체 조직의 향방을 결정하는 것은 오로지 '리더'의 역할이라는 굳은 믿음이 있었다. 실제로 여전히 한 조직의 성공을 좌우하는 중요한 요소 중 그 첫 번째 요소는 리더의 능력과 영향력, 리더십이다. 따라서 리더십에 대한 온갖 종류의 서적들이 출간되고, 관련 교육 프로그램들이 속속 개발되었다. 초등학교 반장 선거에 출마한 어린이들조차 리더나 리더십에 대한 정확한 정의도 모른 채 '저를 반장으로 뽑아 주신다면 훌륭한 리더가 되어서, 우리 반 친구들에게 좋은 리더십을 발휘하겠습니다'라고 연설했고, 크게는 일국의 대통령 선거에서도 '대통령의 가장 중요한 덕목이 무엇이냐?'라는 기자의 질문에 수많은 후보자들 사이에서 튀어나오는 답은 '올바른 리더십'이었다. 그중에서도 특히 카리스마 넘치고 책임감 강한 리더와 리더십이 바람직한 표상처럼 여겨졌었다.

하지만 점차 사람들은 리더와 리더십만으로는 충분히 해결되지 않는 조직의 문제점들이 상당수 있음을 깨닫게 되었다. 그러한 문제들에 대한 해결책으로 먼저 도입이 된 것이 리더가 모든 것을 주도하지 말고, 구성원들에게 맡기고, 그들이 잘 할 수 있도록 도와 주는 유형의 리더십이었다.

이때 등장했던 것이 '임파워먼트(empowerment) 리더십'이니, 남극 탐험대장 출신의 어니스트 섀클턴의 사례로부터 유행하기 시작한 '서번트(servant) 리더십'이니 하는 것들이었다. 그럼에도 불구하고 리더십에 의한 문제, 리더와 조직 구성원 간의 문제 등에서 쉽게 답을 찾을 수 없는 상황들이 발생하자 리더와 조직을 구성하는 구성원들 사이의 관계에 대한 연구에까지 조직의 고민들이 이어졌다. 그 결과로 한때 우리나라 대부분의 회사에서 교류분석, 에고그램(Egogram), 디스크(DISC) 검사, MBTI 같은 것들이 대유행을 했던 적이 있었다.

하지만 이러한 노력들을 통해서도 마땅한 해결책을 찾지 못한 경영자들이나 조직들은 이제까지 전혀 신경 쓰지 못하고 있었던 새로운 형태의 영향력, 새로운 형태의 리더십이 있었음을 깨닫고는 그에 대해 관심을 두기 시작했다. 그것은 바로 일반 구성원들, 리더를 따르는 팔로워들이 갖고 있고, 그들이 발휘하는

MBTI 검사의 시초가 된 심리유형론을 창시한 독일의 분석심리학자 칼 융.

영향력(일종의 셀프 리더십)인 팔로워십(followership)이었다.

위대한 팔로워의 조건

하지만 불행히도 아직까지 바람직한 팔로워십에 대한 확실한 정의나 올바른 팔로워가 되기 위한 방법 혹은 그런 팔로워를 만들어 내기 위해 해야 할 일들에 대한 연구가 제대로 이루어지지 않고 있다. 다만 몇몇 학자들에 의해 유형 분류나 몇 가지 제언 등이 책으로 엮여져 나왔을 뿐이다. 그런 내용들을 종합해 보면 탁월한 팔로워들에게는 몇 가지 공통점을 발견할 수 있다. 간단하게 정리해 보자면, 대체적으로 리더를 리더답게 만들고, 조직이 올바른 방향으로 가는 데 큰 기여를 했던 팔로워들은 첫째, 자기 일에 대해 강한 애착이 있고 상상력이 풍부한 사람들이었다.

과거 이런 얘기가 있었다. 어떤 사람이 길을 가다가 성당을 짓고 있는 건설 현장에서 세 명의 석공을 만났는데, 그들에게 무슨 일을 하고 있느냐고 물었다. 첫 번째 석공은 "보면 모르슈? 망치질을 하고 있지 않소?"라고 퉁명스럽게 대꾸했고, 두 번째 석공은 "무슨 집인가, 교회인가를 짓는

다는데, 거기 들어갈 돌을 쪼고 있소이다"라고 했으며 오직 세 번째 석공만 "사람들의 영혼의 안식처를 짓고 있습니다"라고 대답하며 환히 웃었다고 한다. 자신의 직업에 대한 소명 의식 또는 올바른 직업 정신에 대한 이야기마다 빠지지 않고 등장하는 우화이다. 그런데 이는 단순히 과거의 우화 속 이야기가 아니다. 실제로 탁월한 능력을 발휘하는 우수한 팔로워들 대부분은 마지막 석공 같은 태도들을 보이는 사람들이다. 그들은 현재 자신이 맡은 일이나 직책의 크기보다는 그 일에 자신이 부여한 자기만의 가치, 중요성, 무게감을 더 우선시하는 경향이 있다.

그런 성향 덕분에 한 지방 소도시의 맥도널드 매장에서 감자튀김을 담당하는 사람일 뿐이면서도 자신을 맥도널드의 미래를 책임질 일류 조리사로 생각했던 팔로워도 있었고, 공장 관리를 맡은 말단 사무직 사원이면서 자신이 공장장이기라도 한 듯 세계 최고의 철강 제품을 생산하겠다는 일념으로 용광로 옆에서 공정을 살피며 뜬눈으로 밤을 지낸 팔로워도 있었으며, 수많은 생산라인 중 하나를 맡고 있는 일개 조장 주제에 자기 회사의 전 세계 공정을 책임지는 사람이기라도 한 듯 문제가 생길 때마다 다섯 번씩 '왜?'라고 물으며 공장에서 먹고 살다시피 한 팔로워가 있을 수 있었던 것이다.

물론 이들 팔로워들은 자신의 일을 거창하게 생각하는 성향 덕분에 자기 일을 팔로워의 눈이 아니라 리더의 눈으로 바라볼 수 있었고, 그렇게 수준 높은 안목에 맞춰 일처리를 했기에 결국은 성공적인 팔로워, 성공적인 리더가 될 수 있었다. 자신을 맥도널드의 미래를 책임질 감자튀김 조리사로 생각했던 첫 번째 팔로워는 이후 맥도널드 미국 본사의 사장이 된 쟌 필즈(Jan Fields)였고, 세계 최고의 철을 생산하겠다던 두 번째 팔로워는 후일 포스코(Posco)를 세계 유수의 철강 생산 그룹으로 성장시킨 이구

택 회장이었으며, 마지막으로 회사의 전 세계 공정 책임자라도 된 듯 일했던 팔로워는 '토요타 생산방식(TPS)의 아버지'로 불리는 오노 다이이치(大野耐一) 명장이었다.

둘째, 뜻밖에 최고의 팔로워들은 리더의 지시에 무조건적으로 찬동하여 맹목적인 충성심을 보여 주기보다는 건전하고 발전적인 비판을 시도하는 사람들이었다. 흔히들 세종대왕을 불세출의 천재, 창의적인 리더, 현명한 국왕의 대표격으로 생각하는 사람들이 많은데, 맞는 말이기는 하나 그가 이룬 모든 업적이 오로지 그의 탁월한 리더십과 개인적인 지식 혹은 훌륭한 국정 철학에 의한 것만은 아니었다. 후대 학자들의 견해에 따르면, 수많은 업적은 대부분 세종 한 사람의 탁월함이었다기보다는 세종대왕이 잘 꾸린 그의 '팀(Team)'이 이뤄 낸 성과라는 것이다. 황희, 맹사성 등과 같은 훌륭한 문인 학자들과 정인지, 정초, 장영실 등과 같은 탁월한 기술 관료와 기술자들, 그리고 김종서, 최윤덕 같은 용맹한 무장들이 있었기에 안정적으로 국가를 운영하면서도 한글 창제, 측우기 도입 등과 같은 역사에 길이 남을 수많은 업적들을 쌓을 수 있었다는 것이다.

하지만 그에게는 이렇게 도움을 주는 신하들만 있었던 것은 아니다. 그의 재임 기간 중 치뤄진 과거 시험에서 역대에 볼 수 없던 발군의 글솜씨를 뽐내며 장원급제한 신하가 있었다. 그런 그에게 세종이 "그래, 자네는 뉘집 자손이고?"라고 묻자 장원급제자이지만 이제 갓 조정에 들어온 말단 관리에 지나지 않았던 그는 "신하를 뽑고 나서 그 (집안) 배경만을 물으시니 적잖이 실망했습니다"라고 답했다. 이에 국왕 일가를 지근거리에서 모시며 대전(大殿) 전체의 살림을 총괄하기에 고관 대신들도 함부로 대하지 못했던 한 원로 내관이 '말을 가려하시라'는 의미로 헛기침과 함께 눈치를 주자, "대전 내관 주제에 신하가 임금께 충언을 간하는데 감히 눈치를 주고 끼어들다니!"라며 호통을 쳤다. 이에 세종은 껄껄 웃으며 "그대의 기개와 올곧음을 높이 사노라. 앞으로도 과인에게 직언을 해달라"며 격려했다고 한다.

이후에도 그는 세종이 실수를 할 때마다 목숨을 걸고 직언을 했고 그 덕분일까, 세종은 조선은 물론 우리 역사 전반을 통틀어서 비슷한 업적을 이룬 국왕을 찾아볼 수 없을 정도로 엄청나게 많은 것들을 이룬 위대한 국왕이 될 수 있었다. 자신의 안위보다는 기꺼이 조직(조선)과 리더(세종)가 올바른 방향으로 갈 수 있도록 용기를 내어 건전하고 발전적인 비판을 했던 조선 시대 최고의 팔로워 중 한 명인 그의 이름은, 조선 중기 올곧은 선비의 상징이었던 매죽헌 성삼문이었다.

셋째, 탁월한 팔로워는 리더의 부족한 부분이나 리더가 미처 발견하지 못한 부분들을 찾아서 보완해 주는 능력이 있었다. 2006년 7월, 브리티시 오픈 최종 라운드. 마지막 퍼팅을 마친 뒤 우승이 확정되자 '골프 황제' 타이거 우즈는 두 팔을 힘껏 뻗어 환호한 뒤 곧바로 누군가를 포옹하며 격한 감동의 눈물을 쏟아내기 시작했다. 그도 그럴 것이 불과 두 달 전인 5월, 그를 골프에 입문시켜 최고의 선수가 되도록 헌신적으로 뒷바라지했던 정신적 지주이자 친아버지이기도 한 얼 우즈가 오랜 투병 생활 끝에 별세한 뒤 우즈는 한동안 큰 정신적인 충격에 빠져 거의 골프채를 놓다시피 했었다. 그런 그가 다시 심신을 추스러서 첫 출전한 대회가 바로 이 브리티시 오픈이었고, 우승까지 했으니 눈물을 흘려도 이상하지 않는 일이었다.

그런데 정작 눈길을 끈 것은 그가 끌어안고 눈물을 흘린 대상이었다. 타이거 우즈가 끌어안고 어린아이처럼 매달려 눈물을 펑펑 쏟은 상대방은 아내나 친척 혹은 친한 친구가 아닌, 당시 그의 캐디였던 스티브 윌리엄스였다. 흔히들 캐디라고 하면 선수의 골프백이나 메고 다니는 사람으로 알고 있지만, 사실 프로골퍼에게 캐디는 코치이자 동료이고, 매니저이자 친구 같은 존재이다. 특히 타이거 우즈에게 스티브 윌리엄스의 존재는 더더욱 그러했다. 그랬기에 어려움을 극복하고 맞이한 최고의 순간에서 우즈는 누구보다 먼저 그에게 달려들어 그를 안고 눈물을 흘렸던 것이었다.

2006년 브리티시 오픈 우승을 확정 지은 뒤 캐디였던 스티브 윌리엄스(좌)의 품에 안겨 눈물짓고 있는 타이거 우즈(우). 아직까지도 수많은 골퍼에게 가장 감동 깊었던 우승 장면 중 하나로 기억되고 있다.

이처럼 타이거 우즈는 자신의 캐디 스티브 윌리엄스를 끔찍하게 아끼는 것으로도 유명했다. 골퍼가 획득하는 상금의 일정액(5~10%)을 받게 되는 캐디 수당 체계상 최고의 골퍼 우즈와 함께했기에 윌리엄스가 받게 되는 현금 수당만 해도 어마어마했지만, 당시 캐디들 중 윌리엄스만이 유일하게 자신의 선수인 우즈와 별도로 자신의 유니폼에 부착할 상표를 선택하여 그 광고료를 받을 수 있었다. 온몸을 나이키 로고와 나이키에서 만든 '타이거 우즈' 브랜드로 도배했던 우즈와 달리 윌리엄스는 한 엔진오일 회사의 로고를 자기 유니폼에 부착했는데, 그로부터 얻게 되는 광고 수익만 해도 어마어마한 금액이었다. 그뿐만이 아니다. 한때 스티브 윌리엄스가 다리 부상을 당하자, 그의 이동이 불편할 것을 우려하여 우즈는 자기의 전용기를 윌리엄스에게 보내주기도 했고, 체면을 세워 주기 위해 스티브 윌리엄스가 고향에서 개최한 미니 레이싱 대회에 직접 레이서로 참가하기도 했다.

타이거 우즈가 하도 스티브 윌리엄스를 아끼고 대우해 주자 몇몇 기자들이 그 이유를 물었던 적이 있었다. 그때, 우즈의 답변은 왜 우즈가 그토록 윌리엄스를 아끼고 존중해줬는지, 왜 윌리엄스가 최고의 캐디이자 최고의 팔로워였는지를 알려 준다.

"내가 홀(Hall)에 집중할 수 있도록, 그는 지옥(Hell)에 집중한다."

타이거 우즈가 홀에 집중해서 최고의 스윙을 할 수 있도록 스티브 윌리엄스는 우즈가 발견하지 못하고 직접 처리하지 못하는, 최악의 상황이나 문제가 될 만한 것들을 한발 먼저 발견해서 미리 제거하거나, 우즈가 신경 쓰지 않도록 해결해 주는 데 발군의 실력을 발휘했던 것이다. 윌리엄스 뿐만이 아니라 역사 속의 수많은 위대한 팔로워들 대부분이 그랬다.

처칠 총리 집권기에 해군 장관 출신이던 처칠의 약점이었던 육군 운용과 지상전 전투 교리 분야를 보완해서 제2차 세계대전을 승리로 이끄는 데 기여했던 앨런 브룩(Alan Brooke) 장군이나, 선수 시절 투수였던 경험을 바탕으로, 강타자 출신의 용장(勇將)이었던 김응룡 감독에게 부족한 투수 운용 기술이나 선수들의 감성을 보듬는 형님 같은 인자함을 팀에 보완해 줘서 80년대에서 90년대로 이어지는 해태타이거즈 전성기를 이끌었던 수석코치 김인식 등이 모두 리더의 부족한 부분이 무엇인지 항시 고민하고 그를 보완하기 위해 노력함으로써 그 자신은 최고의 팔로워가 되고 자신과 함께한 리더 역시 최고의 리더로 만들었던 이들이다.

마지막으로, 최고의 팔로워는 리더와 구성원, 구성원과 다른 구성원 등 조직을 이루는 여러 가지 요소들을 발전적으로 결합시키거나 상호 간의 커뮤니케이션 채널을 구성하는 데 탁월한 역량을 발휘하는 사람들이었다. 존슨앤존슨(Johnson & Johnson)에서 인간의 생활 특성에 대한 연구를 하는 개리 뱀브리지(Gary Bembridge)는 인간에게는 생존의 안전성이 확보된 뒤 보이는 몇 가지 특징이 있는데, 관계를 맺고 교류하고 싶은 욕구, 재화의 교환·구매를 통해 무언가를 소유하고 싶은 욕구, 진리의 추구

욕구, 그리고 즐거움의 추구 욕구 이렇게 4가지가 있다고 했다. 그런데 그 중에서도 으뜸가는 욕구가 타인과 관계 맺고자 하는 욕구라고 했다. 이처럼 인간은 근본적으로 외로움을 참을 수 없는 사회적 동물이다. 하지만 리더의 자리에 올라선 사람일수록 쉽게 타인과 관계 맺기가 어려울 뿐만 아니라, 아예 수평한 입장에서 관계를 맺을 만한 대상 자체가 거의 없는 것이 현실이다. 조직 내에서는 특히 더 그러하다. 먼저 다가가려 해도 그에게 달려 있는 '리더'라는 명찰 탓에 다른 이들(특히 부하 직원들)이 선뜻 마음을 열고 보다 더 친밀한 관계를 맺는 데 한계를 보이는 경우가 많다. 그럴 때 역량을 발휘하는 것이 탁월한 팔로워들이다. 그들은 양측의 언어와 문화에 모두 능하다. 자신이 속해 있는 팔로워 집단의 것들은 물론 아직 자신이 경험해 보지 못한 리더의 입장이나 생각, 리더가 사용하는 언어를 이해하는 데에도 대단한 능력을 발휘한다. 그를 바탕으로 양측이 원하는 것과 어려워하는 것들을 사전에 파악하여 보다 친밀한 관계를 맺을 수 있도록 중재하고 조율하는 데 그들은 매우 중요한 역할을 한다.

국립 소피아 왕비 예술센터도 소피아 왕비와 호세 루이스의 그러한 탁월한 팔로워십의 산물이다. 물론 건립이 논의되던 시기, 그 이전과 이후 언제고 '왕비와 작가협회장'이라는 두 사람의 사회적 지위나 몸담고 있는 분야에서의 무게감은 팔로워라기보다는 리더 중에서도 최고의 리더였다. 하지만 건립을 논의하는 과정 그리고 그 이후 건립과 전시 과정에서 그들이 발휘한 영향력과 역할 등은 최상의 팔로워십의 전형이었다. 논의를 이끄는 많은 사람들에게 부족한 부분을 적극적으로 보완하고, 각 분야별 최고 수준의 전문가들과 실제 일을 해야 하는 사람들, 법적 절차와 행정적 지원을 맡은 관료들이 서로 상처받지 않고 최고의 결과물을 만들어 낼 수 있도록 두 사람은 인내심을 가지고 조율하고 중재를 거듭했다.

그러한 두 사람의 위대한 팔로워십의 결과로 오늘날 우리는 피카소의 결작인 「게르니카」를 최상의 환경에서 관람할 수 있고, 최고 수준의 보존 상태로 후세에게 전해줄 수 있게 되었다.

국립 소피아 왕비 예술센터(Museo Nacional Centro de Arte Reina Sofia)

위치 Calle Santa Isabel 52, Madrid 28012
홈페이지 www.museoreinasofia.es
관람 시간 10:00∼21:00(월, 수, 목, 금, 토) / 10:00∼14:30(일)
휴무일 매주 화요일 / 1월 1일, 추수감사절, 성탄절
관람료 8유로(특별 전시는 별도 요금)

Underline Note

1) 외관이나 전반적인 분위기에서 느껴지는 자유로움에 비해, 내부로 들어가 보면, 휴대품의 소지, 가방의 반입 등에 대해서는 다른 여느 유럽 미술관보다 훨씬 더 엄격한 편이다(책가방 정도 크기의 백팩을 매는 것도 타인의 관람에 방해가 될 수 있다 해서 반입을 금할 정도이다). 입구에 코인 로커가 있으니 소지품은 최대한 간소하게 해서 입장하는 것이 좋다.

2) 많은 사람들이 '게르니카의, 게르니카를 위한, 게르니카만의' 관람을 외치며 미술관을 찾다 보니 미로나 달리의 결작들을 관람할 수 있는 기회를 놓치는 경우가 많다. 물론 바르셀로나의 미로 미술관이나 피게라스의 달리 미술관만큼은 아니지만, 그들의 수준 높은 작품들을 굉장히 충실하게 갖추고 있으므로 잊지 말고 챙겨서 보는 것이 좋다.

3) 미술관이 기차역 바로 건너편에 위치하고 있고, 다른 유럽의 미술관이라면 상상할 수 없을 정도로 늦은 시간(저녁 9시)까지 관람할 수 있으니, 톨레도 등과 같은 마드리드 근교 지역 여행과 묶어서 일정을 짜면 보다 효율적으로 관람할 수 있다(물론 일정에 여유가 있다면 하루 정도 시간을 내서 천천히 음미하기를 권한다).

결국, 답은 현장에 있다
말라카 해양박물관에서 배우는 [현장 리더십]

바다를 지배한 위대한 내시

명나라를 건국한 주원장(朱元璋)은 1381년 윈난 성 쿤밍(昆陽) 지역을 정벌했다. 이때 사로잡은 포로만 해도 8만여 명이나 됐었는데, 그들 중 똑똑한 소년들의 경우 거세를 한 뒤 환관으로 만들었다. 이때 환관이 된 소년 중 이슬람교를 믿는 소수 민족인 회족(回族) 출신의 '마(馬)'씨 성을 가진 '삼보'라는 아이가 있었다. 어려서부터 영민하고 풍모가 남달랐던 아이는 환관이 되어서도 공부를 게을리하지 않았고, 처신함에 있어서 간교하고 변덕스러운 다른 환관과는 달리 진득하고 의젓한 면모로 그 이름이 높았다. 그의 직무는 명 태조 홍무제(주원장)의 넷째 아들인 주체가 기거하던 연왕부(燕王府)에 배속되어 그의 수발을 드는 일이었다. 그러던 그가 이후 수많은 아시아 국가의 역사책 교과서에 그 이름이 실리고, 심지어 서양에까지 그 명성이 널리 알려지는 계기가 된 것은 왕위 계승을 둘러싸고 일어났던 '정난의 변'이었다.

명 태조 주원장은 당시로서는 매우 늦은 나이까지 생존하며 오랜 기간

중국 난징(南京)의 정화공원 내에 있는 정화의 동상. 먼 바다 쪽을 바라보는 그의 시선은 아직까지 끝나지 않은 해양대국을 향한 열정을 담고 있는 듯하다.

왕권을 장악했다. 그래서 그가 71세를 일기로 사망하자 안정적으로 권력을 장악할 만한 후계자가 없었던 명나라는 급속히 권력 암투 상황으로 접어들었다. 손자인 주윤문이 22세의 나이에 왕위를 이어받아 건문제로 등극했지만, 그에게는 경륜으로 보나 주변의 세력으로 보나 무시할 수 없는 삼촌들이 여럿 있었다. 그중 특히 어린 환관 삼보가 모시던 연왕 주체는 사망한 태조에 대한 조문 문제로 조카인 건문제에게 한차례 수모를 당한 뒤 속으로 칼을 갈아오다가, 시빗거리를 찾아 군사를 일으키게 되니 이것이 곧 '정난의 변'이었다.

연왕 주체를 지근거리에서 모시던 삼보는 싸움이 시작되자 주저하지 않고 전투에 나서서 혁혁한 공을 세웠다. 이로부터 4년이 지나 연왕 주체가 패주한 건문제를 대신하여 왕위에 오르게 되니 그가 곧 3대 황제이자 명나라의 전성기를 이끌었던 영락제다. 내전에 가까운 전쟁을 통해 어렵사리 왕권을 차지한 영락제는 난의 초기부터 목숨을 걸고 자신을 보필했던 삼보에게 환관에게 내릴 수 있는 직책 중 최고위직인 태감(太監)이라는 직위를 내리고 그를 중용했으니, 이후 그는 '삼보'라는 옛 이름을 버리고, '정화(鄭和)'라는 이름으로 불리게 되었다. 그런데 정작 정화의 이름을 세계만방에 알리게 된 계기는 이러한 내치(內治)에서의 활약보다 이후 영락제의 지시에 따라 이뤄진 해외 원정에 힘입은 바가 크다.

1405년 6월 정화는 '남쪽 바다를 정벌하고 그곳에 있는 해양 국가들을 명나라에 조공을 바치는 신하의 나라로 만들라'는 영락제의 명을 받고 1차 원정을 떠났다. 이때 정화의 원정대가 얼마나 큰 규모였는지는 정화 집안의 족보2에 자세히 나와 있는데, 책에 따르면 원정대의 본부 함선은 선수(船首)부터 선미(船尾)까지의 길이가 무려 44장[1장(丈)은 약 3m로 44장은 약 132m 이상]이 넘고, 배의 가장 넓은 폭 또한 18장(약 54m 이상)에 이르는

조카의 왕위를 찬탈한 원죄를 극복하고 중국 명나라 역사상 가장 국력이 왕성했던 시기를 열었던 영락제의 영정. 지금은 중국의 상징이 된 자금성도 그의 작품이다.

초대형 선박이었고, 그 아래 규모의 선박들도 길이가 37장, 폭이 15장 가까이 되는 대형 선박이었다고 한다. 기록에 따라 조금씩 다르긴 하지만 이러한 다양한 크기의 선박들이 62척(자잘한 부속선까지 합칠 경우 208척이었다는 설도 있다)이었다고 하고 그에 탑승한 승무원 수만 해도 2만 7천 8백 명이나 되었다고 하니 그 어마어마한 규모는 가히 상상하기 힘들 정도였다. 임진왜란 당시 조선 전체의 수군 병력이 약 1만 5천에서 2만 명 정도가 되었다고 하고, 정화의 1차 원정이 있은 지 80년쯤 뒤에 신대륙을 찾아 떠나는 콜럼버스 원정대가 250톤 규모의 배 3척3에 88명이 나눠 탄 정도

---

2 「정화가보 하서양선박(鄭和家谱 下西洋船舶)」

3 그나마 두 척만이 온전하게 콜럼버스가 구해 온 배였고, 나머지 한 척은 콜럼버스의 뜻에 공감한 팔로스(Palos)의 부유한 선주 핀손 형제가 가져온 배였다. 핀손 형제는 콜럼버스가 구해온 작은 배에 각각 나눠 타고 자신들이 가져온 큰 배를 콜럼버스에게 양보했는데, 이 배가 후에 미 대륙에 최초로 상륙한 배가 되어 역사에 길이 남게 된 '산타 마리아(Santa Maria)'호이다.

의 규모였다고 하니, 정화의 원정대는 말이 원정대이지 당시 웬만한 나라의 해군 병력 전체와도 맞먹는 수준이었다.

이제 막 왕위 쟁탈전을 마치고 왕권을 잡게 된 영락제가 내치를 추스르기도 전에 자신이 가장 믿는 심복을 원정 대장으로 삼고 대규모의 원양 원정대를 출정시킨 것에 대해 혹자들은 '왕위를 버리고 잠적한 조카 건문제가 남쪽 바다를 통해 이웃 국가로 잠입해서 반격을 위한 세력을 규합하고 있다'는 소문을 듣고, 그를 추적하기 위해 '원정대로 위장한' 추적대를 급파한 것이 후에 정화의 원정대로 미화되었다고도 한다. 그러나 현재까지는 내부 여론을 하나로 통일시키고, 이웃 소국에게는 조공을 바치는 군신 관계를 확실하게 인지시키기 위한 무력시위를 위해 원정대를 파견했다는 것이 정설이다.

진짜 왕이 되고 싶었던 해적의 왕

그런데 당시 말레이시아와 싱가포르에 연한 바다에는 한 중국인이 살고 있었다. 그 이름은 진조의(陳祖義)로 원래는 중국 남부 광둥 성 조주(潮州) 출신의 평범한 어부였으나, 태조 주원장이 정국을 장악하며 한바탕 난리를 치른 명나라를 떠나 남쪽 바다로 정처 없이 헤매다 해적이 된 인물이었다.

그런데 진조의는 평범한 해적이 아니었다. 저 멀리 일본의 남쪽 바다에서 시작해 대만 인근의 바다를 지나고 베트남, 인도네시아, 말레이시아를 거쳐 인도 남부 해역까지를 자신의 손아귀에 두고 다스리는 인물이었다. 오죽하면 사람들이 그를 일컬어 '칠해패왕(七海覇王)' 즉 '일곱 바다의 왕'이라 하여 바다에서만큼은 중국의 천자와도 같은 수준이라고 여길 정도였다. 그런 그의 거점은 말레이시아 남서쪽의 말라카(지금의 믈라카)라고 하는 지역이었다.

그때나 지금이나 말라카가 정치 지도자, 해양 탐험가, 해적 등의 관심을 받는 이유는 그 앞으로 펼쳐진 말라카 해협 때문이었다. 인도네시아의 수마트라 섬과 말레이시아-타이 반도를 양옆에 낀 좁은 해협인 말라카 해협은 원양 이동 기술이 없던 과거에 인도와 중국 사이를 가장 안전하고 빠르게 이동할 수 있는 연근해 항로를 제공했다. 이 바닷길을 통해 인도인, 아랍인, 저 멀리 유럽인들이 정치적 목적으로 혹은 상업적 목적으로 중국을 오고 갔다. 당연히 그런 이들의 재물을 노리는 해적들이 몰려들 수밖에 없었다. 이 때문에 말라카 해협과 말라카는 '아시아 최고의 해양 이동로', '남아시아 최고의 상업 항구'라는 명성을 얻었지만, 그에 더해 '아시아 최대의 해적 소굴'이라는 오명도 뒤집어써야 했다.

영락제의 명을 받고 원정을 떠난 정화에게는 말라카와 말라카 해협을 조직과 무력을 이용해서 실질적으로 지배했던 진조의가 눈엣가시일 수밖에 없었다. 앞으로 계속 이 해협을 오고 가야 하는 명나라 상선의 안전보장을 위해서라도 정화의 원정대는 진조의의 해적단과 한 번쯤은 필연적으로 부닥칠 수밖에 없는 운명이었다. 다툼의 결과는 체계적인 훈련을 받은 수병들이 조직적으로 전투를 치른 정화의 승리였다. 이 전투를 통해 이곳 바다와 말라카는 강성한 명나라의 지배하에서 잠시나마 평화를 맞이하게 된다.

하지만 이후 명나라가 패망하고 중국의 정치적인 영향력이 약해지자, 오래전부터 상권을 장악했던 아랍인들의 통치를 받게 되었다. 1600년대에는 경쟁적으로 진행되던 서구 열강들의 해외 원정, 식민지 개발, 무역회사 설립 등의 열풍에 휩싸여 포르투갈의 직접적인 지배를 받게 되었지만, 얼마 못 가 당대 최고의 해외 무역 대국이었던 네덜란드로 그 지배권이

말라카 시내 중심에 우뚝 솟아 있는 언덕 위의 세인트폴 성당에서 바라다 본 인도양. 저 바다를 통해 숱한 모험가, 용맹한 해군, 포악한 해적 들이 바다의 패권을 차지하기 위해 활약했다.

넘어가게 되었다. 하지만 그 또한 얼마 지나지 않아 1800년대 초반 '해가 지지 않는 나라'였던 대영제국에 그 지배권이 완전히 넘어가 버리고 말았다. 이후 1957년 말레이시아가 영국으로부터 완전히 독립하게 되기까지 말라카는 영국의 아시아 무역에서 홍콩과 더불어 중요한 거점이 되었다.

하지만 홍콩이 금융과 부동산 등의 산업을 발전시켜, 중국의 관문으로써 아시아에 진출한 서구 기업의 거점 역할을 하는 국제적인 도시로 성장한 데 비해, 말라카는 싱가포르라는 세계적인 금융, 무역 국가가 인근에 위치하여 홍콩과 유사한 역할을 해 주는 통에 더 이상 성장하지 못하고, 선박 운항에 필요한 보급을 담당하는 항구 도시에 머무르고 말았다. 그와 동시에 세계 역사 속에서도 주역의 자리에서 서서히 내려오게 되었다. 이후 말라카는 가끔 출몰하는 해적과 그로 인한 피해만 언론에 잠깐 보도될 뿐 사람들의 기억에서는 차츰 잊혀져 갔다. 그러나 아주 잠시, 말라카와 그 앞에 펼쳐진 바다 말라카 해협이 세계 언론의 관심을 끌며 화려하게 각광받았던 적이 있었다. 더 놀라운 것은, 그 장본인이 다름 아닌 한국 사람인 현대그룹의 창립자 정주영 회장이었다는 것이다.

인도양을 호령한 한국인 경영자

1976년 서울 현대건설 사옥에서는 한바탕 난리가 났다. '회장님의 말씀 한마디' 때문이었다. 당시 현대건설은 창립 이래, 아니 대한민국 건국 이래 최대의 도전과 모험을 치르고 있었다. 사우디아라비아 정부가 야심차게 추진하고 있었던 주바일(Jubail) 항만공사 입찰에 참여하여, '미국과 유럽의 경쟁사에 비해 해외 공사 경험이 적고, 특히 대형 항만 시설과 같은 특수 공사 수행 능력에 대한 신뢰도가 낮아서 수주가 힘들' 거라는 세간의 시각을 불식시키고 9억 3천만 달러라는 어마어마한 규모의 공사를 수주한 덕분이었다.

9억 3천만 달러라고 하면 지금도 엄청난 금액이지만, 당시 우리나라 경제 수준으로 보면 실로 막대한 금액이었다. 국내 총 예산의 4분의 1 수준에 다다랐는데, 그 공사 계약금이 입금되는 순간, 외환은행장이 직접 정주영 회장에게 전화를 걸어 감격에 겨운 목소리로 "회장님, 정말 수고하셨습니다. 오늘 건국 이래 최고의 외환보유고를 기록했습니다"라고 울먹거렸을 정도였다.

하지만 그런 수주의 기쁨과 감격도 잠시, 주바일 항만공사는 서구의 초대형 건설사들도 워낙 큰 공사 액수 탓에 입찰에 참가하기는 했지만, 사우디 정부의 공사 요구 조건과 현지 사정을 살펴본 뒤 고개를 절레절레 흔들었을 정도로 어려운 공사였다. 우선 10m 남짓한 얕은 바다를 메워 길이 8km, 너비 2km의 매립지를 만든 뒤 그 위에 일반 항만시설과 기반

공사 입찰 당시, '현대판 만리장성 축조'라 불리며 인류사에 길이 남을 대역사(大役事)로 기대를 모았던 주비일 항만공사.

시설을 건설하고 깊이가 30m가 넘는 바다에 3.6km 폭의 유조선 접안시설(OSST)을 설치한 뒤, 그를 앞서 매립한 항만에 연결시켜야 하는 공사였다. 사우디 본토에서 대형 파이프로 운송해 온 원유와 가스 등을 대형 유조선에 곧바로 싣게 하기 위한 시설물 공사로, 사우디아라비아 정부가 석유파동(오일쇼크)으로 벌어들인 막대한 달러를 투자해 추진하던 국가 기간산업 공사였다. 토목, 건축, 플랜트, 설비 등 건설업에서 할 수 있는 거의 모든 분야에 걸쳐서 공사가 진행되어야 했고, 한쪽에서는 소금기를 머금은 바다 바람이 다른 한쪽에서는 사막의 모래 바람이 수시로 불어닥치는 최악의 환경에서 공사를 해야 했다.

그중에서도 가장 압권은 항만공사에 쓰일 해상 구조물 설치였다. 사우디 정부가 요구한 조건에는 '항만의 접안시설 규모는 30만 톤급 4대가 동시에 정박할 수 있는 정도여야 한다'가 포함되어 있었다. 말이 30만 톤급 4대이지, 30만 톤급 유조선이라고 하면 그 크기가 잠실 종합운동장에 맞먹는 규모였다. 말 그대로 잠실 종합운동장 4개가 동시에 들어설 공간을 바다 위에 설치하는 것이 이 공사의 핵심이었다. 재킷은 1~2m짜리 파이프를 용접해서 가로 18m, 세로 20m, 높이 36m의 완만한 사다리꼴 형태의 철 구조물 형태로 만든 것인데, 무게만 5백 톤이 넘고, 전체 크기는 10층짜리 빌딩 정도였다. 그런 재킷이 이 공사를 위해서 89개나 필요했다.

그런데 회사를 뒤집어 놓은 '회장님의 한마디'는 "그 재킷을 한국에서 만들어서 사우디까지 싣고 가자"였다. 경부고속도로를 15번 왕복하는 거리인 1만 2천여km를 5백 톤짜리 구조물을 싣고 '배달을 가라'는 정주영 회장의 지시에 실무자들은 얼굴이 하얘졌다. 실패라도 한다면 수천억의 손해를 보는 것은 물론, 납기 일정이 틀어져서 공사 전체를 그르칠 지도 모를 일이었다. 잠시 '회장님의 지시'에 충격에 빠져 있던 실무자들은 정신을 차리고, 재킷이 제작될 울산에서 사우디 공사 현장까지의 최단거리 항

젊었을 때의 정주영 회장 모습. 그는 이때부터 모든 문제의 답은 현장에 있다고 생각했고, 그런 그의 생각은 놀라운 실행력과 성공적인 사업 성과로 나타났다.

로를 계산하고, 혹시 태풍 등으로 좌초할 경우 더 많은 배상금을 받을 수 있는 해상사고 전문 해난보험사를 물색하느라 바빠졌다.

하지만 정주영 회장의 생각은 달랐다. 그는 지시를 내려 해난보험사에 가입하지 못하게 했다. 석유파동 여파로 일감이 끊기다시피 한 현대 울산 공장(현재의 현대중공업)에서 재킷을 직접 제작하기로 한 결정 자체가 공사 원가를 줄이고 외화 유출을 최대한 막으려는 조치인데, 거액을 들여 외국계 해난보험사에 보험을 들면 말짱 도루묵이라는 생각 때문이었다. 또한 다른 건설사에 비해 최대 50%나 저렴한 가격에 입찰할 수 있었던 배경에는 공사 기간을 획기적으로 단축하여 비용을 절감하겠다는 계획이 있었는데, 재킷 이동 시 사고라도 나서 공사 기간이 늘어난다면 보험금 몇 푼 건지는 것이 문제가 아니었다. 그렇게 세기(世紀)의 이동 계획이 추진되었다.

그는 늘 그랬다. 소학교도 제대로 마치지 못한 일자무식 막노동판 출신

이었으면서도 박사 학위를 받은 학자들조차 생각지 못했던 아이디어를 직관적으로 생각해 내거나, 수백 년 전통의 해외 유수 기업들이 모두 '불가능하다', '과거 그렇게 해서 성공한 사례가 없다'라고 결론지은 일들을 자신의 직감에 따라 과감하게 시도해서 성공시킨 경우가 비일비재했다.

어떻게 해서 그럴 수 있었을까? 그에게는 다른 사람들에게는 없는 초능력과도 같은 직관이나 직감이 있었기에 가능했던 일일까? 그건 아닌 것 같다. 그럼 어떻게 그럴 수 있었을까?

회의를 하는 곳이 회의실이고, 회장이 있는 곳이 회장실이다

그 답은 바로 '현장'에 있었다. 정주영 회장은 역대 대한민국 어느 경영자보다도 현장을 잘 알고, 현장을 중시하는 경영자였다. 제대로 일 처리를 하지 못한 임원들을 나무랄 때 늘 하는 말이었다는 "해봤어?"라는 질책 역시, 어떠한 일을 '시도라도 해봤느냐?'라고 혼낸다기보다는 '실제 일이 일어나는 현장을 제대로 꿰뚫어 보고, 그 현장을 제대로 장악했는가?'를 질책한 것이었다.

그 때문에 날마다 수백 건의 일들이 터지는 척박한 환경에서도 정주영의 현대는 가장 빨리, 가장 과감한 의사결정을 내릴 수 있었고, 그러한 의사결정은 이론만을 기반으로 하여 현실과 괴리가 있는 다른 경쟁자의 그것보다 훨씬 더 실질적이고 현장에서 벌어진 문제에 적합한 해결책을 제공해 주었다. 덕분에 정주영과 현대는 승승장구할 수 있었다.

과거 말라카를 기반으로 인도양과 태평양을 누비던 태감 정화와 칠해패왕 진조의도 마찬가지였다. 그들 역시 현장의 중요성을 당대 누구보다도 더 절실하게 잘 알았던 리더였다. 그 자신이 가장 하층민의 삶을 경험했던 정화와 진조의는 틈이 날 때마다 가장 말단 하위 계급의 부하들과 서슴없이 이야기를 나눴고, 항해하는 도중 힘을 보태야 할 때면 한 치의 머뭇거림 없이 팔을 걷고 도왔다. 그들뿐만이 아니라 현재까지 말라카에 그 이름이나 흔적이 남아 있는 수많은 바다의 영웅들이 대부분 그러했다. 정규 해군의 지도자이건, 포악한 해적의 우두머리이건 간에 험한 바다 위에서 거친 바다 사나이들의 리더였던 그들의 공통된 특징은

물살이 세서 제방의 물막이 공사 마무리를 하지 못하고 있던 방조제 사이에 폐기 예정인 대형 유조선을 끌어와서 바닷물의 유속을 줄인 뒤 방조제 연결 작업을 마무리하는 공법을 세계 최초로 시도한 서산간척사업 A 지구 매립 공사. 고(故) 정주영 회장의 아이디어로 진행된 이 공사의 성공에 세계는 '유조선 공법' 또는 '정주영 공법'이라며 극찬을 했다.

철저하게 현장에서 실제 일어나는 일 위주로 판단하고 조직을 이끌었다는 점이다.

그런 바다 사나이들의 모습을 상상으로나마 짐작해 볼 수 있는 공간이 현재 말라카에 있다. 말라카 해양박물관 또는 말라카 선박박물관이 바로 그곳이다. 과거 이곳을 지배하던 네덜란드 관료들이 머물렀던 공관인 스타더이스(The Stadthuys)의 바로 코앞에 위치한 말라카 해양박물관은 현지인들에게는 '플로라 드 라 마르(Flora de La mar)'라고도 불린다. 그 이유는 과거 말라카 해안에 침몰한 포르투갈 선적의 배 '플로라 드 라 마르'를 땅 위로 올려 그 원형을 그대로 살린 상태에서 내부만 개조하여 만든 박물관이기 때문이다. 그래서 이 박물관은 내부에 전시된 소장품보다도 박물관 건물 자체가 하나의 전시품이 되는 독특한 박물관이다.

높이 8미터, 전장 34미터의 거대한 배 모양(혹은 배 그 자체)의 박물관은 갑판에서 시작해서 갑판 아래 선실들을 관람한 뒤 상단 갑판의 조타석을 둘러보는 순으로 진행이 되는데, 사실 당시에는 큰 규모의 배였다고 하더

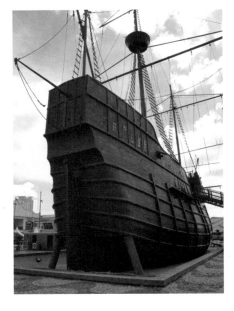

거대한 범선의 외관을 그대로 살려놓은 말라
카 해양박물관의 겉모습. '고작 배 한척이
야?'라고 할지 모르지만 실제 들어가 보면 아
기자기한 구성에 시간 가는 줄 모르고 관람
하게 된다.

라도 과거 선박 건조 기술 수준상 내부 공간을 현재 같은 수준으로 크게
만들 수는 없었기에, 갑판 아래의 전시 공간이나 그곳에 전시된 소장품들
의 면면은 크게 특별할 것이 없다. 오히려 이 박물관이 관람하는 사람에
게 큰 감동을 주는 부분은 배의 최상단 갑판이다. 선장과 갑판장 그리고
조타수가 활약했을 그곳에 서서 서남쪽으로 펼쳐진 푸른 바다를 바라보
노라면, 과거 수백 년 전 '플로라 드 라 마르'를 몰고 말라카 해협을 누볐
을 그들의 모습이 눈앞에 선하다. 더불어 이 바다의 주인이었던 정화, 진
조의 그리고 정주영의 모습도 함께 떠오른다. 그들은 모두 이 바다에서 소
매를 걷어붙이고 후배, 부하 들과 함께 험한 파도, 거센 바람, 치열한 경쟁,
주위의 편견, 질시와 싸웠던 이들이다.

현대 리더가 발휘해야 할 최고의 덕목, MBWA

그들은 최고의 자리, 최고의 지위에 있었지만, 늘 바다의 풍랑이나 사막의 모래바람과 맞서 묵묵히 자신의 일을 해 나가던 이들과 기꺼이 함께 몸을 부대끼며 함께 호흡하고 그 가운데에서 놀라운 사업적 아이디어를 발견해 내거나, 자신의 리더십을 마음껏 발휘했다.

그런데 과거에는 그들처럼 특별한 리더들에게서만 볼 수 있었던 현장 중시의 리더십이 이제는 너무도 당연한 리더의 덕목으로 여겨지고 있다. 그를 대표하는 말로 MBWA라는 단어가 있다. '현장에서 어슬렁거리며 관리(경영)한다(Management By Wandering Around)'의 약어인 이 단어의 개념이 처음 쓰인 것은 세계적인 IT 기업인 휴렛 패커드(HP)에서였다.

HP가 창업한 이래 최초 몇 년간 그들은 미국은 물론 전 세계적으로도 가장 혁신적이고 발전의 속도가 빠른 기업이었다. 하지만 회사의 규모가 성장하고 사업도 안정기에 접어들자 점차 그들 내부에서 '관료주의'가 생겨나기 시작했다. 지원부서는 각종 제도와 정책을 만들어서 기술개발이나 현장 영업조직을 옥죄기 시작했고, 리더들은 쓸데없는 지시와 보고를 통해 부하 직원들을 통제하려 했다. 그에 대한 불평과 불만의 목소리가 여기저기서 터져 나오고, 실제 많은 문제점들이 발생하기 시작하자 HP의 최고 경영진이 지시한 것이 바로 이 '현장에서 어슬렁거리며 관리하라!'였다.

이후 그러한 행동 방식이 HP의 리더들이 반드시 실천해야 할 덕목이 됨으로써 직원들이 일을 하고, 고객을 만나고, 상품이나 서비스를 판매하는 현장에 리더가 함께했다. 또한 업무 수행이나 고객 응대, 영업활동 등에서 '불편한 점은 없는지?', '리더로써 도와줘야 할 점은 없는지?', '추가적인 지원이 필요한 부분은 없는지?'를 살펴 그 자리에서 신속하게 해결해 주는 문화가 정착되었고, 그를 통해 HP는 과거보다 훨씬 더 큰 성과를 만

국내 굴지의 대그룹의 회장이 되어서도 정주영은 현장 위주의 경영을 멈추지 않았다. 그 덕분에 현대그룹은 국내 최초, 최대의 기록들을 수없이 경신하며 한국을 대표하는 세계적인 기업으로 성장할 수 있었다.

들어 낼 수 있었다.

이후 세계적인 경영 컨설턴트이자 유명한 베스트셀러 저자였던 톰 피터스(Tom Peters)가 이 MBWA의 효과와, 우수한 기업, 탁월한 리더들이 어떻게 MBWA를 통해 자신의 팀, 자신의 기업을 초일류로 만들었는지에 대해 그 생생한 사례를 자신의 책마다 소개함으로써 MBWA는 전 세계적으로 일약 대유행을 하게 되었다.

말라카의 바다를 호령했던 그들 역시 이 MBWA에 능한 사람들이었다. 가장 높은 자리에 있으면서도 가장 낮은 자리에서 일을 하는 사람들과 눈높이를 맞춰 줄 수 있는 사람이었다. 직급이 조금만 높아지거나 거래 관계에서 조금 우월한 지위를 누리게 되면 과거는 까마득히 잊어버리고 현장과 멀어진 채 책상에 앉아서 보고만 받고 군림하려 하거나, 속칭 '갑(甲)질'을 하느라 일을 그르치고, 타인의 가슴에 대못을 박고 결국 자신도 몰락하고 마는 우매한 리더, 한 치 앞도 못 살피는 아둔한 이들이 심심치 않게 등장하는 요즈음에 MBWA의 가치에 대해 다시 한 번 생각해 볼 일이다.

말라카 해양박물관(Maritime Museum of Malacca)

위치 Jalan Quayside, 75000 Melaka
홈페이지 별도 홈페이지 없음
관람 시간 09:00~17:30(단 금요일은 12:15~14:45 사이에 임시 휴관)
휴무일 매주 화요일
관람료 3링깃

Underline Note

1) 배 한 척을 그대로 개조해서 만든 박물관인 만큼 관람할 거리가 그다지 많은 편은 아니다. 근처에 있는 말라카 박물관에 가면 말라카가 해양 운송의 중심지였던 시기의 생활상이 그대로 재현되어 있다. 그와 묶어서 함께 관람하는 것이 좋다. 내부가 좁고 어두워서 불쾌할 수도 있지만, 거꾸로 과거 이 배가 인도양을 누비던 시기 선원들이 겪어야 했던 고충과, 그런 선원들을 이끌고 기나긴 항해를 성공적으로 이끌었던 리더들의 모습을 상상하며 둘러보면 뜻밖에 즐거운 관람이 될 수도 있다.

2) 박물관의 일부 지역에서는 나무 갑판의 보호 차원에서 신발을 벗도록 되어 있다. 스타킹이나 미끄러운 양말은 반들반들한 나무 갑판 위에서 낙상을 유발할 수 있으니 조심해야 한다.

Lesson 8

내가 해야, 내 사람도 한다

메트로폴리탄 미술관에서 배우는 [리더의 헌신과 솔선수범]

위대한 만찬, 미국 미술의 기틀을 만들다

챙챙챙챙.

물이 반쯤 담긴 유리컵을 반들반들 잘 닦인 은색 포크로 가볍게 두드리는 경쾌한 소리에 불로뉴 숲 속에 자리 잡은 고급 레스토랑에 모여 파티를 즐기던 수십 명의 사람들의 이목이 쏠렸다. 그곳에는 미국 최초의 연방대법원 판사이자 '미국 독립의 아버지'들 중 한 사람이었던 할아버지의 영광스러운 이름 '존'을 그대로 물려받은 저명한 외교관 존 제이(John Jay)가 서 있었다. 그는 이날 모임의 목적이기도 한 7월 4일[4]을 기념하기 위해 벽에 걸린 성조기의 앞에 서서 자신에게 시선을 집중하고 있는 대중을 향해 힘줘 말했다.

"모든 선진 문명국가에는 저마다 그 나라의 문화 수준을 알리고, 국민들이 언제라도 와서 보고 느끼고 즐길 수 있는 미술관이나 박물관이 있

---

4 1776년 7월 4일은 미국의 독립일이다.

소이다. 이곳 프랑스만 하더라도 루브르가 있고, 영국에는 대영박물관이, 이탈리아에는 우피치가 있지요. 그러나 우리 미국만 아직도 이렇다 할 미술관 하나 없는 실정입니다."

그의 말에, 이듬해(1867년) 개최될 파리 만국박람회의 미국관 개관을 준비하기 위해 파리에 머무르고 있던 미국의 외교관, 행정가, 예술가, 기술자 등은 고개를 끄덕였다.

거대한 토지와 풍부한 자원, 급격히 늘어나는 인구 등을 바탕으로 신흥 강대국으로 성장하고 있는 미국이었지만, 구대륙 문화예술의 중심지였던 파리에 와서 보고 들은 것들과 비교해 보면 아직까지 미개한 국가와 다를 바가 없었다. 특히 수준 높은 미술품과 오랜 역사의 흔적이 담긴 유물들을 차고 넘치도록 소장한 미술관들이 도시마다 한두 개씩 꼭 있는 유럽의 모습은 그들에게 충분한 자극제가 되었다. 그들은 단순히 문제 제기만을 하는 데 그치지 않았다. 존 제이를 위시해서 그날 그 자리에 있었던 사람들이 주축 회원으로 활동했던 유니언 리그 클럽은 그 이후로도 지속적으로 모여 '미국에 세계적인 국립미술관을 짓고야 말겠다'는 그들의 생각을 차근차근 현실로 이뤄가기 시작했다.

그 결과, 1870년 4월 13일 미국 최초의 국립미술관인 메트로폴리탄 미술관이 문을 열게 되었다. 처음 미술관이 문을 연 곳은 센트럴파크의 동쪽 끝인 현재의 위치가 아닌, 지금의 록펠러 센터 인근인 5번가 681번지의 한 건물이었다. 고대 로마 시대의 석관 하나와 그다지 유명하지 않은 유럽 회화 174점이 전부였던 소장품 규모 탓에 크지 않은 미술관 내부가 휑하게 보일 정도로 그 시작은 보잘것없었다. 하지만 그도 잠시, 곧 소장품이 폭발적으로 늘어나기 시작했다. 하루가 지나기가 무섭게 늘어만 가는 소장품에 처음의 공간은 정상적으로 외부 관람객을 맞이하기 힘들

1866년 메트로폴리탄 미술관 건립의 첫 시발점이 된 회합이 진행되었던 프랑스의 고급 레스토랑 겸 살롱 '르 프레 카틀랑'의 내부 모습.

정도가 되었다. 이 문제점을 해결하기 위해 미술관 측은 웨스트 14번가 128번지에 위치하고 있던 더글러스 맨션을 사들여서 그곳에 다시금 미술관을 개관했다. 그러나 그곳 역시 소장품들로 금세 가득 차게 되었고, 결국 1880년 현재의 터에 새 건물을 지어 입주하면서 기나긴 방랑생활을 마치고 본격적인 미술관의 역사를 시작하게 되었다.

캘버트 복스와 제이콥 레이 몰드가 설계한 이 미술관의 최초 모습은 지금과는 달리 러스킨 고딕(Ruskin Gothic)풍의 붉은 벽돌 건물이었다. 화려하지만 규모가 그다지 크지 않았던 미술관 건물은 이후 수차례의 개축과 증축을 거듭하면서 현재와 같은 모습과 규모로 커 나갔다. 한 가지 재미있는 점은 미술관을 확장하면서 원래의 건물을 부수고 새롭게 지은 것이 아니라, 원래의 건물은 그대로 두고 다른 건물을 추가로 덧붙이거나 그 건물 위에 새로운 건물을 덧씌우는 방식으로 증축을 했다는 점이다. 이 때문에 현재 미술관의 모습은 과거 복스-몰드가 설계한 최초의 건물과 크기는 물론 외관에서도 전혀 같은 건물이라 짐작할 수 없을 정도로 확연하게 차이가 있지만, 미술관 내부에 들어가 보면 러스킨 고딕 양식으로 지어졌던 미술관의 원래 모습을 추측할 수 있을 정도로 과거의 모습들이 잘 유지되고 있다.

미술관의 대표적인 공간인 그레이트 홀과 정면 입구의 파사드는 리처드 모리스 헌트가 설계하고 그 아들인 리처드 하울랜드 헌트가 공사를 맡아서 1902년에 완성하였고, 북쪽과 남쪽의 건물은 1911년에서 13년까지 2년 간에 걸쳐 증축이 완료되었다. 이후에도 메트로폴리탄 미술관은 증축을 거듭하여 1975년에 '레만동', 79년에는 '새클러동'이 새롭게 들어섰고 80년과 82년엔 '아메리카동'과 '록펠러동'이 아프리카와 신대륙의 작품들을 전시하기 위해 증축되었으며, 87년에는 현대미술 작품 전시를 위한 공간인 '릴라 애치슨동'이 새롭게 들어서는 등 증축과 확장을 계속하고 있다.

그 결과 현재 미술관은 18만 제곱미터가 넘는 광활한 넓이에 3백만여 점이 넘는 귀한 미술품과 유물 등을 소장한 세계 최대 규모 미술관 중 하나로 성장했다. 단순히 미술관의 외형이나 소장품의 양만 늘어난 것이 아니다. 초기에는 소장품 중 유럽 회화의 걸작들이 거의 전무하다시피 했지만, 이후 하루가 다르게 컬렉션이 발전하여 현재는 르네상스 이전 무렵부터 19세기 초반까지 역사 속 유명한 거장들의 작품들을 3천 점 넘게 소장하고 있다. 대충만 떠올려 봐도 루벤스의 「화가와 그의 부인, 아들」, 렘브란트의 「자화상」, 우리에게는 「진주 귀고리를 한 소녀」로 유명한 베르메르의 「신앙의 알레고리」 등 일일이 다 언급하기 어려울 정도이다. 그뿐만이 아니다. 이집트, 그리스, 로마 그리고 이슬람 미술품에 이르기까지 방대한 소장품을 보유하게 된 메트로폴리탄 미술관은 최초의 창립자들이 그토록 원했던 유럽 국가의 유명 미술관과 견줄 수 있는 수준의(혹은 그 이상의) 미술관으로 성장했다. 이렇게 메트로폴리탄 미술관이 짧은 시간 안에 양적으로나 질적으로 급속히 성장할 수 있었던 데에는 사회 지도층의 자발적인 참여와 기부가 큰 역할을 했다.

지금의 모습(좌)과 비교해 보면 아담한 규모였던 개관 초창기의 메트로폴리탄 미술관(우).

관람료 4,675억 원을 지불한 사나이

1901년 당시 메트로폴리탄 미술관의 재정을 맡고 있던 직원은 한 변호사의 방문을 받고 깜짝 놀랐다. 뉴저지에 살던 제이콥 로저스라는 사람이 고용한 법률자문이라고 자신을 소개한 변호사는 로저스의 명의로 된 유언장과 함께 수표 한 장을 내밀었다. 그가 내민 유언장에는 5백만 달러(한화 약 55억 원)에 해당하는 펀드를 메트로폴리탄 미술관에 기증한다고 적혀 있었다. 5백만 달러는 지금의 환율로 계산해도 상당한 거액이지만, 당시 환율로는 현재의 한화 기준으로 약 4,675억 원 정도나 되는 엄청난 금액이었다.[5]

사실 로저스는 메트로폴리탄과 크게 연관이 없는 사람이었다. 유니언 리그 클럽의 회원도 아니었고, 그저 철도차량 제작 사업을 통해 큰돈을 번 사업가라는 정도만 알려졌을 뿐이다. 또 매년 10달러 정도의 후원금을 내고 있던 개인 후원자였으며 시간이 날 때마다 미술관에 들러서 미

---

5   당시 금 1온스의 가격이 현재 가격의 약 85배였던 점을 감안하여 환산한 액수이다.

술품들을 감상하던 일반적인 미술 애호가에 지나지 않았다고 한다. 하지만 그가 사후 미술관에 남긴 5백만 달러라는 막대한 후원금 덕분에 미술관은 규모 확장 및 소장품 구매 계획을 장기적으로 세우고 체계적으로 실행할 수 있었다.

초기 메트로폴리탄 미술관의 재정적인 기초를 세우게 된 것이 로저스의 금전적 기부 덕분이었다면, 미술관의 컬렉션이 한 단계 업그레이드된 것은 비슷한 시기의 부유한 유대인 수집가였던 벤저민 올트먼의 작품 기증 덕분이었다. 뉴욕의 백화점 재벌이자 미국은 물론 전 세계적으로도 유명했던 렘브란트 애호가 및 수집가였던 그는 평생토록 결혼하지 않았고 자식도 없었다. 1913년 사망한 그는 유언을 통해 자신이 소장한 수많은 유럽 회화들을 메트로폴리탄 미술관에 기증하겠다는 의사를 밝혔다. 덕분에 메트로폴리탄 미술관은 렘브란트의 수많은 걸작을 소장하게 된 것은 물론 다른 중요한 한 가지도 얻을 수 있었다. 바로 '올트먼이 자신의 소장품을 맡긴 미술관'이라는 명성이었다. 사업가로서는 물론, 미술품 수집가들 사이에서도 명성이 높았던 그는 전 세계 유대인 비즈니스계에서도 그 이름을 날렸던 실력자였다. 그런 그가 목숨처럼 아꼈던 미술품들을 메트로폴리탄에 물려주었다는 소문이 퍼지자마자 그와 같은 사업가들이나 미술품 수집가 혹은 유대인 재력가들이 앞다투어 메트로폴리탄 미술관에 관심을 두기 시작했다.

아이작 플레처 부부, 헨리 해브메이어를 위시한 해브메이어 가문, 찰스 라이츠먼 부부 등 당대 미국 정재계에서 활약했던 유력 인사 또는 그 가문의 일원들이 금전적인 지원을 하거나 소장품을 기부하는 등의 방식으로 메트로폴리탄의 성장에 기여했다. 메트로폴리탄 미술관에 대한 이러한 기부와 기증은 오늘날까지도 지속적으로 이어져 내려오고 있는데, 최

벤저민 올트먼이 기증한 렘브란트의 「자화상」,
1660년.

근 전 세계 미술계를 깜짝 놀라게
했던 초대형 기부의 주인공 역시
메트로폴리탄을 선택했다.

2013년 4월, 세계적인 화장품
기업인 에스티 로더의 명예회장이
자 미술계의 큰손으로 유명했던
레너드 로더가 자신이 소장한 작
품을 메트로폴리탄에 기증하기로
했다는 뉴스를 접한 이들은 그가
기증하겠다는 작품 목록을 확인
하고는 깜짝 놀라고 말았다. 그가
기증하기로 한 78점의 작품들은 그 금액만도 무려 10억 달러(한화 약 1조
1천억 원)에 달할 뿐만 아니라 파블로 피카소의 작품 33점, 조르주 브라크
의 작품 17점 등 그 면면이 화려하기 이를 데가 없었기 때문이었다. 메트
로폴리탄 미술관은 긴급히 이사회를 열어 기부의 의도와 규모, 기증품의
내역 및 법적 문제 등에 대한 면밀한 검토에 들어갔고, 오랜 논의 끝에 기
부를 받아들이겠다는 기자회견까지 했을 정도였다.

이로써 메트로폴리탄 미술관은 수십 년째 연간 기부금품 액수가 가장
많은 미술관의 자리를 굳건히 지키고 있으며, 다른 유럽의 미술관에 비해
짧은 역사에도 불구하고 가장 빠른 속도로 성장하였다. 이런 자부심을
바탕으로 메트로폴리탄 미술관은 스스로를 세계 3대 혹은 4대 미술관에
포함시키기를 주저하지 않는다.

이처럼 메트로폴리탄 미술관의 역사에는 그 시작부터 1백여 년간 이어
진 성장 스토리 내내 늘 대의를 위해 기꺼이 솔선수범하고, 자신이 가진 것

레너드 로더가 기증한 피카소의 「가리비 조개(Scallop Shell)」, 1912년.

을 제공하고 그를 통해 다른 이들의 동참을 유발했던 선구자들이 있었다.

에스티 로더에는 에스티 로더가 있습니다

그런데 메트로폴리탄 미술관뿐만 아니라, 후발주자로 시작하여 다른 경쟁자들에 비해 어려운 상황을 극복하고 빠른 성공을 거둔 조직은 대부분 리더들의 솔선수범, 자발적인 기여 등이 있었다. 앞서 메트로폴리탄 미술관에 무려 10억 달러라는 엄청난 금액의 미술품을 기증한 레너드 로더의 어머니이자 세계 2위의 화장품 전문 기업인 에스티 로더를 세운 에스티 로더 여사 역시 마찬가지였다.

체코 이민자 출신 아버지와 헝가리 이민자 출신 어머니 사이에서 태어난 그녀는 피부과 의사였던 삼촌과 이런저런 이야기를 나누던 중 20대 여성들의 연약한 피부에 좋은 몇 가지 미용제품에 대한 아이디어를 얻게 되었고, 집 한쪽에서 자신의 화장품 사용 경험에 삼촌의 의학적 지식을 접목시킨 제품을 몇 개 만들어 자신이 사용하거나 주변의 가까운 이들에게 선물로 주었다. 이후 결혼을 한 뒤 평범한 가정주부로 생활하던 그녀가 본격적으로 화장품 사업에 뛰어들게 된 것은 그녀가 단골로 다니던 미용실 사장과의 만남으로부터 시작된다. 에스티 로더 여사가 회원으로 있던 사교 모임의 회원이기도 했던 미용실 사장은 그녀의 깨끗한 피부를 보고 그 비결을 묻던 중 '자신의 비법으로 직접 제작한 화장수를 쓴다'는 이야기를 듣고 그 자리에서 자신의 미용실에 '숍인숍(Shop in shop)'의 형태로 사업을 시작해 보지 않겠느냐고 권유했다. 에스티 로더 여사가 이 제안을 받아들여 1946년 그녀의 이름을 딴 최초의 화장품 판매점이 문을 열게 되었다. 이후 2년 뒤 그녀의 작은 판매 카운터는 독립된 매장으로 확장되었고, 이후로는 매년 엄청난 속도로 성장하여 현재는 140여 개 나라에 1만 8천 개 이상의 매장을 보유하고 70억 달러 이상의 엄청난 매출을 자랑하는 거대 화장품 기업으로 성장했다.

이런 커다란 성공이 가능했던 원동력에는 여러 가지가 있겠지만, 에스티 로더 여사나 그녀의 회사와 관련이 있는 많은 사람에게 물어보면, 그들은 창업자 에스티 로더 여사의 헌신적이면서도 솔선수범했던 리더십 스타일을 성공의 가장 으뜸가는 비결로 꼽는다.

그녀가 내세운 회사의 모토는 '우리가 만나는 모든 이에게 최상의 것을' 이었다. 자기 자신을 위해서가 아니라 자신의 제품을 사용하는 고객을 포함하여 만나는 모든 이들에게 최상의 제품, 최선의 서비스, 최고의 경험을 선사하겠다는 것이 그녀의 사업 목표이자, 회사 내 모든 업무 처리의 기준이 되었다. 그 기준은 창업주이자 최고경영자였던 에스티 로더 여사역시 예외가 아니었다. 아니, 오히려 그녀는 다른 어느 직원보다 더 엄격하게 그 원칙을 지켰고, 남들보다 먼저 솔선수범했다.

회사가 본궤도에 올라서고 세계 여러 곳에 매장을 낸 굴지의 화장품 기

에스티 로더의 창업자 로더 부부(좌)와 에스티 로더의 최고 인기 제품 가운데 하나인 '어드밴스드 나이트 리페어(Advanced Night Repair)'(우).

업이 되었음에도 불구하고 에스티 로더 여사의 커다란 핸드백에는 늘 여러 종류의 화장품들이 가득 들어 있었다. 물론 그녀가 바르기 위한 것이 아니었다. 언제 만날지 모르는 고객들을 위한 것이었다. 최고경영자였지만, 고객을 만난 순간만큼은 매장의 가장 열정적인 판촉 직원이 되어서 제품을 직접 고객에게 발라 주고, 효능을 설명하고, 가격대를 안내하는 등의 활동을 했다. 심지어 투자 유치를 권유하기 위해 에스티 로더 본사를 방문했던 한 젊은 여성 은행가는 엘리베이터 안에서 신제품 화장수를 꺼내 보이며 '한번 사용해 보라'고 열띤 홍보를 하는 중년 여성의 청을 매몰차게 거절했다가 나중에 그 중년 여성이 자신이 아쉬운 부탁을 해서 투자를 유치해야 할 바로 '그 사장님'인 것을 알고 깜짝 놀랐다는 일화가 전해 올 정도이다.

그런 그녀가 매일 입버릇처럼 하는 얘기가 있다. "우리 회사는 역삼각형의 구조입니다. 매장에서 고객을 맞이하는 직원들이 가장 윗부분에 있고 난 맨 밑의 꼭짓점입니다. 가장 소중한 사람들은 매장의 직원들입니다." 이런 경영 철학 때문에 매장의 직원들이 분발할 수 있었고, 임원을 포

당시로써는 획기적으로 직접 사용해 보고 물건을 구입할 수 있는 형태였던 에스티 로더 매장에 몰려든 소비자들과 늘 솔선수범하는 모습으로 여느 판매 사원보다도 더 열성적으로 영업과 판촉 활동에 앞장섰던 생전의 에스티 로더 여사(우측 하얀 모자를 쓴 이).

함한 관리자들이 현장의 목소리에 귀를 기울이지 않을 수가 없었다. 그녀는 매장을 개설할 때도 자신의 시각에서가 아니라, 고객과 판매하는 직원의 입장에서 '어떻게 하면 고객들이 더 편하게 매장을 방문할 수 있을까?', '어떻게 하면 직원들이 더 효율적으로 판매하고 고객을 편하게 응대할 수 있을까?'를 고민했다. 사업이 성장하여 미국 전역은 물론 해외에까지 지점이 생기면서부터는 불가능해졌지만, 한때 뉴욕 내에 에스티 로더 매장이 문을 열 때에는 늘 에스티 로더 여사가 직접 몇 날 며칠이고 지점 개장 후보지 근방을 걸어 다니며 '걸어오는 데에 불편함이 없는가?', '이 위치에 간판을 달면 잘 보이겠는가?', '차를 대기에 편한가, 혹시 위험하지는 않은가?' 등 고객의 입장에서 불편한 점이 없는지를 빠짐없이 체크하였다. 만약 문제가 되는 사항이 있으면 직접 수정해서 반드시 해결됐는지를 확인한 뒤에야 비로소 점포를 개점했다고 한다. 이런 점이 성공적인 지점 운영의 발판이 되었다. 에스터 로더의 솔선수범은 한 유명 경영 컨설턴트의 말에서 극명하게 드러난다. "○○○○(에스티 로더의 경쟁사)는 에스티 로더보다 더 큰 기업이 될 수는 있겠지만, 더 좋은 기업은 될 수 없을 것이다. 왜냐하면 에스티 로더에는 그들에게는 없는 에스티 로더(여사)가 있기 때문이다."

기업 성장의 필수적인 비결, 경영자의 솔선수범

과거에는 탁월한 경영자, 위대한 리더라고 하면 모두 연상했던 것이 '과감한 결단력', '단호한 의사결정', '집요한 실행력' 등 다소 공격적이고 강한 요소들이었다. 하지만 점차 사회 분위기가 바뀌고, 구성원들의 의식구조가 변화하면서 과거와 같은 카리스마 넘치는 모습으로 '돌격 앞으로!'를 외치는 리더보다는 앞장서서 어려운 일, 궂은일을 도맡아 처리하며 '힘드는 일은 나에게, 영광스런 일은 부하에게'라고 말할 수 있는 리더들이 더 각광받는 시대가 되었다.

독일 출신의 세계적인 문호 헤르만 헤세가 지은 책 중에 『동방 순례』라는 책이 있다. 헤세 특유의 철학적 사유와 다양한 은유가 풍부하게 섞여 있어 내용을 단 몇 줄로 정리하기란 거의 불가능하지만 부족하나마 간단하게 정리해 보면 다음과 같다.

아마도 헤르만 헤세, 그 자신일 듯한 H. H라는 사람이 주인공으로 책의 내용은 제목 그대로 동방으로 순례를 떠나는 순례단의 이야기가 주를 이루고 있다. 순례단에는 레오라는 사람을 포함한 수많은 하인이 있었는데, 그들 역시 H. H를 포함한 다른 순례단의 구성원들과 마찬가지로 자발적으로 순례단에 지원한 사람들이었다. 하지만 그럼에도 불구하고 다른 하인들은 일을 시키면 짜증을 내거나 마지못해 건성으로 하는 경우가 많았는데, 이 레오라는 사내만은 달랐다. 붉은 뺨을 가진 건강하고 친절하며 소탈한 사람이었던 그는 사람들의 개인적인 일거리를 맡아서 처리하거나 짐 나르는 일을 도왔는데, 늘 혼자 콧노래를 부르거나 휘파람을 불며 즐겁게 그 일들을 처리했다. 게다가 적극적으로 일했지만 눈에 띄게 나서는 성격도 아니었다. 동방 순례에 나섰다는 기쁨과 자부심으로 거들먹거리는 것이 일종의 습관이 되어버린 순례단의 다른 구성원들과 달리 레오의 태도는 무척이나 겸손했으며 자신이 필요하지 않은 순간에는 절대로 나서지 않았다. 그렇기 때문에 사람들은 모두 레오를 좋아했지만, 어느 날 갑자기 그가 사라졌을 때에도 대수롭게 여기지 않았다.

하지만 레오가 사라지자 순례단은 엉망진창이 되고 말았다. 레오가 있을 때는 당연히 마무리되고도 남을 일이 그대로 방치된 채 미뤄지고 있었고, 레오라면 혼자서도 충분히 감당할 일을 두고 여러 사람이 모여서 끙끙대며 고민했지만, 결국 해결하지 못한 일들도 많았다. 결국 동방 순례는 중단되었고, 주인공 H. H는 레오를 찾아갔다. 순간 그는 깜짝 놀랐다. 하인이라고 생각했던 레오가 바로 그가 그토록 만나보기를 간절히 원했었던 순례단의 지도자였기 때문이다.

이 이야기에서 영감을 얻은 로버트 그린리프라는 한 기업체 연구원이 '앞으로는『동방 순례』에서의 레오와 같은 리더십이 각광을 받는 시대가 올 것이다'라며 그러한 리더십을 '서번트 리더십(Servant Leadership)'이라고 일컬었다. 우리말로 '섬기는 리더십' 혹은 '모시는 리더십' 정도로 번역되는 용어를 처음으로 사용한 그는 약 20년간 관련된 사례와 조사 결과 등을 종합하여『서번트 리더되기(On becoming a Servant Leader)』라는 책을 출간하였다. 그 책이 공전의 히트를 치면서 우리에게 '서번트 리더십', '솔선수범의 리더십'이 널리 알려지게 되었다.

솔선수범으로 만들어가는 위대한 미술관

메트로폴리탄 미술관은 입장료가 없다. 하지만 대영박물관 등 일부 국가들의 국립박물관처럼 완전 무료는 아니다. 아니, 어쩌면 메트로폴리탄은 세계에서 가장 입장료가 비싼 미술관인지도 모른다. 그 이유는 메트로폴리탄은 정해진 입장료를 내는 것이 아니라, 입장은 자유롭되 마음 내키는 대로 기부금을 내도록 권장하고 있기 때문이다. 실제로 마음 단단히 먹고 10센트 동전 하나 달랑 넣고(혹은 그마저도 내지 않고) 입장하는 주머니 가벼운 학생들이나 여행객들도 있지만, 대부분의 사람들은 박물관 측에서 권장하는 약 25달러가량을 기꺼이 기부한다. 심지어 어떤 이들은 일년에 한 번 방문하거나 바빠서 잘 들르지 못하면서도 기회가 생길 때마다 수만 달러 이상을 기꺼이 지불한다. 그런 사람들 덕분에 메트로폴리탄의 지금이 있게 된 것이다.

기업도 마찬가지이다. 기업 내부의 모든 사람들이 '정해진 입장료만 지불하고, 최대한의 혜택을 가져가겠다'고 생각해서는 그 기업은 절대로 발전할 수 없다. 그럴 때 조금 손해 보는 것 같지만 조직 전체의 발전과 기업 전체의 성장을 위해 기꺼이 자신이 가진 것들을 자발적으로 조금 더 내놓을 수 있는, 그런 솔선수범의 모습을 보일 수 있는 사람이 있어야 조직은 성장할 수 있다. 그리고 그 역할은 역시 사회적 지도층, 조직 리더의 몫이다. 에스티 로더가 그랬고, 벤저민 올트먼이 그랬고, 존 제이가 그랬던 것처럼.

메트로폴리탄 미술관(Metropolitan Museum of Art)

위치 1000 Fifth Avenue, New York, 10028-0198

홈페이지 www.metmuseum.org

관람 시간 10:00~17:30(일, 월, 화, 수, 목) / 10:00~21:00(금, 토)

휴무일 1월 1일, 추수감사절, 성탄절

관람료 무료

Underline Note

1) 메트로폴리탄 미술관의 입장료는 무료지만 실제 방문해 보면 곳곳에 25달러 정도의 기부금을 부탁하는 안내문과 직접 기부금을 낼 수 있는 장치들이 마련되어 있다. 수많은 사람들의 자발적인 기부와 헌신으로 지금의 모습으로 성장한 메트로폴리탄 미술관의 모습을 떠올리고, 세계적인 문화예술의 보물 창고가 유지되고 성장하는 데 기여한다는 즐거운 마음으로 약간의 성의 표시를 해 보는 것도 좋은 경험이 될 듯하다.

2) 소장품의 양도 방대하지만 어떤 특정 시기나 유파, 특정 국가의 미술품에 치중하지 않고, 다방면에 걸쳐 다양한 소장품들이 전시되고 있어서 관람하기에 조금은 산만하다는 느낌이 들 수 있다. 입구에서 구할 수 있는 안내 책자나 한국어로도 제공되는 오디오 가이드(대여료 7달러)의 도움을 받는 것이 좋다.

3) 본격적인 관람을 시작하기 전에 반드시 안내 데스크에 꼭 들러 보라. 미국의 어느 미술관에서도 만나기 힘든 친절한 직원으로부터 각종 체험 프로그램, 도슨트 투어, 연계 프로그램 등 미술관을 110% 활용할 수 있는 다양한 정보와 도움을 받을 수 있다.

Lesson 9

씹고 뜯고 맛보고 즐기다

무하 미술관에서 배우는 [사업 기회 및 성과 확대]

사라진 화가들의 영화

2013년 초반, 한 극장에서 자그마한 이벤트가 열렸다. 황정민, 최민식, 이정재 주연의 한국 영화 「신세계」의 개봉을 홍보하기 위한 목적으로 영화관 입구 로비에 거대한 영화 간판을 제작하는 이벤트였다. 합판을 짜서 만든 커다란 나무 간판을 한쪽에 세우고 간판 그림 전문 화가와 보조작가 한 명이 영화의 인상적인 장면을 조합해서 구성한 그림을 직접 물감으로 그려 나갔다. 별다른 홍보를 하지 않았지만, 그 이벤트는 많은 사람들의 눈길을 사로잡았다. 그도 그럴 것이 20대 이하의 젊은 계층에게는 난생 처음 보는 생소한 구경거리였고, 30~40대 청장년층에게는 어렴풋이 남아 있는 어린 시절의 추억 그리고 중년층 이상에게는 과거에는 흔히 볼 수 있었지만 얼마 전부터 통 볼 수 없었던 그리운 모습이었기 때문에 다양한 계층의 많은 사람들이 이 이벤트에 호기심과 관심을 보였다.

그런데 불과 20여 년 전까지만 하더라도 '극장 간판'이라고 하면 사람의 손으로 직접 그리는 것이 당연했던 시절이었다. 시내의 대형 극장에는 '미술부'라는 별도의 조직이 있어 미술부장 아래 적게는 한두 명, 많게는 대여섯 명의 미술부원이 간판을 직접 그려 극장 입구에 거는 일을 맡았었다. 한창 잘 나갈 때만 하더라도 영화제작자가 뒷돈을 가져와서 '관객들이 영화에 관심을 갖게끔 잘 좀 그려달라'고 부탁을 한다거나, 배우의 매니저가 찾아와 '우리 배우 좀 늘씬하고 예쁘게 잘 그려달라'며 간곡하게 부탁하기도 했다고 한다.

그러던 것이 기술의 발달로 사방 몇 미터나 되는 대형 사진을 그대로 출력할 수 있는 실사 프린터가 개발되면서 손으로 그린 극장 간판은 점차 컬러 출력한 사진 간판에 밀려나게 되었다. 그나마 서울 변두리나 지방 극장에서 그 명맥을 유지하던 수제 간판은 여러 개의 상영관에 다양한 영화가 동시에 개봉되는 복합 상영관, 일명 멀티플렉스가 대세가 되면서 아예 그 맥이 끊기고 말았다.6

2011년 겨울, 지난 시절 대한민국 극장가를 주름잡았던 네 명의 '극장 미술부장'들이 의기투합하여 서울의 한 전시 공간에서 자신들의 대표작 영화 간판들을 선보이는 전시회7를 열었지만, 이제 수제 간판은 살아 있는 현재의 예술 산업이 아닌 사라진 옛 풍경의 일부임은 부인할 수 없는 사실이다.

그런데 약 1백여 년 전, 유럽의 체코에서도 이와 비슷한 일을 하는 사람이 있었다. 원래 그의 꿈은 당시 유럽 회화의 중심지였던 파리나 빈으로 가서 정식으로 등단하여 정통 화가로서 명성을 날리는 것이었다. 그러기 위해서는 가장 빠른 방법이 수도 프라하에 있는 명문 회화학교에 입학해

---

6 아직까지 서울의 일부 예술극장과 지방 몇몇 극장에 수제 간판이 남아 있지만, 상업적인 목적의 대중 상영관에서는 그 명맥이 거의 끊긴 것으로 추정되고 있다.

7 「사라진 화가들의 영화」 展(2011. 12. 8~31, 충무아트홀).

서 프랑스와 오스트리아 등지에서 온 유명한 선생님들의 밑에서 수업을 받는 것이었다. 하지만 가난했던 그에게 주어진 여건은 그다지 호락호락하지가 않았다. 결국 정규학교에 입학하지 못한 그가 선택한 길은 빈으로 가서 오페라 극장이나 연극 무대의 배경 그림 등을 그

려 주는 회사에 취직하는 것이었다. 하지만 그가 입사한 지 불과 2년도 채 안 되었을 때 회사의 작업장에서 안료 물질이 인화하면서 큰 화재가 발생했고 그로 인해 그는 직장을 잃고 길거리에 나앉게 되었다.

낙심해서 빈손으로 고향 마을로 돌아간 그의 인생이 극적으로 바뀌게 된 것은 우연히 지인을 통해 한 귀족을 소개받으면서부터이다. 비록 빈에서 크게 성공하지 못했지만, 그래도 당대 문화예술의 중심지인 빈에서의 이력은 작은 그의 고향 마을에서는 대단한 이야깃거리였다. 그가 귀향하자마자 인근 마을에는 빈 예술계에서 날리던 고향 화가가 돌아왔다는 소문이 나기 시작했다.

그 소문을 들은 고향 마을 인근 미쿨로프 지방의 쿠엔 벨라시(Khuen-Belasi) 백작이 자기 가문 소유의 흐루쇼바니 엠마호프 성을 개축하고 빈 벽을 벽화로 장식하는 일을 그에게 맡겼다. 오랜만의 일감에 신이 난 그는 혼신의 힘을 다해 그림을 그렸고, 다행히 백작은 그가 그린 작품들을 마음에 쏙 들어 했다. 특히나 몽환적이면서도 서정적인 그의 그림은 백작의 어린 시절 향수를 자극했고, 딱딱한 돌을 차갑게 쌓아올린 성에 활기를 불어넣어 주었다. 기쁜 마음에 백작은 그에게 소원을 물었고, '정식 미술학교에 입학하여 제대로 된 스승 밑에서 체계적으로 그림을 배우고 싶다'

는 그의 말에 그날로 유서 깊은 뮌헨 미술학교에 입학시켜 주고 학비 일체를 지원해 주기로 했다. 그렇게 운 좋게 잡게 된 기회를 살려 뮌헨 미술학교에서 몇 년간 안정적인 생활을 하며 자신이 좋아하는 그림 그리기에 푹 빠져서 살던 그는 더 넓은 세상을 경험해 보고 싶다는 생각에 당대 최고의 문화예술 중심지였던 프랑스 파리로 옮겨가 몇몇 미술학교에서 그림을 더 배우게 되었다.

그 무렵, 백작의 후원도 어느덧 끊기게 되었고, 생활비를 벌기 위해 그는 잡지에 들어가는 삽화나 광고 도안 등을 그리는 아르바이트를 시작했다. 물론 그만 고된 생활을 한 것은 아니었다. 파리에 몰려든 수많은 미술학교 유학생들이라면 유럽에서도 가장 높은 물가 수준을 자랑하는 파리에서 살아남기 위해 어쩔 수 없이 그와 같은 일을 해야 했다. 그렇기에 대부분의 학생들은 돈 때문에 일을 맡았지만 '나는 정통미술을 하는 사람이야', '이 일은 돈이 부족하니까 하는 거지, 오래할 일은 아니야'라는 생각으로 일했다.

하지만 그는 달랐다. 빈에서 무대미술을 그리는 회사에서 일한 경험이 도움이 되었고, 무엇보다 그는 언제 어디서 무엇을 그리던 그림 그리는 것 자체를 좋아했다. 물론 마음속 깊은 곳에는 제대로 된 작품 하나, 영원히 남을 걸작을 그리고 싶다는 생각이 가득했지만, 그 때문에 현재 맡고 있는 포스터나 잡지의 삽화 등을 무성의하게 그리는 바보가 아니었다. 최선을 다해 그린 그의 그림은 그에게 업계에서 작지만 제법 의미 있는 명성을 안겨 줬다.

그러던 어느 날 당대 파리 최고의 극장이었던 르네상스 극장의 홍보 담당자가 그를 찾아왔다. 엄청난 성공을 거둔 '햄릿' 공연의 여주인공을 맡아 '여신'이라는 칭호를 얻고 있던 공연계의 슈퍼스타 사라 베르나르

알폰소 무하를 상업미술계의 슈퍼스타로 만들어 준, 사라 베르나르가 출연한 연극의 포스터. 포스터 속 베르나르의 알 듯 모를 듯한 표정이 주변 배경의 형태와 색상과 어울려 전체적으로 몽환적인 느낌을 풍긴다.

(Sarah Bernhardt)가 출연하는 최신 공연의 포스터를 그려 달라는 것이었다. 잠시 생각에 잠겼던 그는 흔쾌히 그 일을 맡았고, 그렇게 탄생한 포스터는 공연의 성공과 함께 전 세계에서 가장 유명한 공연 포스터 중 하나가 되었다. 하지만 그 포스터는 단지 공연계의 슈퍼스타 사라 베르나르만을 위한 것이 아니었다. 공연의 성공과 함께 포스터를 그린 그 역시 상업미술계의 슈퍼스타로 등극하게 되었다.

그의 이름은 벌써부터 짐작하고 있었겠지만, '아르누보의 거장', '순수미술과 상업미술을 넘나들며 불멸의 명작을 남긴 작가', '슬라브 문화의 정수를 화폭에 그려낸 명장' 등으로 불리는 체코의 화가 알폰소 무하이다.

모든 것을 그려낸 사나이, 모든 것을 다 만드는 회사

그런 무하의 미술 작품들을 모아 놓은 무하 미술관은 체코의 수도 프라하의 중심부에 자리 잡은 바츨라프 광장에서 한 블록 너머에 있는 판스카 거리에 위치하고 있다. 찾아가는 이들은 대부분 프라하의 명소인 화약탑을 찾은 뒤 바로 그 옆에 있는 미술관을 방문한다. 일반적인 대형미술관과 달리 한 명의 작가의 작품만을 모아 놓은 대부분의 미술관이 그러하듯 무하 미술관 역시 그 규모는 유럽의 다른 유명한 미술관과는 비교할 수 없을 정도로 작고, 관람객을 위한 편의시설도 많이 부족하다. 하지만 흔하게 접할 수 있는 상업적인 목적의 화보나 소품들이 아닌, 일반적인 전시 시설에서는 쉽게 만나볼 수 없는 무하의 다양한 작품들을 여러 점 접할 수 있어 무하의 팬이라면 꼭 방문해 볼 만한 가치가 있다.

우리가 무하라는 이름을 접하게 되는 경로는 대부분, 그의 작품들을 엄청나게 사랑하는 일본인들을 통해 전해진 각종 상업적 제품(삽화, 포스터, 벽지, 카펫 등)을 통해서이다보니 조금은 그에 대해 편협한 시각을 가질 수도 있다. 그러나 이곳 무하 미술관에 와서 그의 작품들을 살펴보면 그동안 우리가 무하에 대해 얼마나 작은 부분밖에 알고 있지 못했던지를 깨닫게 된다. 애초에 그는 순수미술, 정통미술에 대한 애착이 강했던 인물이었다. 많지는 않지만, 다른 곳에서는 좀처럼 보기 힘들었던 그의 순수미술 작품들이나 미술관을 관람하는 동선의 거의 끝 부분에 설치된 파리 시절의 가재 도구와 그의 가족사진 등으로 장식된 스튜디오, 그의 생전 모습을 담은 비디오 아트 등을 보다 보면 순수미술, 시대를 아우르는 걸작을 만들어 내기 위해 고뇌했던 무하의 모습이 손으로 잡힐 듯하다.

하지만 그럼에도 불구하고 무하로서는 부인하고 싶겠지만, 그의 예술적 기량이 만개할 수 있었던 것은 다양한 회화 분야에 관한 관심과 산업과의 협업(collaboration)을 통해서였다. 극장용 포스터, 대 귀족 저택 거실의 벽면 작업, 왕실의 먼 친척뻘 되는 가문의 카펫 작업 등을 하며 상업미술, 대중미술과의 교접을 통해 무하의 그림은 다른 화가들이 쉽게 다다를 수 없었던 어떤 독특한 경지에 올라설 수 있었던 것이다. 그때 무하는 분명히 진로의 갈림길에서 고민했을 것이다. '당장 돈이 되니까 다른 분야도 한번 시도해 볼 것인가?' 아니면 '지금은 비록 어렵지만 이제까지 해오던, 그리고 원래 하고 싶었던 순수미술을 계속해서 쭉, 더 깊게 파고들 것인가?'

그런데 이런 고민들을 그 시절의 무하보다도 훨씬 더 깊고도 심각하게 하는 이들이 있다. 바로 기업을 경영하는 이들이다. 더 큰 성과를 내기 위해 '하던 사업을 계속 해 나가며 그 분야에 더 깊게 투자하여 수직계열화를 이룰 것인가?', 아니면 '사업적인 위험을 분산하고, 보유한 역량을 다양하게 활용하여 다방면에 걸친 다각화를 할 것인가?'에 대해 많은 기업과 그 기업을 경영하는 이들은 끊임없이 고민하고 있다.

무하 미술관이 위치하고 있는, 바츨라프
광장의 인근 거리. 사진 속 정면에 보이는
화약탑을 기준으로 해서 찾으면 빠르다.

　한때 그런 고민에 대한 답으로 대부분의 기업들이 '사업 다각화'를 선택
했던 때가 있었다. 하나의 시장이 흔들리거나 한 산업이 퇴화하는 등의 위
험 요인(risk)이 발생해도 다른 사업 분야에서 그를 메워 주고 채워줌으로
써 그 위험을 피할 수 있으리라는 믿음이 전반적으로 통용되었고, 한 분
야에 집중하는 것보다는 다양한 분야에 투자함으로써 사업과 조직의 범
위와 규모를 빠른 속도로 확장시켜 나갈 수 있으리라는 생각 때문이었다.

　실제로 1970~80년대 한국 '재벌 그룹'들의 폭발적인 사업 확장 및 성장
의 성공 사례들이 그를 증명했다. 심지어 한국 재벌 그룹들의 이러한 성
공 사례로 인해 해외 경영대학원 교과서에는 '다른 단어로 번역할 수 없
는 한국 고유의 사업 구조, 기업 집단을 뜻하는 단어'라는 의미로 한글 발
음을 딴 'Jaebeol'이라는 단어가 그대로 실릴 정도로 한국 재벌 그룹들은

광범위한 사업 다각화의 대표적인 성공 모델로 손꼽혔다. 하지만 1990년 대 중반까지 경영의 정답이자 사업상 문제의 해법으로 당연하게 여겨졌던 사업 다각화에 대한 굳은 믿음은 이후 점차 약해지고 있다.

몰락한 문어들 vs. 성공한 문어들

시그램(Seagram)이라는 주류 회사가 있었다. 물론 지금도 이 회사는 존재하고 있긴 하지만 현재의 시그램은 주인이 바뀌어서 경쟁사였던 세계적 식품 기업 디아지오(Diageo)사에 인수합병되어 운영되고 있으니 엄밀히 말하자면 현재의 시그램과 과거의 시그램은 조금 차이가 있다. 이 시그램이라는 회사는 1857년 조셉 시그램이라는 사람이 캐나다 온타리오에 설립한 회사로 이후 브론프만(Bronfman) 가문이 인수하여 자신들의 가업으로 키워 온 회사이다. 우리나라에서도 큰 인기를 끌고 있는 고급 위스키 '로얄 살루트'와 시대를 풍미했던 그 이름도 유명한 '시바스 리갈', 대중적인 보드카의 대표주자격인 '앱솔루트' 등이 모두 시그램에서 생산 판매된 제품들이다.

1920년대 미국에 금주령이 선포되었을 때, 위스키 관련 사업이 급속도로 팽창한 캐나다를 중심으로 성장한 시그램은 해외 진출도 활발히 전개하였다. 한때 우리나라 유흥주점을 석권했던, 우리에게 익숙한 녹색 직사각형 병의 패스포트라는 위스키는 1982년 동양 맥주(이후 OB맥주로 사명 변경)와 시그램이 합작 투자한 기업인 OB 시그램에서 시그램의 계열사 중 하나인 윌리엄 롱모어사의 원액을 가져다가 블랜딩해서 판매한 제품이다.

그런데 1987년 이 시그램의 오너이자 브론프만 가문의 2대 경영자이던 에드거 브론프만은 돌연 자신의 둘째 아들인 에드거 브론프만 주니어에게 회사의 경영권을 물려줘 버렸다. 아들의 나이가 불과 31세 때였다. 그런데 문제는 당시 에드거 주니어는 회사의 경영에는 전혀 관심이 없고 오로지 연극과 영화에 폭 빠져 있었다는 것이었다. 예술 분야에서 많은 인물을 배출한 뉴욕 컬리지에이트 스쿨을 졸업한 그는 런던과 로스앤젤레스를 오가며 연극과 영화판에서 많은 경험을 쌓았다. 하지만 비즈니스에 대해서는 경험이 전무했다. 시그램의 최고경영자가 된 에드거 주니어는 원래 회사가 강점을 보유했던 주류 사업 대신에 자신이 좋아하고 관심이 있었던 엔터테인먼트 사업에 회사 대부분의 역량과 자본을 투자하기 시작했다.

결국 주류 분야에서 사업개발을 해왔던 사람들이 음반 회사나 영화사를 사들이거나 그 분야에 투자하려다 보니 엉뚱한 의사결정을 내리기 시작했다. 사업 분야와 전혀 무관한 유니버설 스튜디오를 오로지 오너의 관심 분야라는 이유만으로 사들이고, 독창적이지만 전혀 대중적이지 못한 영화사들을 인수합병하기도 했다. 결국 몇 년 뒤에 프랑스의 거대 미디어 기업 비방디(Vivendi)와 합병하겠다고 발표했지만, 이는 시그램으로서는 전혀 소득 없는 결정이었다.

자신들의 의사결정에 의해 지불되는 한계 비용이 더 많은 한계 편익을 가져올 것인지 아닌지를 생각지 않은 채 오로지 젊은 오너의 관심사에 따라서 한계 원리에 반(反)하는 의사결정을 남발하던 그들은 결국 앞서 말한 것과 같이 경쟁자에게 흡수되어 역사 속으로 사라지는 비운을 맛보게 된 것이었다.

이러한 사례는 비단 해외 기업에서만 찾을 수 있는 것은 아니다. 1997년 문을 닫은 해태그룹은 1945년 네 명의 동업자가 순수 민간, 민족 자본만으로 설립한 해태제과 합명회사(海陀製菓 合名會社)를 그 모태로 한다. 이 회사는 1960년 사명을 해태제과공업주식회사로 바꾼 이후 몇 년간 폭발

과거 주류업계의 최강자였던 시그램의 다양한 제품들. 하지만 그들 중에는 더 이상 예전과 같은 소비자의 관심을 끌지 못하는 것도 많고 심지어 시장에서 찾아 볼 수 없는 것들도 상당수가 있다.

적으로 성장하게 된다. 하지만 '아이들 코 묻은 돈'을 버는 장사를 탈피하고 싶었던 경영자의 욕심에 따라 여러 가지 사업에 손을 대기 시작했다. 초기에는 그러한 사업 다각화로 성공을 거두었다. 그들이 이후 20여 년간 세운 회사들은 모두 그룹의 모태가 된 해태제과에서 축적한 기술력과 경험을 바탕으로 서로 시너지(Synergy) 효과를 낼 수 있는 업종들이 대부분이었기 때문이다.

1973년에 세운 해태유업과, 같은 해 해태유업으로부터 분리 독립한 해태음료 등이 대표적인 예이다. 하지만 이후 이들은 86 아시안게임과 88 서울 올림픽 무렵을 기점으로 시작된 호황기에 무분별하게 사업을 확장하기 시작했다. 중공업 분야에 진출하여 건설 산업을 하는가 싶더니 대형 슈퍼마켓 체인과 백화점의 문을 열었고 오디오, 무선전화기 등을 만드는 전자회사를 비롯하여 전자부품, 금속소재, 포장, 공조 등 거의 모든 사업 영역으로 진출했다. 문제는 그 와중에 회사의 정체성이 희석되어 사라져 버렸다는 것이다. 과거 해태제과와 해태음료는 업계 부동의 강자였다. 하지만 이들이 여기저기 여러 곳에 관심을 두느라 자신들의 주력 부문에서 그 존재감을 조금씩 잃어가는 동안, 그들의 경쟁자였던 롯데제과와 동양제과(현재 오리온)는 빠른 속도로 그들이 차지하고 있던 시장을 빼앗아 가기 시작했다.

　다른 분야에서도 마찬가지였다. '이 사업을 왜 해야 하며, 우리는 그를 위해 어떤 강점을 보유하고 있는지?'에 대한 분명한 인식이나, 구성원 간의 공감대 형성이 미흡한 채 시작한 사업이 이미 확고한 지위를 차지하고 있던 LG전자나 삼성전자, 현대건설 등과 같은 초우량 경쟁자들과 경쟁해서 성과를 거두기란 거의 불가능한 일에 가까웠다. 결국 1997년 그룹의 모회사이자 돈줄 구실을 했던 해태제과가 부도를 내자 나머지 기업들도 하나둘씩 문을 닫고 말았다.

　이처럼 다각화를 시도하다가 폐업한 기업들의 실패 원인은 냉철한 분석과 사업적 고려를 하지 않은 채 사주 개인의 욕심이나 공명심, 덩치를 키워 사업 외 다른 부분에서의 이익을 얻고자 하는 부정한 생각, 자신들의 역량에 대한 제대로 된 평가의 미흡 등이 대부분이었다.

　반면 다양한 방면의 사업 전개를 통해 자신들의 역량을 만개시키고 사업적으로도 큰 성과를 거둔 사례도 있다. 우리나라의 몇몇 우량한 재벌 기업 중에서도 그 사례를 찾아볼 수 있고, 멕시코나 인도의 몇몇 거대 통신 기업에서도 찾아볼 수 있다. 10여 년간 세계 최고 부자의 자리를 놓치지 않았던 마이크로소프트사의 창업자 빌 게이츠를 단숨에 2위로 내려앉히고 벌써 수년째 부동의 세계 최대 부호 자리를 지키고 있는 멕시코의 통신 재벌 카를로스 슬림(Carlos Slim). 그의 주력 사업은 멕시코 최대 통신 기업인 텔셀(Telcel)을 통한 이동통신 사업이지만, 이외에도 식품, 목재, 건설, 패션 등 중남미의 거의 전 산업 분야에 걸쳐 회사를 소유하고 있으며, 그의 기업들은 대부분 업계에서 최고의 수익을 내고 있다. 비슷한 기업은 바다 건너 인도에서도 찾아볼 수 있다.

　인도 최대 상업도시 뭄바이를 거점으로 하고 있는 릴라이언스

뭄바이에 지어진 릴라이언스 그룹의 큰아들 무케시 암바니의 저택 안틸라. 2009년 완공된 이 저택은 60층 높이(173m)의 건물로 공사비만 1조 1천 1백억이 들었지만, 완공 후 이 집에 살게 될 가족은 전부 5명에 불과하다. 반면 건물 내외부를 관리할 직원만 6백 명이라고 한다.

(Reliance) 그룹은 원래 예멘의 아덴에서 다국적 석유기업인 셸(Shell)이 운영하는 주유소의 주유원으로 일하던 가난한 인도 이민자 디루바이 암바니가 1958년에 단돈 5만 루피(한화로 약 150만 원)로 세운 조그마한 오퍼상 사무실을 모태로 한다. 무역업으로 시작해서 의류업으로 큰돈을 벌었지만, 진짜 그가 거부를 축적하게 된 것은 릴라이언스의 주업인 에너지 산업에 진출하면서부터였다. 정유 사업을 통해 큰돈을 벌고, 그를 기반으로 석유화학 제품 생산업과 가스업에 진출할 때까지만 하더라도 릴라이언스는 전형적인 수직계열화를 착실하게 이룬 회사였다. 하지만 창업자 디루바이가 노년에 접어들고 4남매 중 사업에 관심이 많았던 두 아들이 경영권 승계 작업에 들어가면서 릴라이언스의 본격적인 사업 다각화가 진행되었다. 패션, 통신, 금융 산업은 물론, 엔터테인먼트 사업까지 진출한 그들은 사업을 이어받은 두 아들이 경영권 다툼을 거쳐 그룹을 쪼개 가

졌음에도 불구하고 인도의 전 사업 분야에 걸쳐 사업을 영위하고 있으며, 몇몇 기업을 제외하고는 업계에서 1, 2위를 다투는 우량한 기업으로 성장하였다.

문어가 될 것인가? 외골수가 될 것인가?

다양한 분야로의 사업 영역 확대를 통한 수평적 사업다각화와 한 분야를 집중적으로 파고듦을 통한 수직계열화, 둘 중 어떤 것을 택하는 것이 올바른 선택일까?

UCLA의 앤더슨 경영대학원에서 전략을 가르치는 세계적인 석학 리처드 루멜트 교수는 1974년에 진행된 그의 연구에서 미국 기업들이 추구한 다각화 전략을 유형별로 분석했다. 그를 통해 그는 어떤 유형의 다각화가 더 높은 수익을 올리고, 더 나아가 과연 다각화를 한 기업이 한 우물만 판 기업보다 더 잘나가는지에 대해 알아보기로 했다.

그는 『포춘』이 선정한 500대 기업을 대상으로 1949년부터 5년마다 그들이 어떤 다각화 전략을 선택했는지 그 추이를 살폈다. 그 결과 조사가 시작될 무렵 전체 기업 중 가장 많은 42%의 비율을 차지하고 있던 '단일사업기업'은 25년 뒤인 1974년에는 14.4%로 3분의 1토막이 난 반면, 25.7%였던 '관련다각화기업'은 42.3%로 약 165% 신장했고, 불과 4.1%였던 '비관련다각화기업'은 무려 5배가 늘어난 20.7%를 차지하게 되었다. 단순히 이 수치만 보면, 산업이 발전하고 경제가 성장할수록 관련이건 비관련이건 '다각화'를 하는 것이 전략적으로 올바른 판단인 것처럼 보이기도 한다.

하지만 1949년에서 1974년에 이르는 기간에 주목해야 한다. 이 시기 미국 경제는 전후 복구 사업 등으로 유례없는 호황기를 누리고 있었다. 제2차

[표1] 『포춘』 선정 500대 기업의 다각화 전략 유형 분석(1940~70년대)

구분8	1949년	1954년	1959년	1964년	1969년	1974년
단일사업기업	42.0%	34.1%	22.8%	21.5%	14.8%	14.4%
수직적통합기업	12.8%	12.2%	12.5%	14.0%	12.3%	12.4%
주력사업중심기업	15.4%	17.4%	18.4%	18.4%	12.8%	10.2%
관련다각화기업	25.7%	31.6%	38.6%	37.3%	44.4%	42.3%
비관련다각화기업	4.1%	4.7%	7.3%	8.7%	18.7%	20.7%

〈출처 : Management Journal, Vol. 3, (Oct.-Dec., 1982)〉

세계대전을 통해 자본주의 진영의 독보적인 리더 국가로 부각된 이후 초
강대국으로의 성장 가도를 질주했다. 인구는 폭발적으로 늘어났으며 시
장 역시 엄청난 속도로 팽창했다. 물건을 만들어 내는 속도가 그를 소비
하는 속도를 따라가지 못해 '없어서 못 판다'는 아우성이 시장을 맴돌았
고, 여기저기서 백만장자와 억만장자가 탄생했다. 이 시기에는 수많은 기
업이 돈이 된다고 하면 순식간에 회사를 만들거나 필요한 회사를 사들였
고, 자동차 기업이 레스토랑 체인을, 건설 기업이 의류업체를 계열사로 두
는 사례가 흔하게 되었다.

하지만 70년대부터 80년대 초반까지 미국은 극심한 불황과 경제 위기
를 겪게 되었고 그 이후 이뤄진 조사에서는 이전과 전혀 다른 결과를 얻
게 되었다. 현재는 런던 경영대학원(LBS)에서 기업가 정신과 경영 전략에

---

8 단일사업기업 : 주력사업에서 매출의 95% 이상을 내는 기업.
수직적통합기업 : 계열별로 수직 통합된 사업 내에서 매출의 70% 이상을 내는 기업.
주력사업중심기업 : 주력 사업에서 매출의 70~95%를 내는 기업.
관련다각화기업 : 관련 사업에서 매출의 70% 이상을 내는 기업.
비관련다각화기업 : 관련 사업에서 매출의 70% 미만을 내는 기업.

[표2] 『포춘』 선정 500대 기업의 다각화 전략 유형 분석(1980년대)

구분	1981년	1987년
단일사업기업	23.8%	30.4%
수직적통합기업 주력사업중심기업	31.9%	28.1%
관련다각화기업	21.9%	22.4%
비관련다각화기업	22.4%	19%

〈출처 : Divesification, Refocusing and Economic Performance, MIT Press (1995)〉

대해 강의하고 있는 코스타스 마키데스 교수는 1995년에 기고한 논문에서 과거 다양한 분야로의 다각화를 통해 기업의 몸집을 불려 왔던 미국 기업들이 60년대 말에서 80년대 초까지 이어진 불황기를 겪으며 이전과는 다른 전략적 선택을 하게 되었음을 보여 줬다.

실제로 포춘 500대 기업 안에 드는 유수의 미국 기업들이 관련이건 비관련이건 다각화에 대한 관심을 접고, 자신들이 원래부터 해오던, 혹은 그와 유사한 업종의 사업에 집중하려는 경향이 뚜렷해졌다는 것이다. 1970년대 말까지 세 차례나 전 세계를 강타했던 석유파동의 후유증이 어느 정도 가시고 유류 가격이 정상화되면서 항공 여객과 선박 화물 운송량 등이 늘어났고, 1980년대 중반 이후부터 정보화 시대가 도래하면서, 세계는 점차 거대한 하나의 시장이 되었다. 그에 따라 역량을 분산해서 적당히 만든 제품이나 서비스로는 시장에 발도 못 붙이는 치열한 경쟁이 펼쳐지게 되었다. 그로 인해 특출한 핵심 기술을 보유하지 못한 채 벌린 비관련 사업들에서의 수익성이 급속히 저하되는 상황을 맞이하게 되었고, 비관련다각화를 추구한 많은 기업들은 자신의 주력 사업과 관련이 없는 사업 분야를 과감하게 매각하고 핵심 주력 사업에 역량을 집중하는 구조조정을 하게 된 것이다. 이를 두고 마키데스 교수는 '핵심 사업으로의 회귀(back to the core business)'라고 하였는데, 우리나라 같은 경우에는 1997년 IMF 사태를 겪으며 이와 같은 현상이 두드러지게 나타났다.

그런데 최근에는 '핵심역량'에 대한 정의 자체가 변화, 확장되면서 관련 다각화 기업이 늘어나고 있는 추세다. 즉 아직까지도 핵심 사업 한 가지에만 집중하는 단일사업기업이 옳은지, 수직계열화 등을 통해 핵심역량이 서로 연관된 몇 가지 사업을 함께 경영하는 주력사업기업 또는 수직적 통합기업이 옳은지, 최대한 다양한 사업을 영위하여 업계나 시장 환경의 변화 등 내외부의 위협 요소를 최대한 분산, 배제하는 관련다각화 또는 비관련다각화가 옳은지, 어느 것이 정답인지는 결정되지 않았다. 다만 어떠한 경우에라도 경영자와 기업 자체에 대해 보다 냉철하게 분석하여 그를 기초로 한 상태에서 어떤 다각화 전략을 선택할 것인지 판단해야 한다는 것 정도만 의견일치를 이룬 상태다.

아마 무하도 이를 고민했을 것이다. 일단 다양한 경험을 쌓고 생계에 대한 위협(risk)를 분산(hedge)시키며 후일을 도모할 것인지? 아니면 죽기 아니면 까무러치기로 이제까지 해온, 그리고 앞으로도 하고 싶은 순수미술로 한 우물을 팔 것인지? 물론 무하의 결론은 전자였다. 순수 미술에만 모든 것을 걸기보다는 생계를 해결할 수 있는 다양한 상업 미술에도 손을 댔고, 그러한 활동은 그의 삶에 유용한 금전적 여유를 가져다주었지만, 그가 얻은 것은 그것뿐만이 아니다. 그러한 활동을 통해 그의 작품 세계의 폭과 깊이 역시 이전보다 훨씬 더 넓고 깊어졌다. 덕분에 말년에 자신이 하고자 했던 작품 활동에 주력할 때 과거 익혔던 기교와 대상을 바라보는 관점이 큰 도움이 되었다고 한다. 하지만 무하의 삶이 반드시 정답은 아니다. 비슷한 시기에 가난과 싸우면서 오직 하고 싶은 예술 분야에 모든 것을 걸어서 후일 위대한 예술가의 반열에 올라섰던 예술가들도 많기 때문이다.

정답은 없다.

그때그때 상황에 맞춰 최선의 판단을 하기 위해 노력하는 것이 최선이다. 다만 어떠한 선택을 하던지 한 가지 잊지 말아야 하는 건 '자신이 정말로 하고 싶은 것이 무엇인지?', '자신이 정말 잘 할 수 있는 것이 무엇인지?'에 대한 고민이다. 어떤 이가 다양한 분야를 경험하기로 결정하든 한 우물을 파기로 결정하든 간에, 어떤 기업이 사업 다각화를 하기로 결정하든 수직 계열화를 하기로 결정하든 간에, 결국 성패를 가르는 건 '정말 하고 싶은 일이 무엇인지?'에 대한 분명한 생각, '정말로 잘 할 수 있는 일인지? 그렇지 않은지?'에 대한 냉철한 판단이다. 이를 전제로 한 개인과 기업은 비록 어려움을 겪더라도 결국 성공할 수 있고, 그렇지 못한 이들은 뼈아픈 실패를 맛볼 수밖에 없다.

무하 미술관(Alfons Mucha Museum)

위치 Kaunický palác, Panská 7, 11000 Prague 1
홈페이지 www.mucha.cz
관람 시간 10:00~18:00
휴무일 연중무휴(단 미술관 사정에 따라 불규칙하게 휴관하는 경우가 많으니 방문 전 확인 필수)
관람료 180코루나

Underline Note

1) 프라하 시내 중심가인 바츨라프 광장 근처에 위치하고 있음에도 불구하고 현지 인들에게 물어보면 미술관의 위치나 존재 자체를 모르는 경우가 빈번하다. 어렵지 않게 찾을 수 있지만 출발 전 꼼꼼하게 지도를 확인해야 한다.

2) 규모는 크지 않지만 컬렉션이 꽤 충실하므로 여유 있게 시간을 두고 관람하면 좋다. 특히 오늘날의 명성을 무하에게 안겨준, 사라 베르나르 주연의 연극 포스터 석판 인쇄본의 오리지널 버전이나, 만년에 그가 화가로서의 인생을 걸고 그려낸 걸작 「슬라브 처녀 연작」 등은 이곳에서만 볼 수 있으니 무슨 일이 있더라도 빼먹지 않는 게 좋다.

3) 프라하는 무하를 배출한 도시답게 시내 곳곳에서 그의 작품 혹은 그와 관련된 것들을 만나볼 수 있다. 시간이 된다면 미술관 관람을 마친 뒤 성 비투스 대성당이나 시민회관 내 시장의 집무실 내부를 장식하고 있는 무하의 스테인드글라스를 구경하거나 그의 손녀가 유대인 거리에서 운영하고 있는 '무하 아트&디자인 부티크'를 방문해 본다면 무하에 대해 더 많은 것들을 알게 될 것이다.

Lesson 10 --

조직은 죽지 않는다, 다만 사라질 뿐이다

미국 자연사 박물관에서 배우는 [기업 혁신과 성장]

살아 있는 박물관, 미국 자연사 박물관

2006년 개봉하여 전 세계적으로 5억 7천 1백만 달러라는 어마어마한 수익을 올린 흥행작이 있다. 바로 「박물관이 살아 있다」이다. 이 영화의 대단한 점은 주인공을 포함한 선한 배역이건 주인공을 괴롭히는 악한 배역이건 간에 출연한 누구도 죽거나 잔인하게 다치는 자극적인 장면이 없다는 것이다. 또한 (나름 코미디 영화 분야에서 입지를 쌓아온 주인공 벤 스틸러에게는 미안한 얘기지만) 세간의 이목을 끄는 화려한 출연진 없이 짜임새 있는 이야기와 아기자기한 화면 구성, 그리고 나름 감동적인 결말로 전 세계적으로 엄청난 관객을 끌어 모았다.

바로 그 영화 속의 배경이 된 곳이 세계 최고의 자연사 박물관 중 하나인 미국 자연사 박물관이다. 영화에서는 다양한 영화적 재미를 위해 전시물들이 옹기종기 모여 있는 다소 협소한 공간으로 묘사되었지만, 실제 뉴욕 맨해튼 섬 센트럴 파크의 서쪽에 위치한 박물관은 4개의 거대한 전면부 기둥이 세워져 있는 외관부터 그리스의 신전과 같은 위압감을 주지만

영화 「박물관이 살아 있다」 포스터.

묵직한 현관문을 열고 들어서면 하늘이 뻥 뚫린 듯 갑자기 확 트이는 광활한 내부 공간과 그곳에 도열하여 관람객들을 맞이하는 수많은 거대한 공룡들을 마주하게 되어 그 규모에 압도된다.

총 전시 면적은 9만 제곱미터가 조금 넘고, 소장품은 1천 6백만 점, 관련 서적도 40만 권이 넘는 엄청난 규모이다. 한때 중국 청나라의 궁궐이었던 자금성의 규모를 홍보하는 자료에서 성 내에서 왕자가 태어나 방 하나에 하룻밤씩만 자도 27년이 걸려야 겨우 성 안의 모든 방에서 자본 셈이 된다는 이야기를 읽었는데, 이곳 미국 자연사 박물관 역시 규모의 거대함 면에서는 그에 뒤지지 않아, 전시물 하나당 1분씩만 구경한다고 해도 30년이 훌쩍 넘게 걸려야 박물관 전체 소장품을 다 관람할 수 있다고 한다. 하지만 그렇게 30년에 걸쳐 관람을 마친 순간 아마도 뿌듯함보다는 좌절감에 휩싸이게 될 것이 분명하다. 왜냐하면 1년에도 수천 건 이상의 유물들, 전시품들이 몰려드는 이 박물관의 특성상, 30년 동안 소장품의 규모 또한 엄청나게 늘어나 있을 테니 말이다. 어쩌면 이 박물관이 현재와 같은 모습과 시스템으로 운영되는 한 소장품을 모두 본다는 것은 영원히 이룰 수 없는 시도일지도 모른다. 하지만 이 정도로 거대한 규모의 박물관도 처음

보는 이의 시선을 압도하는 엄청난 위용을 자랑하는 미국 자연사 박물관의 메인 출입구.

시작은 무척이나 작고 보잘것없었다.

시작은 미약하였으나, 끝없이 성장하리라

1869년 한때 하버드대학교에서 위대한 동물학자 루이 아가시(Louis Agassiz) 박사를 모시고 공부했던 앨버트 빅모어(Albert S. Bickmore)는 미국에도 유럽처럼 제대로 된 자연사 박물관이 필요하다는 주장을 펼쳤다. 처음에는 '말도 안 되는 소리'라며 무시당하던 그의 얘기가 점차 반향을 얻게 된 것은, 어린 시절 유럽 여행을 다녀왔거나 외교관으로 유럽에 근무하면서 유수의 자연사 박물관들을 경험했던 유력 가문의 저명한 인사들이 그의 주장에 관심을 보이면서부터였다.

YMCA를 설립한 윌리엄 닷지의 후손으로 뉴욕을 중심으로 한 동부 지역에서 유수한 기업들을 경영하던 윌리엄 닷지(William Earl Dodge, Jr.),

뉴욕 경찰국장 출신으로 후에 미국 제26대 대통령의 자리에 오르게 되는 시어도어 루스벨트, 저명한 법률가이자 외교관이었던 조지프 초트(Joseph H. Choate) 그리고 역대 미국 최대 부자 중 한 명이었으며 자신의 이름을 딴 세

1922년 무렵의 미국 자연사 박물관.

계적인 투자 은행 '제이피 모건(J. P. Morgan)'의 창립자였던 존 P. 모건 등이 바로 그들이었다.

당시 뉴욕은 물론 전 미국의 정·관·재계를 좌지우지하는 거물들의 지원에 힘입어 '미국에도 제대로 된 자연사 박물관을 설립하자'는 빅모어의 주장은 날이 갈수록 힘을 얻었다. 덕분에 그가 이야기를 꺼낸 지 불과 2년 만에 센트럴 파크의 동편 아스널 건물에서 미국의 자연사와 관련된 전시회가 열렸고, 로버트 스튜어트가 초대 관장을 맡은 뒤 박물관 건립 준비는 더욱더 속도가 붙어 마침내, 1877년에 당시 미국 대통령이었던 헤이스까지 참석한 성대한 개관식을 개최할 수 있었다.

그런데 미국 자연사 박물관의 대단한 점은 개관할 당시의 모습이나 엄청난 규모로 성장한 지금의 모습에 있는 것이 아니라, 개관 이후 박물관의 확대, 성장을 위해 활동해 온 모습에 있다. 초기에 유럽의 유명 자연사 박물관에 비해 다소 부족한 규모와 부실한 전시품으로 시작한 미국 자연사 박물관은 미국 정부가 남북전쟁의 상처에서 벗어나 강력한 통치권을 확립하기 시작하면서 하루가 다르게 발전해 나갔다. 막대한 부를 쌓은 자산가들이 유럽 명문 귀족 가문을 흉내 내서 예술품이나 진귀한 물품들을 사모으는 유행이 널리 퍼지기 시작하면서 그와 더불어 수집한 물

미국 자연사 박물관은 다양한 프로그램과 다채로운 이벤트 등을 통해 관람객은 물론 정부, 지역, 학교 기관, 문화계 등 수많은 외부와 연계된 활동을 활발하게 시도하는 것으로 유명하다. 사진은 2013년 박물관 내부 홀에서 개최된 기금 모금 갈라 파티(gala party)의 한 장면.

품을 사회를 위해 기증하는 분위기까지 유행했다. 이 뿐만 아니라 사업을 통해 벌어들인 현금을 기부하는 사람도 늘어갔다. 안정적으로 조성된 막대한 재원을 바탕으로 미국 자연사 박물관은 시설 규모면이나 전시품의 양적, 질적 수준으로나 엄청난 성장을 이루어서 미국은 물론 전 세계에서도 유례를 찾아볼 수 없는 대단한 수준의 박물관으로 거듭났다.

하지만 정말로 그들의 위대한 점은 이러한 '과거형'의 결과가 아니다. 이미 세계 어느 박물관과 비교해도 전혀 손색이 없는 최상, 최대 규모의 자연사 박물관으로 성장했음에도 불구하고 끊임없이 자신을 되돌아보고 좀 더 나은 박물관으로 발전하기 위해 계속 노력하고 있다는 것이 뛰어난 점이다. 전시품은 절대로 손대서는 안 되며, 파손의 우려가 있으므로 특히 어린 관람객들이 전시품에 가까이 가는 것은 절대로 막아야 한다는 고정관념을 탈피하여 어린이들이 직접 고고학자나 탐험대원이 되어 공룡의 알을 채집하는 과정을 경험하게 한다던가, 3D 입체 화면을 활용해서 실제로 밀림 속에 들어가 고대 유물을 발굴하는 듯한 경험을 선사하는 등의 프로그램을 가장 먼저 도입한 곳도 미국 자연사 박물관이다.

자료 역시 마찬가지이다. 이미 엄청난 양의 자료들을 소장하고 있음에도 미국 자연사 박물관은 새로운 분야, 새로운 학문에 대한 자료가 발견되었다는 소식이 전해지면 가장 먼저 관심을 보이는 곳으로도 유명하다. (실제로 이 책에 관한 프로젝트를 진행하며 협조를 구했을 때, 가장 먼저 답을 주고 관련된 지원을 아끼지 않았던 곳도 바로 미국 자연사 박물관이었다) 그러한 노력으로 미국 자연사 박물관은 개관 150여 년을 맞이하는 지금도 가장 역동적으로 발전하고, 시대에 맞춰 적극적으로 변화하는 젊은 전시 시설로 그 이름을 떨치고 있다.

사라진 기업들

그런데 많은 기업의 경우 미국 자연사 박물관이 보여 준 이와 같은 교훈을 알고 있음에도 불구하고 제대로 실천하지 못해서 낭패를 보는 경우가 적지 않다. 미국 스탠포드 경영전문대학원의 연구원을 거쳐 HP와 맥킨지에서 컨설턴트로 근무한 경력이 있는 짐 콜린스는 자신의 연구팀을 이끌고 5년이 넘는 긴 시간에 걸쳐 방대한 자료 분석과 수많은 인터뷰 등을 수행한 뒤 한 권의 책을 출간하였다. 『좋은 기업을 넘어 위대한 기업으로』라는 이 책은 1,435개의 기업 중 두드러진 도약을 한 뒤 15년에 걸쳐 통상적인 주식시장의 평균 수익을 세 배 이상 넘어서는 누적 주식 배당을 만들어 낸 회사의 성공 이유에 대해 분석한 책이다. 이 책은 우리나라는 물론이거니와 미국을 포함한 전 세계 출판계에서 선풍적인 인기를 끌었고, 덕분에 짐 콜린스는 세계에서 가장 유명한 경영서 저자 및 강연가 중 한 명으로 그 명성을 드높일 수 있었다.

전 세계적으로 펼쳐진 전쟁터와도 같은 치열한 기업 활동의 현장에서 '좋은 기업(Good company)' 정도로만 언급되어도 가문의 영광일 텐데, '위대한 기업(Great company)'으로 거론된 기업들의 면면을 보면 그 성과와 업적이 화려하다 못해 눈부실 지경이었다. 1,435개 기업 중에서 단 11개만 선정된 위대한 기업의 주식은 같은 기간 미국 주식시장에 상장된 기업들의 평균보다 6.9배가 넘는 배당금을 주주들에게 지급했고 같은 업종의 경쟁 기업에 비해 압도적으로 높은 성장률을 보였다.

책이 출간된 후 10여 년이 지난 현재, 11개의 위대한 기업들은 어떻게 되었을까? 결론부터 말하자면, 여전히 '위대한 기업'으로 남아 있는 것은 제약 기업인 애벗(Abbot Laboratories)이 유일하다. 11개 중 한때 미국과 캐나다에 1천 4백 개가 넘는 매장을 운영하던 미국 2위의 가전제품 유통 업체였던 서킷시티(Circuit City)는 책에서 위대한 기업으로 언급된 지 불과 7년도 채 안 된 2008년 11월에 버지니아 주 리치몬드의 파산 법원에 '챕터 11[9]'을 내야 했다. 역시 11개의 위대한 기업 중 하나였던 부동산 담보대출 업체인 패니메이(Fannie Mae)의 최후는 훨씬 더 비극적이었다. 1938년 미국 정부 산하 공기업으로 출범한 패니메이는 1968년도에 민간 기업으로 전환한 뒤, 부동산 경기의 호황과 정부의 적극적인 지원 등에 힘입어 승승장구했다. 하지만 2007년 터진 서브프라임 모기지(Subprime Mortgage) 사태의 여파로 휘청거리기 시작하더니 2008년도에는 정부의 구제금융으로 겨우 목숨을 부지했으나 2010년도에 결국 상장 폐지되고

---

9 Chapter 11. 우리나라의 '기업 회생 절차'와 유사한 미국 연방 파산법에 따른 '파산과 사업 구조 조정에 관한 법률'.

말았다.

이외에도 질레트(Gillette)는 자신이 보유한 제품과 브랜드 중, 역사가 가장 오래되었으며 전체 매출의 30%가량을 차지하는 핵심 브랜드인 '질레트 면도기'를 2005년 경쟁 기업인 피앤지(P&G)사에 팔아야 했고, 세계적인 담배 제조 회사인 필립 모리스는 '위대한 기업'이라는 명성에 걸맞지 않게 폐암에 걸린 흡연자들이나 그 가족들로부터 지속적인 소송을 당하고 있다. 만일 이들 소송에서 법원이 필립 모리스의 전적인 책임을 인정함과 동시에 흡연자들에 대한 배상 판결을 내릴 경우 그 금액은 천문학적인 수준이 될 전망이다. 이 때문에 2, 3년에 한 번씩 필립 모리스가 미국 법원에 파산 신청을 검토 중이라는 뉴스가 심심치 않게 들려오는 것이다. 여기에 언급하지 않았지만 나머지 기업들도 마찬가지이다. 위대한 기업으로 극찬을 받았던 수많은 기업들이 불과 10년도 되기 전에 그 명성이 크게 퇴색되고 만 것이다. 그렇다면 이런 사례가 비단 책 속만의 이야기일까?

혁신의 아이콘에서 몰락의 상징으로

2000년대 중반 휴대용 게임기인 '디에스(DS)'를 출시하고 다시 그로부터 3년여가 지나 직접 몸으로 게임을 조종하는 획기적인 방식의 게임기 '위(Wii)'를 출시하며 게임기 시장을 거의 석권하다시피 한 기업이 있었다. 익히 알다시피 일본의 게임기 생산 회사인 닌텐도의 이야기이다.

닌텐도는 '任天堂(임천당)'이라는 한자 이름의 일본어 발음을 알파벳으로 표기한 것이다. 이름에서도 느껴지듯 원래는 1889년에 창업하여 일본식 화투 '하나후다(花札)'를 만들던 기업이었다. 그랬던 것이 3대 사장이던 야마우치 히로시(山內溥)가 사업 모델 전환을 선언하면서 지금과 같은 비디오 게임기 전문회사로 탈바꿈하였다.

2000년대 중반, 전 세계에 '닌텐도 열풍'을 불러일으켰던 공전의 히트상품인 '닌텐도DS'. 어린이들 사이에서는 이 제품이 없으면 '왕따' 취급을 당하기도 했고, 지나치게 이 게임기에 빠져서 가족과의 식사, 학교 수업 등에 등한시한 어린 학생들이 사회 문제가 되기도 했다.

2000년대 중반 닌텐도의 기세는 무서웠다. '대(大)마이크로소프트조차 고전을 면치 못하고 있던 게임기 시장에서 닌텐도는 플레이스테이션(Play Station)이라는 제품으로 시장을 선도하던 소니(Sony)와 맞붙어서 한판 멋진 승부를 겨룬 뒤 개인용 게임기 분야에서는 경쟁자가 없는 압도적인 승자로 군림했다. 당시 초·중학교 학생들 사이에서는 '닌텐도 DS 없으면 왕따'라는 이야기까지 들릴 정도였다. 그로부터 3년 뒤, 이제까지 손으로만 조작하던 게임 방식을 탈피하여 화면 앞에서 직접 전신을 움직여서 게임을 하는 방식인 '위(Wii)'의 등장은 사회적인 이슈로까지 다뤄질 정도로 큰 화제를 일으켰다. 방송에서는 앞다투어 관련 뉴스를 보도했고, 몇몇 국가에서는 남들보다 조금이라도 먼저 게임기를 손에 넣기 위해 매장 앞에서 밤을 새며 줄을 서는 해프닝이 일어나기도 했다. 말 그대로 2000년대 중·후반은 '닌텐도 천하'였다.

수많은 학자들과 경영 컨설턴트들은 앞다투어 '닌텐도 성공의 비밀'을 나름대로 분석하고 체계화하여 논문이나 발표 자료 또는 기업 대상 교육 프로그램으로 만들었다. 창의적 혁신 기업인 닌텐도의 방식을 배워야 하며, 그렇지 않으면 우리나라의 게임 산업과 소프트웨어 산업, 더 나아가 IT 산업 전체가 몰락할 거라는 무시무시한 경고까지 하면서 말이다. 여기에 대통령까지 나서서 '우리나라에는 왜 닌텐도 같은 게임기가 없는가?'라며 관련 부서를 질책했다는 이야기가 언론을 통해 보도가 되었고, 관료, 정치권까지 나서서 '한국형 게임기를 정부와 민간 기업이 공동으로 개발한다'는 등의 계획을 쏟아내서 닌텐도 열풍에 기름을 부었다.

얼마 안 있어 이번에는 서점가에 '닌텐도의 열풍'이 불었다. 이 무렵 출간된 닌텐도의 성공 비결, 닌텐도의 강점, 닌텐도 경영전략의 우수성 등에 대한 책만 해도 연간 20여 종 이상이 되었다. 이미 소니의 위상이 한풀 꺾인 상태에서 닌텐도는 혁신적인 기업의 대명사격인 '애플(Apple)'사와 비교할 수 있는 유일한 아시아 기업으로 인정받았다.

그랬던 닌텐도의 오늘은 어떠한가?

닌텐도를 칭송하고 그들의 경영 방법을 배워야 한다고 목소리를 높이던 책들의 잉크가 채 마르지도 않았는데, 이제는 누구도 닌텐도의 성공과 우수성을 이야기하지 않는다. 아니 오히려 '닌텐도의 위기', '닌텐도의 어려움' 등에 대해 이야기 하는 목소리가 더 크게 들려오고 있다. 실제로 2008년에 5,553억 엔(한화 약 7조 8천억 원)이라는 어마어마한 영업이익을 내며 앞서와 같은 '닌텐도 배우기' 열풍을 만들어 냈던 그들은 불과 3년이 지난 2011년에는 450억 엔(한화 약 6천 3백억 원)의 적자를 내고 말았다. 이는 1981년 닌텐도가 주식시장에 자신들의 실적을 공개하기 시작한 이후 기록한 첫 번째 적자였다.

『좋은 기업을 넘어 위대한 기업으로』가 10년 뒤에 벌어진 기업의 운명과 관련 산업의 변화를 예측하지 못했다고 하면, 닌텐도를 칭송하던 학자, 컨설턴트들과 관련된 책을 집필했던 저자들은 불과 3년 뒤 닌텐도의 모습조차 제대로 예측하지 못한 것이다. 이 뿐만이 아니다. 더 극적인 사례도 있다.

2005년도에 골드만 삭스 출신의 론 벨러를 위시한 탁월한 몇몇 투자 은행가들이 영국 런던에 헤지펀드를 판매하는 사무실을 열었다. 회사의 이름은 '펠로톤 파트너(Peloton Partners LLP)'였다. 장거리 사이클 경기에서 승부와 크게 상관이 없는 평지 직선 주로에서 쓸데없는 경쟁으로 에너지를 낭비하지 않기 위해 소속팀에 상관없이 큰 덩어리의 집단을 형성한 채 일정한 속도에 맞춰 달리는 것을 의미하는 프랑스어 펠로통(Peloton)에서 이름을 딴 이들은 이름처럼 탁월한 팀워크를 발휘해서 몇몇 투자 상품에 승부수를 던졌다.

　그런 그들의 승부수는 정확하게 맞아 떨어졌다. 고위험 상품 중 하나인 주택담보대출 유동화채권(MBS, Mortgage-Based-Security)을 위주로 몇몇 상품의 비중을 극도로 높여서 투자한 그들의 펀드 운영 방식은 큰 성과를 거두었고 펀드를 운영한 지 불과 2년이 지나기도 전에 그들은 업계에서 가장 주목하는 헤지펀드 중 하나가 되었다. 2007년 한 해에 거둔 투자 수익률은 무려 87%에 달했고, 자산 규모는 1백억 달러를 넘어섰으며 그해 유로 헤지 매거진(Euro Hedge Magazine) 주최로 열린 최고의 금융상품, 투자사 등을 뽑는 시상식에서 두 개 부문을 석권하는 기염을 토했다. 말 그대로 2007년은 그들의 해였다. 펀드의 운영자인 론 벨러에게는 전 세계의 유명 경영대학원에서 특강 요청이 쇄도했고, 주요 신문들의 인터뷰 요청으로 정상적인 업무가 힘들 정도였다. 출판사로부터는 그들의 성공 비결에 대한 책을 쓰자는 요청이 몰려들었고, 많은 관련 학자들과 컨설턴트들이 그들의 성공 비결을 정리하여 발표하고 강의에 활용하기도 했다. 하지만 그런 최고의 해를 보낸 지 정확히 석 달이 지난 어느 날, 그들 펀드가 보유한 유동성이 고갈되더니 같은 해 3월 5일 결국 그들은 파산 및 펀드 청산 발표를 할 수밖에 없었다.

'레드퀸 이펙트'와 '경쟁력의 함정'을 탈피하라

왜 이런 일들이 벌어졌을까?

다름 아닌 레드퀸 이펙트(Red Queen Effect) 때문에 그렇다. 여기서 '레드퀸'은 영국의 대문호 루이스 캐럴[10]이 쓴 『이상한 나라의 앨리스』의 속편 격인 『거울 나라의 앨리스』에 나오는 캐릭터의 이름이다. 작중에서 레드퀸은 늘 어떤 방향으로 달리고 있었다. 앨리스가 그 이유를 묻자 "세상이 나보다 더 빨리 달리고 있기에, 같은 속도로 달려봐야 제자리지. 멈춰서면 저 먼 세상 어디론가 뒤처져 버릴 수밖에 없어"라고 대답했다.

그로부터 따온 단어가 바로 '레드퀸 이펙트'이다. 공진화(共進化, coevolution)라고도 번역되는 이 단어는 생물학에서도 자주 쓰이는데, 한 생물 개체 혹은 집단이 진화하면 그와 연계된 다른 집단도 진화하는 현상을 가리킨다. 예를 들어 아프리카 영양이 체구가 커지고 다리가 길어져서 점점 더 빨리 달리게 되자 그를 포식하는 치타 역시 더 빨리 달리게 된 것이 '레드퀸 이펙트' 또는 '공진화'의 가장 대표적인 예이다. 애초에 '레드퀸 이펙트'와 '공진화'는 별개의 단어처럼 사용되다가 미국의 유명한 진화생물학자 리 밴 베일런(Leigh Van Valen) 시카고대학 교수가 1973년 자신의 논문에서 공진화 모델을 설명하며 '붉은 여왕 효과'라는 문구를 사용하면서 같은 의미로 쓰이게 되었다. 하지만 그 후 이 단어는 생물학에서보다 정치학이나 경영학에서 더 많이 쓰이게 되었다.

기업 경영에서의 레드퀸 이펙트는 기업이나 시장의 진화 과정에서 약자(패배자)들은 새로운 대비책을 마련하고, 강자(승자)들은 더욱 더 강력한 무기로 시장을 지배하려 들기 때문에 영원한 승자도 영원한 패자도 없어

---

10 Lewis Carroll. 영국의 작가, 사진작가, 수학자로 본명은 찰스 럿위지 도지슨(Charles Lutwidge Dodgson)이고 루이스 캐럴은 필명이다.

루이스 캐럴의 소설 『거울 나라의 앨리스』에 삽입된 레드퀸에 관한 삽화.

져서 현재 그대로의 모습으로 멈춰 있다가는 약자는 물론이고 강자도 잠시나마 그 (강하거나 승리한) 상태를 유지할 수 있을지는 모르지만, 조만간 도태되어 버리고 마는 현상을 말하고 있다.

이를 일컬어 '경쟁력의 함정(competency trap)'으로 설명하는 학자들도 있다. '경쟁력의 함정'이란 거시조직이론 분야의 세계적인 석학인 제임스 마치(James G. March) 스탠퍼드 경영대학원 교수가 제시한 개념으로, 어떠한 경쟁에서 한 번 이긴 기업이 기존에 승리한 방법에 집착해서 그를 지나치게 맹신하다 보니 새로이 변한 시장 환경에 발 빠르게 대처하지 못하고 과거 자신들이 우월했던 경쟁력, 전략 등을 그대로 적용하다가 결국 도태되어 버린다는 이야기이다.

실제로 앞서 예로 들었던 위대한(Great) 11개의 기업이나, 혁신적인 초우량 기업의 대표주자 격이었던 닌텐도, 펀드업계의 '무서운 아이들'이었던 펠로톤 모두 한때 자신들이 성공할 수 있었던 전략과 기술, 방법을 자신들의 핵심역량으로 규정하고 모든 분야에 걸쳐 그를 강조하기만 했을 뿐 외부 환경의 변화에 맞춰 자신들이 변해야 할 부분은 무엇인지에 대한 고민은 다른 경쟁자에 비해 약했다. 그러다 보니 경쟁에서 이기기 위해 자신들의 약점을 찾아 그를 과감하게 제거하고, 필요하다면 경쟁자의 장점을 흡수하는 것조차 거리낌이 없었던 2, 3등에 비해 그들은 제자리걸음만을 계속했고, 어느덧 1위의 자리를 내주게 되었다는 것이다.

박물관이 '진짜' 살아 있다

다행히 미국 자연사 박물관은 '레드퀸 이펙트'에 휘말리지도, '경쟁력의 함정'에 빠져들지도 않았다. (박물관을 만들고 운영해 온) 그들은 자신들이 얼마나, 어떻게 변해야 하는지를 명확하게 알고 있었다. 또, 반드시 그래야 할 만큼 세상이 엄청난 속도로 빠르게 변하고 있다는 것 역시 분명하게 알고 있었다.

박물관을 찾는 사람들의 관람 모습이 '시각적' 관람에서 '촉각적'인 관람으로, '감탄'하는 대신 '공감'하는 관람으로 변하고 있다는 것을 정확하게 간파하고 그를 충족시키기 위한 다양한 프로그램들을 도입했다. 대부분의 박물관들이 '최대 규모', '최다 소장' 등 소장품의 양적 측면에 집중하거나, '가장 비싼', '전 세계에 하나 밖에 없는' 등의 희귀성 등에 집중할 때 미국 자연사 박물관은 '가장 가까이에서 볼 수 있는', '직접 경험해 볼 수 있는' 전시품들로 전시관을 채워 나갔다. 소장품이나 박물관의 이미지 훼손 우려에도 불구하고 다른 박물관과 달리 이들은 과감하게 할리우드 영화의 촬영 장소로 자신들 박물관을 제공했고, 앞서 말했듯이 그 영화는 1, 2편 모두 대단한 흥행몰이를 하며 박물관의 이름을 바다 건너 아시아, 아프리카까지 알려지게 했다. 그 때문에 한때 박물관이 아니라 아이들의 놀이터 같다는 비아냥을 듣기도 했지만, 그 어린아이들이 학생이 되어 과제물을 해결하기 위해 다시 박물관을 찾았고, 어른이 되어서는 자신의 자녀들과 함께 놀기 위해 이 박물관을 찾고 있으며, 그들의 관심과 기부 덕분에 박물관은 더더욱 다양한 프로그램을 운영하면서 더 진귀한 소장품들을 수집할 수 있었고, 나날이 성장할 수 있었다. 영화의 제목 그대로 '(미국 자연사) 박물관이 살아 있다'.

미국 자연사 박물관(American Museum of Natural History)

위치 Central Park West at 79th Street, New York
홈페이지 www.amnh.org
관람 시간 10:00~17:45
휴무일 추수감사절, 성탄절
관람료 22달러 / 단 특별 전시는 별도 요금(입장권과 특별 전시를 묶어 다양한 할인 티켓을 판매하므로 반드시 사전 확인이 필요하다)

Underline Note

1) 뉴욕의 다른 미술관이나 유명 관광지들을 전체 혹은 일부 선택해서 이용할 수 있는 다양한 패스(New York City Pass, The New York Pass, Explorer Pass 등)가 있다. 이 표는 물가가 엄청나게 높은 뉴욕에서 비용을 아낄 수 있다는 장점도 있지만, 줄을 서지 않고 편하게 관람할 수 있다는 장점도 있으므로 적극적으로 활용하면 좋다.
2) 쌍방향 경험(Interactive Experiences)을 표방하는 박물관답게 관람객의 연령대나 학력 수준별로 이용할 수 있는 방법이 굉장히 다양하다. 홈페이지에서 시기별로 이용할 수 있는 프로그램이나 이벤트가 끊임없이 업데이트되고 있으므로, 사전에 반드시 홈페이지를 확인하고 방문하는 것이 좋다.
3) 다른 유명 미술관, 박물관과 마찬가지로 박물관 내외는 늘 혼잡하다. 특히 소매치기가 많은 것으로도 유명하니 소지품은 최대한 줄이고 주위를 잘 살피도록 한다.

session 3

최고의 경영,
사람이 문제이고
사람이 답이다

Lesson 11 --

최고의 고객은 직원이다

루브르 박물관에서 배우는 [인적자원 관리]

모나리자 파업

2007년 무렵 파리를 방문했을 때의 일이다. 볼일을 마친 뒤 파리 시청사 인근으로 향했는데, 근처에 거의 다다라서 차가 꽉 막혀서 꼼짝도 안 하는 것이었다. 교차로에서 뭔가 문제가 생긴 것 같고 목적지가 가까우니 내려서 걸어가는 것이 낫겠다는 택시 기사의 말에 따라 그곳에서 내려서 걸어가기로 했다. 얼마를 걸어가자 기사의 말처럼 파리 시청사 앞 광장 부근이 수많은 인파와 경찰들로 인해 꽉 막혀 있는 것이 보였다. 게다가 그 인파들은 아주 일사불란하지는 않았지만 나름 체계를 갖추고 무언가를 외치며 어디론가 이동 중이었다. 영락없는 시위대의 모습이었다.

서구의 시위 문화를 직접 경험해 본 적이 없었던지라 호기심을 갖고 시위대로부터 몇 미터 정도 거리를 둔 채 그들의 뒤를 따라갔다. 다행히 시위대는 간간히 구호만을 외칠 뿐 우리가 흔히 보는 공권력과 무력충돌을 일으키는 행동은 하지 않았다. 한참 그들을 따라 길을 걸었지만, 기대했던 극적인 장면은 나오지 않았다. 시위 현장에서 익숙하게 봐왔던 극단적인 충돌이 벌어지지도 않았지만, 그렇다고 뭔가 대단한 서구 선진국의 시위 문화 역시 보이지 않았다. 그저 어디론가 하염없이 걸으며 구호를 외치고 박수를 치는 것이 전부였다. 잠시의 동행 후 그들은 그들의 행선지로, 나는 내 갈 길로 향했다. 그런데 놀랍게도 그 시위대를 그날 오후 루브르 박물관에서 다시 만날 수 있었다. 그들의 정체는 바로 루브르 박물관의 직원들이었다.

루브르 박물관에는 시기에 따라 다르지만 약 1천 8백 명 정도의 정직원이 근무하고 있다고 한다. 그중에 1천 1백여 명가량은 정부의 각 부처에서 파견된 공무원이고, 나머지 7백여 명 정도가 일반적인 채용 절차를 통해 고용된 사람들인데, 바로 그 7백여 명의 일반직 직원들이 파업을 겸한 시위를 펼친 것이었다. 문득 그들이 왜 시위를 벌이고 있는지가 궁금해졌다.

처음 보는 외국인의 질문에도 잘 대답해 줄 것 같은 여성 시위 참가자에게 조심스럽게 '시위' 이유에 대해 물었다.

"이게 다 모나리자 때문이에요!"

그녀는 조금도 머뭇거리지 않고 단호하게 말했다. 실제로 이날 그들이 시위를 벌인 이유가 모나리자 때문만은 아니었다. 하지만 이후 모든 언론 매체에서 이날의 시위를 다룰 때 뽑아 쓴 타이틀은 '모나리자 스트레스 파업'이었고, 시위대 역시 자신들의 주장을 가장 효과적으로 대중에게 호소하기 위해 파업의 모든 이유를 모나리자로부터 찾고 있었다.

왜 이들은 모나리자 때문에 파업을 하게 되었을까? 그들에 따르면 하루 약 6만 명 이상이 모나리자를 보기 위해 전 세계에서 찾아오는데, 말도 통하지 않는 수많은 외국인들이 카메라를 들이밀며 밀어 닥치는 모습은 두려운 것을 넘어서서 공포스럽기까지 하다고 한다. 이런 상황을 아무런 보호 장비도 없이, 관광객들을 강제할 법적·물리적 제제 수단도 갖추

세 번의 방문 끝에 겨우 얻은 모나리자 사진. 이날 역시 수많은 인파들에 떠밀려 모나리자를 제대로 감상하는 건 언감생심 꿈도 꿀 수 없었다. 정면에서 보지도 못하고 그나마 측면에서 겨우 사진 한 장을 찍을 수 있었다.

지 않은 채 통제하기란 거의 불가능에 가깝다는 것이었다. 특히, 당시에는 전 세계적으로 인기를 끌었던 댄 브라운의 동명 베스트셀러 소설을 영화화한 「다빈치 코드」가 개봉한 직후여서 영화의 첫 시작점이자 주요한 모티브 중 하나인 루브르 박물관과 레오나르도 다빈치의 대표작 중에서도 대표작인 「모나리자」에 대한 인기는 말 그대로 폭발적이었다. 그러므로 이들의 고충이 단순히 엄살이 아니리란 건 쉽게 짐작할 수 있었다.

인류 문화의 백과사전을 지키는 사람들

그런데 문제는 루브르 박물관에서 그들이 지켜야 하는 인류의 귀한 문화유산이 비단 「모나리자」만은 아니라는 데에 있다. 루브르는 단순히 박물관 건물의 넓이로 보나 소장품의 숫자로 보나, 소장품들의 학문적·문화적 가치로 보나 세계 최대, 최고 미술관을 꼽는 세 손가락의 밖으로 벗어난 적이 단 한 번도 없다.

파리 중심부 리볼리 가에 위치하고 있는 박물관 건물은 60만 6백 제곱미터의 넓이에 지하 2층, 지상 3층의 'ㅂ'자형 건물로 총 8개의 전시 분

자크 루이 다비드, 「나폴레옹의 대관식」, 1804년.

야에 걸쳐 38만 점 이상의 소장품을 보유하고 있다. 그중 전시되는 것은 10분의 1 정도밖에 되지 않음에도 불구하고 제대로 관람을 하려면 하루로는 어림도 없다. 게다가 지중해 연안의 고대 문명 유물들부터 19세기 초반의 회화 작품까지 광대한 시기를 대상으로 하는 전시 품목들은 어느 것 하나 인류의 귀한 보물이 아닌 것들이 없다.

대충 생각나는 것들만 떠올려 봐도 앞서 얘기한 「모나리자」를 비롯해서 「밀로의 비너스」, 들라크루아의 「민중을 이끄는 자유의 여신」, 자크 루이 다비드의 대작인 「나폴레옹의 대관식」, 「사모트라케의 니케」 등이 있다. 이외에도 다른 미술관이나 박물관이었으면 당당히 그곳을 대표하는 걸작으로 귀한 대접을 받고도 남았을 수많은 회화 작품이나 조각들이 이곳 루브르에서는 방 안에 바글바글 몰려서 '방치되듯' 전시되고 있다.

그러다 보니 이곳을 지키고, 그 작품들을 보존해야 하는 직원들의 스트

루브르 박물관의 중앙 복도 좌우로도 어마어마한 숫자의 귀한 작품들이 촘촘하게 도열하고 있고, 지하로
이어진 로비 역시 수많은 역사적인 유물, 거장들의 작품들로 그 넓은 공간이 좁게 느껴질 정도이다.

레스 역시 이만저만이 아니었다. 그러한 스트레스와 불만들이 「모나리자」
라는 한 촉매로 응집되어 분출된 것이 2007년의 시위였던 것이다. 물론 박
물관을 관리하는 고위층 인사나 프랑스 문화재 관리 부서의 고위 공직자
들도 사전에 그들의 불만을 알고 있었다고 한다. 하지만 그런 이야기가 들
릴 때마다, 혹은 언론에 그와 관련된 보도가 나올 때마다 '노동계의 충동
질에 놀아나는 몇몇 불순한 직원들의 책동'이라고 비난하거나 '루브르에
근무한다는 것만으로도 다른 사람보다 많은 혜택을 받았다는 사실에 늘
감사해야 한다'고 말하며 그런 의견들을 애써 무시하고 외면했다고 한다.

오래된 숙제, '사람을 어떻게 볼 것인가?'
  그런데 이처럼 '조직의 대의'를 앞세우기만 할 뿐 그를 위해 '일하는 사
람들'에게 소홀히 하는 현상은 우리의 일상생활 곳곳에서도 볼 수 있다.

과거 오랜 기간 동안 우리는 토지, 노동, 자본을 생산의 3요소라 하여 경제, 경영 활동의 기본으로 생각했다. 시대가 바뀜에 따라 거기에 '기술'이 추가되어 생산의 4요소가 되기도 했지만, '기술'이라는 것이 어차피 사람에 의해서 만들어지기도 하고 없어지기도 하고 전수되거나 끊기는 것이기에 '노동'이라는 요소에 포함시키기도 한다. 어찌됐든 이 3가지 요소 혹은 4가지 요소를 생산 활동의 가장 중요한 핵심으로 보는 견해는 변함이 없다. 그러나 그들 요소 간의 관계에 대한 시각이 조금씩 바뀌고 있다.

과거의 등식은 다음과 같았다.

$$생산 = 토지 + 자본 + 노동$$

그러나 최근에 바뀐 견해로는 아래와 같은 등식이 성립된다.

$$생산 = (토지 + 자본) \times 노동$$

즉 아무리 토지와 자본이 풍부해도 보유한 인적 자원이 앞서의 자원을 활용할 만한 능력이 못 된다면 모두 소용이 없다는 것이다. 실제로 그런 사례들을 우리 주변에서 흔하게 볼 수 있다.

1990년대 초중반 전라남도 함평군은 지역 특산을 외부에 알리고 관광객을 유치하여 열악한 지역 경제를 활성화시키고, 지역민들에게 유익한 문화적 경험을 선사하고자 지역 축제를 개최하기로 결정했다. 기획하면서 어떤 것을 축제를 대표하는 산물로 제시할까 갑론을박이 치열했지만, 함평 지역의 맑고 깨끗한 천혜의 자연환경, 향후 타 산업과의 연계성, 대외 이미지 등을 고려하여 '나비'를 축제의 주제로 삼기로 했다. 이후 함평 군수를 포함한 함평군 공무원들과 축제를 염원하는 지역민들의 대활약이 시작되었다.

가 본 사람은 알겠지만, 함평은 전라남도에서도 외진 시골에 속하는 지역이다. 서울 등의 수도권이나 부산, 대구를 축으로 하는 영남권 인구 밀집 지역에 거주하는 사람들이 방문하기에는 교통편이 꽤 불편한 곳이었다. 또한 인근 광주, 목포, 여수 등에 비해 산업이 발달하지 못해서 관광객을 유치하기 위해 필요한 각종 인프라가 무척이나 빈약했다.

사람들이 기꺼이 수고로움을 무릅쓰고 축제를 찾아오려면 마음을 확 잡아끄는 무언가가 필요했다. 그를 위해, 축제를 준비하는 공무원들은 다른 지역에서는 접하기 힘든 다양한 콘텐츠들로 축제의 내용을 채워 나갔다. 식당을 하는 지역 주민들 역시 그들대로 축제를 열기로 한 5월에 함평에서 맛볼 수 있는 식재료들을 활용한 다양한 별미들을 개발했고, 숙박 업소는 부족하나마 청결한 숙소 상태를 위한 개선 작업을 했고, 하드웨어적인 부족함을 상쇄하기 위해 소프트웨어적인 부분에 대해 많은 신경을 썼다. 많은 군민들이 자원봉사자로 신청해서 타지에서 온 관람객들에게 축제를 안내하고 나비에 대해 설명해 주기 위해 노랑나비, 부전나비, 산굴뚝나비 등 생소하기만한 이름들을 외우고 또 외웠다.

그런 헌신적인 준비를 마치고 1999년 5월 제1회 축제를 시작한 '함평 나비 축제'는 첫해부터 큰 성공을 거둔 이래, 매년 발전을 거듭해서 이제는 한 해에 수십 만 명이 방문하는, 대한민국은 물론 아시아를 대표하는 친환경 지역 축제의 대명사가 되었다. 그렇게 될 수 있었던 중심에는 앞서 이야기 한 것처럼 함평 '사람'들이 있었다.

반면 비슷한 시기 모 지역 역시 지역 축제를 기획하고 있었다. 이 지역은 광역시 중에서도 재정 자립도나 사회적 기반 시설 등이 잘되어 있는

국내는 물론 아시아권에서도 성공한 지방 축제의 하나로 인정받는 함평 나비 축제를 알리는 포스터.

편인 구(區)였는데, 재선을 노리는 구청장의 지시로 지역민들에게 치적으로 내세우기 딱 좋은 대규모 행사인 지역 축제 개최 준비에 착수하게 되었다. 전라남도에서도 외지인 함평에 비하자면 이 지역은 축제하기에는 거의 완벽한 장소였다. 거주 인구 자체가 많았고, 중부고속도로가 구를 꿰뚫고 지나가며 톨게이트 역시 이 구의 내부에 있었다. 한마디로 자체 관람객 자원도 풍부하고, 외부에서 관람객을 유치하기에도 적합한 지역(토지)이었다. 돈(자본)도 풍부했다. 재선을 바라보는 구청장은 이 행사를 자신의 선거 전초전으로 여겨 예산을 풍부하게 배정했고, 자신의 인맥을 활용해서 지역 대기업으로부터의 금전적인 지원과 물품 협찬까지 받았다. 하지만 문제는 역시 사람들이었다. 구청장과 그 측근의 몇몇 간부급 공무원들을 제외하고는 대부분의 사람들이 축제의 필요성에 대해 이해하지 못했다. 공무원들이야 조직에 몸담고 있으니 시키는 대로 움직였지만, 지역민들의 냉담한 반응은 도저히 손댈 수가 없을 정도였다. 결국 이 축제는 제1회 대회를 성대하게 치른 뒤 이듬해에는 대폭 축소되더니, 구청장이 재선에 실패한 뒤에는 아예 폐지되어 버리고 말았다.

이 두 지역의 사례만 보더라도 토지, 자본이 생산에서 필요한 요소이기는 하지만 경영의 성패를 좌우하는 요소로 보기는 다소 힘들다. 더군다나 현재와 같이 인터넷을 기반으로 한, 손에 잡히지도 눈에 보이지도 않는 영역에서 사업이 이뤄지는 시대에는 더더욱 토지에 대한 의존도가 떨어질 수밖에 없다. 또한 매력적인 아이디어만 있다면 전 세계 어디서든 투자자들이 몰려드는 현대 금융시장에서는 자본이라는 요소에 대한 의존도 역시 떨어질 수밖에 없다. 반면 노동(사람)은 그렇지 않다. 지금도 그 중요성은 점점 더 높아지고 있지만, 앞으로는 더 빠른 속도로 그 중요성이 더해질 것이다.

뉴욕대학교 경제학과 교수이자 신(新)성장론자들 중 선두주자이며, TED를 통해 세계적인 강연가로 이름을 날리고 있는 폴 로머(Paul Romer) 박사는 생산의 3요소가 과거와 같은 토지, 노동, 자본이 아니라 원자재, 사람, 아이디어가 될 것이라고 예언했다. 즉 식당을 예로 들면 과거 어떤 사람이 식당을 개업하려면 점포(토지), 요리사(노동), 개업 비용(자본)이 필수적인 요소였다고 한다면 현대에 와서는 좋은 재료(원자재), 요리사, 요리 비법(레시피)만 있다면 점포나 개업 비용은 어디서든 충분히 조달할 수 있게 되었다는 것이다. 실제로 실리콘밸리의 수많은 기업들 중 제대로 된 토지 위에 연구소와 생산 시설을 세우고 막대한 초기 비용을 확보한 상태에서 사업을 시작한 기업은 거의 없다. 탁월한 두뇌와 열정을 가진 소수의 사람이 주머니돈을 털어 창고에서 사업을 시작하면 이후 토지와 자본이 그들에게 몰려들어 기업의 모양을 갖추게 된 경우가 대부분이다. 그렇기에 사업을 하려면 다른 어느 요소보다도 더 우위에 두어야 하고, 그를 확보하기 위해서 기업의 사활을 걸어야 하는 것이 바로 '적합한 사람(right people)'이라는 주장이 주목을 받고 있다. 그래서일까? 근래에 각 기업에서는 '우량 고객'보다도 더 극진하게 '우수 직원'을 모시려는 노력들이 시도되고 있다. 과거에 지배적이었던 '손님이 왕이다'라는 인식에서 벗어나 요즘에는 '손님은 왕이다. 하지만 직원은 신이다'라는 우스갯소리가 호응을 얻을 정도로 인적 자원의 중요성이 대두되고 있다.

내 사람에 대한 바뀐 견해

2013년도 초반, 청담동에 있는 한 레스토랑에서 고성과 폭언이 오고 갔다. 이 레스토랑은 현대카드사에서 운영하는 곳이었는데 일반인들에게 개방하는 곳이 아니라 자사에서 출시한 VIP 대상의 '퍼플(The purple)'이라는 신용카드를 소지한 고객들만을 대상으로 한 일종의 멤버십 레스토랑이었다. 일반적으로 연회비가 없거나 많아 봐야 2~3만 원선인 일반 신용카드에 비해, 퍼플 카드는 연회비만 60만 원에 달하는 프리미엄급 신용카드였다. 당연히 카드 소지 고객 중 상당수가 사회적 저명 인사나 부유층들이었다. 그런 고객들을 대상으로 한 레스토랑이니만큼 음식의 질이나 응대하는 직원의 서비스 수준은 나무랄 데가 없었다. 이날 소란의 발단은 레스토랑이나 직원의 문제가 아닌 손님의 문제였다. 한 카드 소지 고객이 동반 1인을 포함한 단 2명의 인원으로 10명 가까운 사람이 들어갈 수 있는 방을 요청한 것이었다. 내부 규정상 그런 자리 배정은 힘들다고 고지하는 직원에게 고객이 다짜고짜 폭언을 퍼붓더니, 감정이 격해져서 거친 행동까지 저질렀다.

일반적으로 이런 상황이 발생하면, 직원을 관리하는 높은 직급의 매니저가 나와서 사과하고 손님의 요구를 들어주거나 정 들어주기 힘든 요구일 경우 가격을 할인해 주거나 서비스 메뉴를 제공하는 식으로 적절히 타협하는 선에서 마무리 짓는 것이 보통이다. 이날 소동을 피운 고객도 그렇게 생각했을지도 모른다. 하지만 현대카드와 소속 레스토랑의 반응은 예상과 달리 강경했다. 곧바로 경찰에 신고했고, 해당 고객은 입건 조치되어 사법 처리를 받게 되었다. 한발 더 나아가 현대카드의 대표이사인 정태영 사장은 자신의 SNS를 통해 '손님이라고 친절하게 대하니 착각을 심하게 한다. 얼마 전 현대카드 시설에서도 비슷한 일이 있어 문 닫아도 좋으니 단호하게 대하라고 했다'는 글을 올리기까지 했다. 더 나아가 이 회사는 실제로 2013년 2월부터 자사의 전화상담원에게 성희롱이나 폭언을 하는 고객이 있으면 2회 경고 후, 그렇게 했음에도 불구하고 멈추지 않을 경우 먼저 전화를 끊어버리라는 업무 지침을 내렸다. 그 덕분일까, 하늘 높은 줄 모르고 치솟았던 이 회사의 대 고객 상담부서 직원들의 이직률은 업계 최저 수준으로 떨어졌다.

그런데 신기한 것은 카드사의 고객 서비스에 대한 소비자 만족도 또한 이전과 변함이 없거나 오히려 상승된 것이다. 회사가 '우리 회사는 직원들을 보호하기 위해 최선을 다하고 있다'라는 분명한 신호를 주자 직원들의 대 고객 서비스 질이 훨씬 더 좋아진 것이다.

이처럼 내부 구성원에 대한 관심, 임직원에 대한 존중을 통해 세계적인 기업을 만들어 낸 사례는 흔하게 찾아볼 수 있다. 세계 유수의 가전기업 중 하나인 파나소닉(Panasonic)의 전신인 마쓰시타 전기는 1940년대 이전까지는 세계는 물론 일본에서도 크게 두각을 드러내지 못했던 중견 기업이었다. 그랬던 것이 1940년대 중반 이후 그간 기술개발에 투자한 결과물들이 속속 신제품으로 출시되고, 1949년 무렵 수년 간 공을 들였던 전국 단위 판매망이 완벽하게 확충되면서 말 그대로 기호지세(騎虎之勢)로 성장하기 시작했다. 그 결과 1955년 창업주 마쓰시타 고노스케 회장은 일본 최고 부자의 반열에 올라서게 되었다. 하지만 이후 이 회사가 일본은 물론이거니와 세계 최고 수준의 전기전자 회사로 성장하고, 회사의 창업주이자 최고경영자였던 마쓰시타 회장이 일본인들 사이에서 훌륭한 경영자를

일본에서 '경영의 신'으로 불리며
추앙받고 있는 파나소닉 창업자
마쓰시타 고노스케 회장.

넘어서서 '경영의 신(神)'이라고까지 불리게 된 것은, 1950년대 중반 이후부터 1970년대 말까지 일본 전체가 최고의 성장과 호황을 구가했던 고도 성장기에 마쓰시타 고노스케 회장이 보여 준 모습 때문이었다.

'당신 회사는 무엇을 만드는 회사입니까?'라는 질문을 했을 때 일반적으로 사람들은 가전제품이나 유제품, 용역 서비스 등의 대답을 하기 마련이다. 하지만 마쓰시타 회장은 직원들에게 명확하게 이야기했다. "마쓰시타 전기는 사람을 만드는(육성하는) 기업입니다." 즉 제대로 된 물건, 제대로 된 서비스를 제공할 수 있는 인재를 만들어 내는 것이 회사의 본질이자 사업의 목표임을 명확하게 한 것이다. 단순히 말로만 그친 것이 아니라, 실제 경영 활동에서도 마쓰시타는 제대로 된 인재의 육성에 회사의 모든 역량을 집중시켰다. 덕분에 2000년대 초반 이후 LG, 삼성 등 한국 기업들의 약진이 있기 전까지 마쓰시타 전기는 가전 분야에서 최고 기업의 반열에 오래도록 머무를 수 있었다.

루브르 역시 사람이 만들다
다시 루브르 박물관으로 돌아와서 「모나리자」는 그 명성만큼이나 그동안 숱한 시련들을 겪어 왔다. 작품을 훼손하거나 작품이 전시된 공간에 대한 테러를 저지르겠다는 협박이 여러 차례 있었으며, 실제 도난을 당하기까지 했다. 다른 미술품 역시 마찬가지였다. 루브르의 유명한 작품들은 거의 모두 다 한두 차례씩 도난이나 훼손의 위기를 겪은 적이 있다. 그런데 그런 수난의 역사를 살펴보면 그런 모의의 중심에는 늘 한두 명의 루브르 직원들이 끼어 있었다. 루브르 박물관 자체나 프랑스 정부에 불만을 가진, 혹은 단순히 금전적인 이득을 노린 루브르의 재직자가 전시 공간의 보안에 대한 각종 정보를 제공하거나 도주로를 안내하거나 심지어 직접 본인이 전시품을 훔치기까지 한 것이었다.

반면 루브르 박물관이 그토록 넓은 공간에 엄청나게 많은 소장품을 보유한 채 다양한 전시 프로그램을 성공적으로 운영하는 것 역시 직원들의 헌신적인 노력이 없었다면 불가능했을 것이다. 실제로 때때로 파업을 할지라도 평상시에는 자신들이 하는 일에 대해 엄청난 애정을 갖고 있으며, 최선을 다해 지키고 가꿔 나가고 있다.

루브르 박물관 내부에는 일반인들의 출입이 엄격하게 통제된 지역이 있다. 이곳은 사전에 허가 받은 인원이나 내부에서 근무하는 사람이 아니면 절대로 드나들 수 없는, 루브르 박물관에서 가장 은밀하고 비밀스러운 공간이다. 프랑스 복원 및 보존 연구소(C2RMF)라고 불리는 이곳은 루브르 박물관의 소장품을 복원하는 작업이 이뤄지는 곳인데 전체 5층으로 이뤄진 이곳에 가면 분야별로 복원 작업에 매달려 있는 직원들의 모습을 만나볼 수 있다.

그런데 미술품 복원이라는 작업을 쾌적한 공간에서 멋진 작품들을 직접 눈앞에 두고 화가처럼 그림에 덧칠하는 일로 상상한 사람이라면 이곳에 들어선 순간 상상과 전혀 다른 모습에 놀랄 것이다. 엄청난 규모의 특

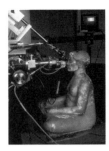

최첨단 기기들을 동원하여 엄청나게 오랜 시간에 걸쳐 진행하는 복원 작업(좌). 그러한 과정을 통해 말끔한 모습으로 관람객들을 맞고 있는 「서기 좌상」(우)은 이집트관은 물론, 루브르 박물관 전체적으로도 가장 유명한 전시물 중 하나이다.

수한 기계 장비가 굉음을 내며 작동하는 모습은 흡사 기계 설비를 생산하는 공장과 비슷하고, 방사능 주의 표시가 붙은 엑스레이나 비파괴 분석기 등이 설치되어 있는 모습은 마치 종합병원 같기도 하다. 또 고가구나 그림을 둘러싸고 있는 나무 액자틀 등을 복원하는 곳은 톱밥과 연장소리로 가득해서 시골의 목공소 같은 느낌이 들기도 한다.

하지만 그곳에서 일하는 사람들은 그런 환경에는 개의치 않고 오로지 자신에게 주어진 미술품들을 최대한 원래 만들어졌던 때의 모습 그대로, 그때 그것을 만들었던 옛 거장들의 그 감성, 그 손길이 그대로 살아 있도록 복원하는 데에만 온 신경을 다 쏟고 있다.

그러한 공간에서 때로는 하루 종일 먼지를 뒤집어 쓰고, 또 때로는 붓질 하나를 하기 위해 몇 날 며칠을 고심하고, 옛 문서를 뒤지고, 다른 복원 직원들과 열띤 토론을 하고 있는 모습을 보고 있자면 왜 루브르가 세계 최고의 미술관이 될 수 있었는지 자연스럽게 이해할 수 있다. 이쯤 되면 어느 가수가 불렀던 노래 가사처럼 사람이 꽃보다 아름답게 느껴지기도 하지만 현대 기업 경영 활동의 현장에서는 그 가사마저 달리 불러야 할 것이다. '사람이 땅, 돈보다 더 귀해'라고.

루브르 박물관(Musee de Louvre)

위치   Musée du Louvre, 75058 Paris Cedex 01
홈페이지   www.louvre.fr
관람 시간   09:00~18:00(월, 목, 토, 일) / 09:00~21:45(수, 금)
휴무일   매주 화요일, 1월 1일, 5월 1일, 성탄절
관람료   16유로(상설 전시만 관람할 경우 12유로)

Underline Note

1) 루브르 박물관은 스쳐가듯 관람해도 하루 안에 다 둘러보지 못할 정도로 내부 면적도 넓고 소장품의 숫자도 어마어마하다. 또 자칫 성수기나 주말에 방문하기라도 하면 표를 구매하기 위해 줄을 선 사람들의 숫자에 입장하기도 전에 질려 버릴지도 모른다. 욕심을 버리고 구체적인 관람 목적과 '이것만은 꼭 보고 가겠다'는 관람 타깃을 선정해서 그를 위주로 한 동선을 짜서 방문하는 것이 좋다.

2) 루브르 박물관에도 국내 모 항공사의 후원으로 한국어 오디오 가이드 서비스 제공되고 있다. 여권을 맡기고 6유로만 내면 기기 대여가 가능하다.

3) 루브르 박물관은 시설 자체와 그 주변이 모두 천혜의 관광지이다. 박물관 관람을 마친 뒤 바로 앞으로 펼쳐진 공원에서 잠시 망중한을 즐겨도 좋고, 곧바로 직진해 샹젤리제 거리 등에서 쇼핑을 즐겨도 좋다. 아니면 박물관과 인접한 거리에 위치한 카페에서 달콤한 케이크와 차 한 잔을 들며 걸작들이 준 감동을 곱씹어 보는 것도 좋을 듯하다. 추천할 만한 카페는 디저트와 간단한 식사를 파는 카페 앙젤리나(Angelina)로, 1903년에 오픈한 앙젤리나의 주요 단골 명단에는 프루스트와 코코 샤넬 등이 올라가 있다.

Lesson 12

가장 먼저 관심을 가져야 할 것은
경쟁자가 아니라 동료이다

피나코텍 3형제에서 배우는 [파트너십과 팀워크]

독일 예술의 보고(寶庫), 피나코텍 3형제

지인이 들려 준 이야기다. 1990년대 초반, 독일의 최고 명문 대학 중 하나인 뮌헨공대에서 유학 생활을 시작하게 된 지인이 한인회에서 열어 준 환영회에서 얼굴을 알게 된 다른 '새내기' 한국인 유학생과 다가오는 주말에 뮌헨의 유명한 미술관, 피나코텍에 가기로 했단다. 그런데 정작 당일 약속한 시간에 도착해서 보니, 아무리 기다려도 만나기로 약속한 유학생의 모습이 보이지 않았다고 한다. 휴대폰이 있을 때도 아니어서 연락할 방법도 없고, 근 30여 분을 그 자리에서 기다리던 두 사람은 서로 '자신의' 피나코텍을 혼자서 구경한 뒤 집으로 되돌아 와야 했다.

다음날 학교에서 만난 두 사람은 서로 왜 약속을 안 지켰냐며 따지고 묻다가 얼굴을 붉힌 채 헤어지고 말았다. 며칠 뒤, 각각의 학생들로부터 이야기를 전해들은 유학생 선배는 혹시나 해서 두 사람에게 구체적으로 어디에서 상대방을 기다렸는지를 물어본 뒤 그러면 그렇지 하는 표정으로 크게 웃을 수밖에 없었단다. 두 사람은 모두 약속을 지켰고, 같은 시

피나코텍 3형제의 맏형 격인 '오래된 미술관' 알테 피나코텍. 하지만 내부로 들어가 보면, 미술관의 관리 상태는 '오래된'이라는 수식어가 전혀 어울리지 않을 정도로 최신식이다.

간대에 피나코텍에 있었기 때문이다. 다만 한 명은 알테 피나코텍(Alte Pinakothek)에서, 다른 한 명은 노이에 피나코텍(Neue Pinakothek)에서 상대방을 기다렸던 것이다. 서로 맞은편에 서서 '왜 안 오지?'라고만 생각할 뿐 자신이 서로 다른 이름의 세 군데 피나코텍 중 한 곳 앞에서 기다리고 있다는 생각은 꿈에도 하지 못했던 것이다. 그런데 실제로 가서 보면, 이들이 헷갈린 것이 당연할 정도로 두 피나코텍은 가까운 거리에 위치하고 있다. 나 또한 처음 갔을 때는 헷갈려서 조금 헤맸던 기억이 있다.

알테 피나코텍은 '오래된(Alte) 미술관(Pinakothek)'이라는 이름에 걸맞게 14세기부터 18세기 중엽까지의 유럽 미술과 15세기 이후의 독일 미술품들을 전시하고 있는 미술관이고, 노이에 피나코텍은 '새로운(Neue) 미술관(Pinakothek)'이라는 이름에 걸맞게 18세기 중엽 이후 근현대 미술

과거 유로화로 화폐가 통일되기 전 독일에서 사용되었던 5, 20마르크 지폐. 지폐 속 그림이 바로 르네상스 미술가 알브레히트 뒤러의 작품이다.

작품, 특히 19세기 인상주의 대표작들을 전시하고 있는 미술관이다. 여기에 모던 피나코텍(Pinakothek der Moderne)은 이름 그대로 독일의 대표적인 현대미술 작품을 위주로 전시하고 있는 공간으로 이들 세 미술관을 순서대로 찾아가면 14세기 이후 독일은 물론, 유럽 전체 회화의 흐름을 한눈에 볼 수가 있다.

이들 세 미술관은 어느 곳이 가장 인기가 있다거나, 어떤 곳이 메인이라고 말 할 수 없을 정도로 세 곳 모두 뮌헨 시민은 물론 전 세계에서 몰려든 관광객들의 사랑을 받고 있고, 세 미술관 모두 미술사적으로 커다란 영향력을 제공하고 있지만, 아무래도 가장 많은 사람들의 관심을 받는 곳은 알테 피나코텍이다. 가장 맏형 격인 데다가 비교적 이름이 널리 알려진 거장들의 작품을 많이 보유하고 있기 때문이다. 그중에서도 특히 독일의 미술관답게 '북유럽 르네상스 회화의 완성자'라는 칭호가 붙은, 전 세계 미술계에 지대한 영향을 끼친 위대한 독일 화가 알브레히트 뒤러의 그림을 다수 보유하고 있는 것으로도 유명하다. 미술에 별 관심이 없는 이들은 뒤러를 모를 수도 있는데, 유로화가 출범하기 전에 독일에서 사용되던 화폐 5마르크와 20마르크에 그려져 있던 그림들이 바로 그의 작품들이다.

위대한 예술가를 만든 손

뉘른베르크에서 금 세공일을 하던 헝가리 출신의 가난한 기술자 집안에서 태어난 뒤러는 어린 시절에는 아버지의 강권으로 금은 세공 기술을 배웠지만 이내 정통 회화 작업에 빠져들게 되었다(이때 익힌 세밀한 금속 세공 기술 덕분에 전 유럽에 뒤러의 명성을 알린 탁월한 판화작품들이 탄생할 수 있었다는 견해도 있다).

그러던 어느 날 뒤러는 함께 공부하던 한스라는 친구와 이런저런 이야기를 나누게 되었다. 한스 역시 뒤러처럼 어려운 집안 형편 탓에 힘겹게 미술 공부를 계속해 오고 있는 친구였다. 대화 도중 한스가 갑자기 한 가지를 제안했다.

"이봐, 뒤러. 우리 형편에 앞으로 얼마나 더 이 공부를 계속할 수 있을까? 차라리 이렇게 하는 건 어때? 일단 지금은 내가 식당에 취직해서 돈을 벌어서 그 돈으로 네 학비와 그림 재료를 댈게. 지금처럼 학비 걱정, 생활비 걱정하느라 정신 팔린 상태가 아니라면 틀림없이 넌 성공할 테니, 그때는 네가 그림을 그려서 내 미술 학교 뒷바라지를 하면 되지 않을까?"

그 뒤 한스는 그림 공부를 그만두고 대도시의 식당에 취직했다. 그런 그의 도움 덕분에 몇 년 동안 뒤러는 큰 걱정 없이 그림 공부를 할 수 있었고, 타고난 재능 덕분에 실력 역시 일취월장하였다. 그의 그림(특히 판화)은 부유한 귀족들 사이에서 비싼 값에 팔리기 시작했고, 명성을 얻게 된 그는 뉘른베르크의 세도가 집안인 프라이(Frey) 가문의 딸과 결혼을 하게 되었다. 여유가 생긴 그는 약속한 대로 이번에는 친구 한스에게 도움을 주려고 그가 일하고 있다던 식당으로 찾아갔다. 하지만 영업을 마치고 실내에 불이 모두 꺼진 식당 어느 곳에서고 한스의 모습은 보이지 않았다. 더듬더듬 어두운 식당 안을 뒤지며 한스를 찾았지만 그는 어디에도

'한 거장과 헌신적인 그의 친구 사이의 우정'이라는 사연이 담겨 있는 뒤러의 대표작 「기도하는 손」, 1508년
(좌). 이 그림은 안타깝게도 알테 피나코텍에서는 볼 수 없다. 현재 오스트리아 빈에 있는 알베르티나
(Albertina) 미술관에 소장되어 있다. 대신 알테 피나코텍에서는 그런 '우정의 손'이 만들어 낸 독일 르네상
스 회화의 거장 뒤러의 모습을 담은 「모피코트를 입은 자화상」, 1500년(우)을 만나볼 수 있다.

없었다. 순간, 식당 가장 안쪽의 주방 문틈으로 희미한 불빛이 새어 나오는 것이 뒤러의 눈에 띄었다. 다가가서 살며시 문을 열어 보니 친구 한스가 자그마한 촛불 하나를 켜 놓고 무릎을 꿇은 채 기도하고 있었다.

"주여, 제 손은 고된 식당일로 곱고 망가져서 뒤러가 저를 찾아와 학비를 대준다 해도 더 이상 붓을 잡고 그림을 그릴 수가 없습니다. 화가로서 제가 해야 할 몫의 일이 있고, 신께서 저에게 주신 화가로서의 능력이 있다면 그것을 제 친구 뒤러에게 주시고, 그가 주를 위해 진실된 그림을 그릴 수 있도록 도와 주소서!"

뒤러는 한스의 기도를 듣고 그 자리에서 주저앉아 고마움과 미안함의 눈물을 줄줄 흘렸다. 눈물을 흘리는 것 외에는 아무런 일도 할 수 없었던 그는 잠시 후 마음을 추스리고 작업실로 돌아와 미친듯이 그림을 그리기 시작했다. 그렇게 탄생한 것이 뒤러의 대표작이자 미술 평론가들 사이에서 '가장 추하면서도 성스러운 손을 그린 그림'이라는 평가를 받는 걸작 「기도하는 손」이다.

사업의 성패는 무엇이 좌우하는가?

이처럼 비단 화가뿐만이 아니라 역사상 큰 성공을 거둔 이들에게는 바로 그의 곁에서, 혹은 함께 일하며 헌신적인 지원을 아끼지 않았던 동료들이 있었다. 기업도 마찬가지이다. 물론 탁월한 한두 명의 천재, 천부적인 사업가들이 조직의 명운을 뒤바꾼 일들도 많지만, 실제로 대부분의 성공 스토리들은 우수한 인재와 그의 부족한 부분을 채워 주고 보완해 주며 함께 일하면서 눈부신 성과를 냈던 파트너, 팀원들이 거의 같은 비중으로 등장하고 있다. 그럼에도 불구하고 과거 기업들의 관심은 주로 '고객'과 그를 두고 경쟁하는 '경쟁자'에 대해서만 쏠려 있었다. 그래서 기업들이 전략을 수립하는 데 있어서 산업을 분석하는 기본적인 방법 자체도 그러한 관심을 반영하는 것들이 대부분이었다.

그랬던 시각이 획기적으로 넓어지게 된 계기는 1979년 『하버드 비즈니스 리뷰(*Harvard Business Review*)』에 이후 30년이 넘는 기간 동안 기업 경영과 시장 환경 분석에서 바이블(Bible)로 통할 정도로 자주 등장하게 되는 한 교수의 논문이 실리면서부터였다. '어떻게 경쟁 요소들이 전략을 형성하는가(How Competitive Forces Shape Strategy)'는 단 9페이지에 불과한 짧은 기고문이었다. 잡지에 그 글이 게재되고, 이듬해 그 내용을 보완한 저서가 연이어 출판되자마자 1970년대 초반 하버드 경영대학원 교수였던 케네스 앤드류스(Kenneth R. Andrews)가 주창하여 널리 전파된 산업 분석 모델인 SWOT 분석을 대체 혹은 보완할 만한 뛰어난 분석 모델로 엄청나게 각광을 받았다.

이 이론을 간단히 설명하자면, '산업의 수익 잠재력에 영향을 주는 주요한 세력(요인)을 분석한 것'이었다. 이 이론의 발표로 40여 년 가까운 기간 동안 피터 드러커와 더불어 '세계 경영학계 최고의 구루'라는 영광스러운 지위를 누리게 되는 마이클 포터(Michael Porter)의 설명에 따르면, 회사의 경영 전략을 결정하기 위해서는 5가지 경쟁 요인들(5 forces)에 대한 면밀한 검토가 필요한데 왜냐하면 이들 5가지 요인들이 바로 그 산업 전체의 장기적인 수익 구조를 결정짓기 때문이라는 것이다. 실제로 산업 전체의 장기적인 수익 구조가 낮다면 경쟁 기업에 비해 우위를 차지한다 하더라도 그다지 큰 수익을 얻을 수 없을 것이기에 완전히 새로운 전략이 필요해진다. 그렇기 때문에 기업이 전략을 수립하기 위해서는 5가지 경쟁 요인에 대한 분석이 반드시 필요하다는 것이 포터 교수의 주장이었다. 기고문과 책에서 그가 언급한 5가지 경쟁 요인은 기존 경쟁 기업, 신규 진입업자,

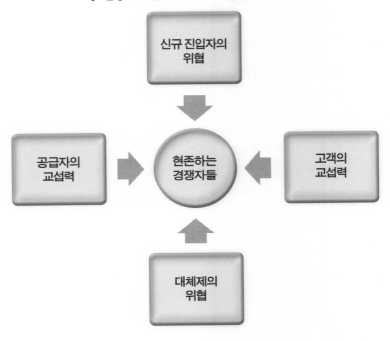

[그림1] 마이클 포터의 5가지 경쟁 요인 분석

신규 진입자의
위협

공급자의
교섭력

현존하는
경쟁자들

고객의
교섭력

대체제의
위협

〈출처 : Harvard Business Review 부분 발췌〉

대체품, 구매자, 판매자로 이루어져 있다.

첫 번째 '기존 경쟁 기업'의 경우, 경쟁 기업과의 적대 관계가 얼마나 심한지에 따라 산업의 수익성이 좌우된다고 한다. 경쟁이 심해질수록 경쟁 기업은 자신들에게 유리한 분위기로 시장을 끌고 가기 위해 가격을 낮춘다거나 신제품 개발을 서두른다거나 대대적인 광고비를 투입하게 되는데, 그런 경쟁이 격렬할수록 다른 곳에 투입할 자원이 경쟁자와의 다툼에 소모되어 전체적으로 성과를 내기가 점점 힘들어진다는 것이다. 물론 경쟁자와의 건전한 경쟁을 통해 새로운 기술이 개발되고 보다 효율적인 경영 활동이 이루진다는 바람직한 면도 없지 않지만, 어찌되었든 기업에게 강한 경쟁자, 과도한 경쟁 구도가 확실하게 부담스러운 것이 사실이다.

두 번째 '신규 진입 기업'은 현재는 해당 산업에 뛰어들지 않았지만, 현재 진행형으로 진입하고 있거나 미래에 진입을 준비하는 기업들이 얼마나 되는지를 말한다. 이를 다른 표현으로 '진입 장벽이 높은가, 낮은가?'로 물어볼 수 있는데, 초기 자본이 많이 필요하지 않고, 기술개발과 혁신이 빠른 속도로 이뤄지는 산업에서 주로 이 '신규 진입 기업'이 산업의 매력도를 좌우하는 주요 요인이 되고는 한다. 새롭게 진입하는 기업은 기존에 자리를 잡고 있던 기업들의 틈바구니를 비집고 들어가기 위해 다양한 기술적, 가격적, 서비스적 차별화를 시도하는 경우가 많다. 이 때문에 기존의 경쟁자들보다 이러한 신흥 경쟁자들이 기업으로서는 훨씬 더 상대하기가 어렵다.

세 번째 '대체품'은 기존의 상품을 대체하는 매력적인 제품이나 서비스를 말한다. 한 기업이 생산하는 제품이나 서비스에 대한 대체품이 구매자들에게 매력적일수록 그 산업에서 수익을 내기란 더 어려워진다. 심지어 아예 그 산업 자체를 없애버릴 수도 있다. 예를 들어 우리에게는 '삐삐'라는 이름이 더 친숙했던 페이저(pager)와 그 대체품인 휴대전화와의 관계, 한때 휴대용 음악 플레이어의 대부분을 차지했던 '워크맨' 등의 미니 테이프 플레이어와 MP3 플레이어 등의 관계가 '대체품'의 대표적인 예이다.

네 번째는 '구매자(의 교섭력)'이다. 일반적으로 구매자라고 하면 시장에서 물건이나 서비스를 구입하는 개인만을 생각하는 경우가 많은데 여기서는 개인과 기업을 포함한 개념이다. 예를 들어 휴대전화 산업과 같은 경우, 전화기를 만드는 기업에게는 전화를 사용하는 일반 소비자가 구매자이지만 한 꺼풀 더 들어가면 '통신업체'라는 중요한 구매자와 마주치게 된다. 그들과 어떻게 교섭을 해서, 그들이 어느 정도 물량을 가져다가 어느 정도로 프로모션을 하고, 어떤 가격 정책을 써서 소비자에게 내놓느냐에 따라 제품의 판매량에 엄청난 차이가 생겨난다. 이러한 구매자의 교섭력이 강할수록 기업에게 그 산업은 수익을 내기 어려운 산업이 된다.

마지막 다섯 번째는 '판매자' 혹은 '공급업자(의 교섭력)'이다. 예를 들어 반도체 칩을 생산하는 인텔(Intel)의 경우 현재는 그 위상이 조금 하락했지만, 불과 몇 해 전까지만 하더라도 워낙에 압도적이고 시장지배적인 공급자였기에 그들이 어떤 기술력의 신제품을 어떤 가격에 시장에 공급하느냐에 따라 해당 제품을 사용하는 제품 시장이나 그 제품을 생산 판매하는 업체들의 수익성이 큰 영향을 받았었다.

이렇게 간단하게 살펴본 마이클 포터의 '5가지 경쟁 요인' 이론, 그리고 그보다 조금 앞서 등장해서 현재까지 여전히 그 영향력을 발휘하고 있는 'SWOT' 분석 등은 모두 나, 내 조직, 내 회사를 제외한 나머지 부분, 분야들에 대한 분석을 바탕으로 하고 있다. 이 때문에 많은 기업들 역시 산업의 수익성, 사업의 성공 가능성, 기회 요소 등을 분석할 때는 '내 밖에 있는 환경들'에 대한 분석을 기본으로 했다.

사업을 좌우하는 또 하나의 힘(Force), 세 명의 동료

하지만 최근 들어 그러한 분석만으로 더 이상 사업적, 조직적 성공을 담보할 수 없다는 것을 깨닫게 되면서 기업들은 새로운 요인 하나에 대해 관심을 갖기 시작했다. 그것은 바로 '동료'이다. 여기서 동료는 크게 세 가지로 구분된다.

첫 번째 동료는 실제 나와 같은 조직에 몸담고 나의 곁에서 나와 비슷한 일을 하는 이들을 말한다. '그들에게 얼마나 나와 같은 뜻, 같은 꿈을 갖게 할 수 있는가?'가 일(조직 운영, 사업, 경쟁자와의 경쟁 등)의 성패를 좌우하는 데 크게 영향을 미친다는 것을 깨닫게 되면서 기업과 같은 조직들은 과거에는 크게 관심을 두지 않았던 '동료애'에 대해 이목을 집중하기 시작했다.

두 번째 동료는 내가 생산한 물건이나 서비스를 구매하여 사용하고 있거나 혹은 향후에 사용할 수도 있는 소비자들을 말한다. 그들을 단순히 소비자의 영역에 머물게 하지 않고 '얼마나 내 곁으로 가까이 끌어들여 나를 아끼고, 필요할 때는 적극적으로 내 편이 되어줄 수도 있는 동료로 만들 수 있는가?'가 회사의 성공 여부를 좌우하는 주요한 요소가 되고 있다.

실제로 소비자를 동료로 만들어 큰 성공을 거둔 사례들은 우리 주변에서도 심심치 않게 찾아 볼 수 있다. 뉴욕, 시카고, 로스앤젤레스 등 초대형 도시들을 연고지로 하는 다른 미식축구팀들과 달리 패커스(Packers)팀의 연고지는 위스콘신 주에 있는 자그마한 소도시 그린베이이다. 2000년도 미국 통계청 자료에 따르면 그린베이 시의 전체 인구가 10만 353명이라고 하는데, 패커스팀의 홈구장인 램보 필드의 전체 좌석 숫자는 7만 2천 석이 넘는다. 즉 단순히 산술적으로만 계산하면, 원정 팬들의 숫자를 제외한다고 해도 한 번 경기할 때마다 그린베이 전체 인구의 70%에 가까운 사람들이 경기장을 찾아야 만원 관중이 될 수 있다. 직접적인 비교는 어렵지만, 인구가 천만 명을 넘는 서울특별시를 연고로 하는 유일한 프로축구팀인 FC 서울의 홈경기 평균 관중 수가 20,504명(2012년 기준)으로 6만 8천여 명을 수용할 수 있는 상암동 서울 월드컵 경기장이 늘 텅 빈 듯해 보이는 것을 보면, 아무리 미식축구가 미국 최고의 인기 구기 운동으로 '국기(國技)' 대접을 받고 있다고 하지만 그린베이 시의 규모에 비해 램보 필드가 터무니없이 큰 경기장임을 알 수 있다. 그린베이 자체가 미식축구

경기 같은 대규모 운동 이벤트를 개최하거나 전 미국에 단 32개밖에 없는 프로 미식축구팀을 보유하기에는 그 규모가 매우 작은 편이다. 비유를 들자면, 우리나라 한 지방 군청 소재지가 프로야구팀이나 프로축구팀의 연고지인 격이다.

하지만 놀랍게도 램보 필드는 미국 프로미식축구 리그(NFL)가 본격적으로 시작된 이래 40여 년째 티켓 판매가 완전히 매진되어 만원 사례를 기록 중이다. 경기가 열리는 날이면 전체 시민의 70%가 경기장을 찾는 기적 같은 일이 매번 일어나는 것이다. 이는 60년대에는 빈스 롬바르디라고 하는 탁월한 명장이, 90년대에는 브렛 파브라고 하는 전설적인 쿼터백이 활약하며 거둔 놀라운 성적에서 기인하기도 하지만, 근본적으로는 거대 자산가가 소유권을 가진 대부분의 미식축구팀과 달리 패커스는 다섯 차례의 주식 공모를 통해 구단의 소유권을 10만 명이 넘는 시민 주주들이 나눠 가진 유일한 팀이기 때문이다. 즉 '내가 응원하는 팀에 대한 애정'과 '내가 소유한 팀에 대한 애정'은 그 정도에서 큰 차이가 있을 수밖에 없다. 그래서 매번 램보 필드에서 패커스의 홈 경기가 열리는 날이면 자그마한 소도시 전체가 며칠 전부터 열광적인 축제 분위기에 빠지게 된다.

구단 측은 단순히 지분만을 시민들에게 분양한 것이 아니었다. 그들이 진정한 패커스의 '동료'가 될 수 있도록 시즌이 시작할 무렵이면 선수, 시민, 구단이 모두 함께하는 다양한 이벤트를 시내 곳곳에서 펼쳤고, 시즌 중에도 시민들이 직접 참여하는 행사들을 수시로 개최했다. 구단 운영의 재정적인 부분을 가감 없이 시민 구단주들에게 공개한 것은 물론, 감독 고유의 권한을 제외한 나머지 팀 운영 부분에 대해서는 적극적으로 팬들의 의견을 반영하였다. 그 결과 패커스는 경기력뿐만 아니라 팀 인기 역시 뉴욕이나 로스앤젤레스 등 초대형 도시를 연고로 해 막대한 재정과 엄청

45회 슈퍼볼 우승을
차지한 그린베이 패커
스의 모습.

난 숫자의 홈 팬을 자랑하는 다른 유수의 팀들과 비교해서도 절대로 밀
리지 않는 명문 팀을 이뤄 낼 수 있었다.

마지막 세 번째 동료는 조금 엉뚱하게 들릴 수도 있는데 나와 경쟁하는
경쟁자들을 말한다. 물론 기업을 경영하면서 당연히 그들과 치열하게 경
쟁해야 하겠지만, '단순히 너 죽고 나 죽자는 식의 서로 공멸하는 모습으
로 경쟁 구도를 만들어 가느냐 아니면 경쟁 속에서 서로 수익을 얻고 발
전하는 모습으로 만들어 가느냐?'에 따라 기업의 성과는 크게 달라지게
된다.

이 때문에 최근 들어 과거 흔히 '적(enermy)'로 표현되던 경쟁자를 '친
구, 동료(friend)'로 만드는 것이 유행처럼 번지고 있고, 그러한 활동을 잘
하는 기업들이 탁월한 성과를 만들어 내고 있다. 적과 동료 두 글자를
합친 '프레너미(Frenemy)'라는 단어도 생겨났다. 세계적인 광고 회사인
WPP 그룹의 CEO인 마틴 소렐이 처음으로 만들어 낸 이 단어는 과거 미
국과 구 소련이 강고한 냉전 체제를 구축하고 팽팽하게 경쟁하던 무렵, 소
련을 견제하기 위해 미국이 중국과 핑퐁 외교를 시도하는 등 친밀한 관계
를 이어가다가, 소련이 붕괴되고 중국이 급부상하자 이번에는 중국을 견

애플, LG, 삼성은 치열하게 경쟁하면서도 서로가 서로의 주요 공급자이자 구매자가 되는 전형적인 프레너미 관계를 보여 주고 있다. 애플 아이패드 역시 가장 중요한 디스플레이는 LG디스플레이가, CPU는 삼성전자가 공급하고 있다.

제하기 위해 러시아와 관계를 발전시키는 모습을 보일 때 언론 매체들이 앞다투어 사용하면서 크게 유행하게 된 단어이다.

애플과 한국의 LG전자, 삼성전자는 휴대폰, 컴퓨터 시장에서 첨예하게 경쟁하고 있지만, 사실 애플은 LG전자와 삼성전자에서 수많은 부품을 수입하고 기술적인 협력도 아끼지 않는 동료이기도 하다. 반대로 LG전자와 삼성전자의 휴대폰에는 퀄컴(Qualcomm)사의 칩과 여러 가지 핵심기술이 탑재되어 있지만, 이들 회사는 수시로 기술에 대한 특허권을 가지고 전 세계의 법정에서 피 튀기는 소송전을 벌이고 있다. 구글은 자신들의 모바일 운영 체제인 안드로이드(Android)를 애플을 제외한 전 세계 대부분의 휴대폰에 탑재시키고 있지만, 모토로라의 휴대폰 사업 부문을 사들여 자사 브랜드의 휴대폰들을 만든 뒤 안드로이드 진영의 휴대폰들과 직접 경쟁을 하고 있다. 이외에도 산업이 고도화되고 기술개발의 속도가 빨라지면서 기업 간의 경쟁 구도 역시 과거와 비교할 수 없을 정도로 복잡해져서 더 이상 이전처럼 '적'과 '동료'라는 이분법적 틀로 재단할 수 없는 관계가 많다. 이럴 때 필요한 경우 경쟁자들과 얼마나 '동반자적 협력 관계를 이끌어 낼 수 있느냐?'가 사업 전체의 성패를 좌우하기도 한다.

이길 사람을 찾을 것인가? 이기게 해줄 사람을 찾을 것인가?

서양 경영자들 사이에 이런 격언이 있다. '성공하고 싶으면 내가 이길 사람을 찾지 말고, 나를 이기게 해줄 사람부터 찾아라.' '내가 이길 사람'은 내 경쟁자이고, '나를 이기게 해 줄 사람'은 동료이다.

청년 시절 김우중은 사업가로서의 패기와 담대함, 창의적인 통찰력, 저돌적인 추진력, 사람을 사로잡는 친화력 등을 완벽하게 갖추고 있었다. 하지만 기업의 안방 살림을 안정적으로 관리하는 데 필요한 세밀함과 꼼꼼함 등은 부족했다. 이에 김우중은 고등학교 시절 절친한 친구이자 연세대학교 동문이기도 했던 이우복을 찾아갔다. 착실한 회사원으로 승승장구하고 있던 친구에게 김우중은 함께 일하자며 손을 내밀었고, 진심 어린 그의 '영입 제의'에 탄탄한 기업의 최고 엘리트 사원이자 촉망받는 인재였던 이우복은 흔쾌히 자리를 박차고 나와 월급이 제대로 나올지조차 알 수 없는 김우중의 신생 기업 대우로 자리를 옮겼고, 예상했던 것처럼 저돌적인 사업가 김우중이 챙기지 못했던 회사 내부 단속, 안정적인 자금 관리 등을 맡아 거대 기업 집단인 대우그룹을 탄생시켰다.

또 다른 예를 들자면, 젊은 시절의 이소룡(李小龍)은 당대 최고 수준의 무술 실력을 보유하고 있었다. 하지만 손기술이 발달한 영춘권의 고수였던 그의 무술은 발을 쓰는 기술이 다소 부족한 편이었다. 그는 중화권 최고의 무술가이자 액션 스타라는 자신의 위상에 구애받지 않고 당대 최고의 발기술을 쓴다는 다른 무술의 고수를 찾아갔다. 그 고수는 미국에 태권도를 전파하는 데 앞장서고 있었던 이준구 사범이었다. 첫눈에 상대의 실력을 알아본 두 무술 고수는 곧바로 친구가 되어 서로에게 자신이 연마한 기술을 알려 주고 상대의 훈련을 도왔다. 그 덕분에 이소룡은 화려한 손기술은 물론 호쾌한 발차기 기술까지 갖춘 걸출한 무술가이자 액션 배우로 절정의 인기를 구가할 수 있었다.

알테 피나코텍, 노이에 피나코텍, 모던 피나코텍. 이 세 곳 역시 하나하나가 훌륭한 미술관임에는 틀림없지만, 따로따로 떼어 놓고 보면 왠지 다른 유명 미술관에 비해 무게감이 약한 느낌이 들기도 한다. 그러나 이들 피나코텍이 '세 곳의 피나코텍 중 어느 곳에서 출발하던지 다른 두 곳 모두를 도보로 둘러볼 수 있는 거리에 있고', '세 곳을 모두 관람할 수 있는 패키지 티켓이 있다'는 사실과 결합되면 엄청난 시너지 효과를 발휘하면서 전 세계 어디에 내놔도 전혀 밀리지 않는 미술관으로 거듭나게 된다. 알브레히트 뒤러가 친구 한스를 만나 자신의 재능을 꽃피운 것처럼. 스티브 잡스라는 별난 사업가가 스티브 워즈니악이라는 천재 개발자와 함께 애플을 만들어 낸 것처럼.

피나코텍 3형제(Alte, Neue & Moderne Pinakothek)

위치 Barer Straße 27(29, 40), 80333(80799) München
홈페이지 www.pinakothek.de
알테 피나코텍
　　− 관람시간 : 10:00∼18:00 / 10:00∼20:00(화요일)
　　− 휴관일 : 매주 월요일 / 사순절 시작 전날, 5월 1일, 성탄절(24일 포함), 12월 31일
　　− 관람료 : 7유로
노이에 피나코텍
　　− 관람시간 : 10:00∼18:00 / 10:00∼20:00(수요일)
　　− 휴관일 : 매주 화요일 / 사순절 시작 전날, 5월 1일, 성탄절(24일 포함), 12월 31일
　　− 관람료 : 7유로(일요일은 1유로)
모던 피나코텍
　　− 관람시간 : 10:00∼18:00 / 10:00∼20:00(화요일)
　　− 휴관일 : 매주 월요일 / 사순절 시작 전날, 5월 1일, 성탄절(24일 포함), 12월 31일
　　− 관람료 : 10유로(일요일은 1유로)
Underline Note
　1) 독일에 거주했거나 방문한 적이 있는 사람들은 익히 알겠지만, 다른 구미 선진국
　　에 비해서도 독일은 일요일에 문을 여는 곳이 거의 없기에 일요일에 갈 곳이 없다
　　고 느껴질 때가 있다. 하지만 피나코텍 3형제만은 일요일에 문을 열고, 심지어 관
　　람료를 할인해 주기까지 한다. 일요일에는 꼭 피나코텍을 방문하도록 일정을 짜는
　　것이 좋다.
　2) 세 군데 피나코텍을 포함하여, 브란호어스트 미술관(Museum Brandhorst), 샤크
　　미술관(Sammlung Schack) 등과 연계한 투어 프로그램과 할인 티켓 등이 많이 있
　　다. 미리 알아보고 적극 활용하면 좋다.

가장 훌륭한 웅변은,
가장 진솔한 경청이다

차트라파티 시바지 미술관에서 배우는 [커뮤니케이션]

말더듬이 왕자님

"내 자리가 어딘지 난 알아. 난 뭐든 할 수 있지. 단 모든 것은 형을 왕좌에 머무르게 하는 범위 내에서 말이지."

"과연 그럴까요? 저는 왕자 전하께서 왕좌에 오를 수도……"

"난 형의 대역이 아니야!"

"하지만 만약 왕자 전하께서……"

"어허! 그……그……그만!"

알베트 왕자는 역정을 내며 사람들을 물리고 홀로 어두운 방안을 서성거렸다. 방 안에는 대중 연설 연습용으로 사용하는 커다란 거울과 천장에 닿을 듯한 크기의 부왕의 초상화가 걸려 있었다. 비록 그림 속의 모습이었지만 콧수염을 기른 채 근엄하게 내려다보는 아버지의 모습은 사람을 한없이 위축되게 했다. 형 에드워드는 그런 아버지를 벗어나기 위해 왕실에서 하지 말아야 할 일들만 골라 하는 듯했고, 직접 보지 못했지만 동생 헨리는 '아버지가 쳐다보기만 해도 경기를 일으키다 정신을 잃는다더라'는 얘기가 궁내에 정설처럼 회자될 정도였다. 그 때문일까? 그 또한 심한 말더듬증에 시달렸다. 지금 와 있는 곳도 아버지가 아끼는 유서 깊은 왕실의 별궁이었는데, 일반인들의 눈을 피해 그의 말더듬는 버릇을 고치기 위해 방문한 것이었다. 그리고 그를 돕기 위해 수년째 함께하고 있는 이는 오스트레일리아 출신의 언어 교정 교사인 리오넬 로그였다.

알버트 왕자는 아버지의 초상화와 거울 속에 비친 자신의 모습을 번갈아 물끄러미 바라보다가 다시 한 번 고개를 저었다. '안돼. 내가 무슨 왕이 돼. 안돼……' 그때 그는 몰랐다. 자신과 자신의 절친한 언어 교정 교사의 이야기가 후대 사람들에 의해 영화로 만들어지리라는 것과(2010년 개봉한 영화 「킹스 스피치」), 그 영화(자신의 이야기)가 많은 사람의 마음을 움직여, 전 세계적으로 수많은 영화제에서 상이란 상은 죄다 휩쓸 거라는 것을 몰랐다(2010년 아카데미 시상식에서 최우수 작품상, 남우주연상을 포함한 7개 부문 수상, 영국아카데미상 7개 부문 석권 등). 그리고 자신의 형이 영국은 물론 세계적으로도 가장 유명한 왕실 로맨스의 주인공이 되리라는 것도(그의 형 에드워드는 미국인 이혼녀 심프슨 부인과 스캔들을 일으키고 에드워드 8세에서 윈저 공으로 강등당하고 왕위도 내놓게 된다), 자신의 딸이 영국 역사상 두 번째로 긴 재위 기간을 자랑하는 여왕으로 전 세계인들의 사랑을 받으리라는 것도(그의 큰딸이 현 영국의 여왕인 엘리자베스 2세 여왕이다), 그리고 자기 자신이, 자신의 뜻과는 달리 형으로부터 왕위를 물려받아 조지 6세가 되리라는 것도 그때의 그는 알지 못했다.

조지 6세와 다른 형제들은 물론, 왕실의 수많은 사람들을 공포에 떨게 했던 그의 아버지이자 영국의 왕 조지 5세는 원래부터 그렇게 무서운 사람은 아니었다. 오히려 어린 시절에는 어수룩한 행동과 낮은 지식 수준 탓에 간혹 주위 왕가 사람들의 놀림감이 되기도 했던 평범한 소년이었다.

영화 「킹스 스피치」의 한 장면. 언어 교정 교사인 로그가 후에 조지 6세의 대중 연설 공포증을 고쳐주기 위해 연습을 시키고 있다.

하지만 차츰 성장하면서 그의 성격은 점차 변하기 시작했다.

영국 역사상 가장 오랫동안 재임하는(63년 7개월) 동안에 가장 강력한 왕권을 발휘하며 '해가 지지 않는 대영제국', '빅토리아 시대'라는 신조어를 만들어 냈던 할머니 빅토리아 여왕의 위세에 눌려, (당연한 얘기지만) 영국 역사상 가장 오랫동안1 왕위 계승 순위 1위에 머물렀던 아버지(에드워드 7세)의 모습을 보면서 강력한 부권(父權)에 대한 희구가 일어나기 시작했다. 게다가 영국 왕위 계승자라면 대부분 그렇듯이 그 또한 해군에 입대하게 되었는데, 12세에 입대한 그의 눈에 대영제국의 해군은 별천지와 다름없었다. 군대, 그중에서도 푸른 바다 위에서 잘 다린 제복을 입고, 전 세계에 퍼져 있는 대영제국의 식민지들을 누비는 해군이 그의 적성에는 너무나 잘 맞았다. 게다가 그가 몰타에 근무할 때 그의 직속상관은 그의 삼촌이었던 알프레드(후에 에든버러 공작)였는데, 알프레드는 단순히 왕실

---

1 이 기록은 얼마 전 찰스 황태자에 의해 경신되었다.

1911년 조지 5세 부처의 인도 방문을 환영하기 위해 모인 엄청난 인파. 이 같은 환대를 접한 조지 5세는 과거 영국 국왕들과 달리 인도에 대한 유화적인 제스처를 취했다.

의 일원이기 때문에 의무적으로 해군에 복무하는 것이 아니라, 진정 해군을 사랑해서 장교로 장기 복무 중인 사람이었다. 해군 제독인 삼촌 알프레드의 밑에서 자라나면서 조지 5세의 성격은 권위주의적이고 고압적인 성격으로 바뀌어 갔다. 이후 1901년 오랜 기다림 끝에 왕위에 오른 에드워드 7세가 불과 10년(?)밖에 재위하지 못하고 1910년에 사망하자 왕위 계승 순위 1위였던 그가 왕위에 오르게 된다. 그런데 사실, 조지 5세는 26년 이라는 재위 기간에 비해 업적은 그다지 크지 않은 왕이었다. 그의 치세 기간 중 영국은 역사상 최대 넓이(약 2천 2백만 제곱킬로미터. 인도, 아프리카, 오스트레일리아, 캐나다 등)의 제국을 이루었지만, 이는 그의 할머니 빅토리아 여왕의 업적이라는 평가가 주를 이루고, 제1차 세계대전을 승리로 이끌었지만 이 또한 그의 업적이라기보다는 당시 신흥 강국으로 급속히 부상하고 있던 미국의 대통령이었던 우드로 윌슨이나, '푸앵카레 추측'으로 유명한 세계적인 수학자 쥘 앙리 푸앵카레(Jules-Henri Poincaré)의 사촌이자 프랑스 대통령으로 당선된 뒤 조르주 클레망소라는 유능한 총리와 함께 '환상의 듀오'로 활약했던 레몽 푸앵카레 대통령의 업적으로 인식되는 것이 일반적이었다. 대신 그의 이름은 최고급 위스키 브랜드2와 저 멀리 인도 대륙의 서쪽 관문이자 인도 최대의 도시인 뭄바이에 길이 남아 있다.

인도를 사랑한, 인도인이 사랑한 왕자

1904년 어느 날.

인도 뭄바이를 이끄는 정·관·재계의 사람들이 한곳에 모여들었다. 이 듬해 방문할 예정인 왕세자이자 차기 왕위 계승자를 어떻게 하면 더 융숭히 잘 영접할 것인지에 대해 논의하기 위한 자리였다. 그 자리에서 결정 된 사항은 왕세자의 이름을 딴 기념물 혹은 기념 시설을 건립하자는 것이 었다. 하지만 어떤 시설을 어떤 규모로 어떻게 지을 것인지에 대해서는 갑론을박하며 결론을 내지 못했다. 그렇게 지지부진하게 사업이 진행되던 이듬해 11월, 왕비와 함께 왕세자는 인도를 방문했고, 그들의 인기는 말 그대로 상상을 초월했다. 인도의 오래된 계급 제도(Caste)를 경멸했던 왕 세자는 많은 이들의 만류에도 불구하고 천한 계급이라 멸시받던 사람들 을 따스하게 대했으며, 참정권의 확대를 통한 계급 제도 철폐를 논의하기 위한 회의를 소집했다. 이런 그의 행보에 빈민층, 하층민이 다수인 인도의 국민들은 '우리의 왕'이라며 열광적인 지지를 보냈다.

이 같은 왕세자의 인기에 힘입어 답보 상태에 있던 '기념 시설을 건립하 자'는 논의는 급물살을 타기 시작했다. 그 결과 수많은 인도 부호들의 건 축 성금이 전국에서 답지했고, 인도 정부 차원에서도 매년 상당액의 예산 이 배정되었다. 결국 1915년(그때는 이미 조지 5세로 등극한 이후였지만) 왕세

---

2 그의 이름을 딴 '조니워커 블루라벨 킹조지 5세'는 한 병에 130만 원을 호가한다.

건설 중인 웨일스 왕자 박물관 건물.

자의 공식 직함을 딴 웨일스 왕자 박물관이 뭄바이에 개관하게 되었다.

웨일스 왕자 박물관은 제1차 세계대전 당시 잠시 전쟁으로 고아가 된 어린이나 부상 당한 어린이를 위한 수용 시설로 쓰이기도 했으나, 전후에는 인도 전통 미술 특히 무굴제국에서 제작된 세밀화의 보고(寶庫)로서 그 명성을 드높이게 되었다.

뭄바이의 중심지인 웰링턴 광장 인근에 있는 박물관은 비잔틴과 페르시아의 건축 기법을 이어받은 사라센(saracenic) 양식으로 지어진 웅장한 건물인데 전체적으로 미술관, 고고학실 그리고 자연박물관의 3개 구역으로 나뉘어 있다. 예로부터 동물보호론자들이 활발하게 활동했던 서구 국가들에 비하면 사냥이나 동물 포획에 대한 제재가 비교적 덜했던 인도답게 자연 박물관에는 서구 선진국의 박물관에서는 쉽게 접하기 힘든 다양한 희귀 동물들의 박제를 만날 수 있다. 특히 인도와 방글라데시 접경 지역이 주 서식지인 벵골 호랑이 박제는 이곳 자연 박물관의 백미라고 할 수 있다. 하지만 뭐니뭐니 해도 웨일스 왕자 박물관의 볼거리는 미술관의 무굴 세밀화와 고고학실의 간다라 시대 불상이다.

그런데 현재 이곳의 이름은 웨일스 왕자 박물관이 아니고 조지 5세 미술관도 아니다. 현재 미술관은 조금은 생소한 차트라파티 시바지 미술관으로 불리고 있다. 그런데 비슷한 기간 동안 이름이 바뀐 것은 이 미술관뿐만이 아니다. 시간을 두고 뭄바이를 여러 차례 방문해 본 사람이라면 주요 시설 및 각종 관공서의 건물 이름들이 엄청나게 많이 바뀌어서 다소 혼란스러운 경험을 했을 것이다. 과거 사하르 국제공항이라고 불리던 공항도 1998년부터는 차트라파티 시바지 국제공항로 불리고 있다. 뭄바이로 들어오는 열차의 종착역이면서 과거 아시아에서 가장 아름다운 열차 역으로도 불렸던 빅토리아 역 역시 차트라파티 시바지 역으로 불리고 있으며, 이외에도 과거 다양한 이름으로 불렸던 곳들이 '차트라파티 시바지' 혹은 '차트라파티 시바지 보슬'이라는 이름으로 바꿔 불리고 있다.

이러한 변화의 당사자인 차트라파티 시바지는 지금으로부터 약 350여 년 전에 인도에서 융성했던 마라타(Maratha) 왕국을 세웠던 위대한 왕이었다. 그는 무굴제국의 최대 번성기를 이끌었던 아우랑제브 황제와 경쟁하며 마라타 왕국을 인도 대륙 중부를 광범위하게 다스리는 강성한 나라로 키워 냈다. 그런데 그가 그럴 수 있었던 데에는 그만의 남다른 능력이 있었기 때문이다.

마라타 왕국을 개국하기 전, 최초 병사를 일으켰을 당시 그의 군사 규모는 소수의 농민 저항군 수준에 지나지 않았다. 그랬던 그의 군대가 엄청난 능력을 발휘하며 연전연승하면서 그 세를 급속도로 불릴 수 있었던 것은 차트라파티 시바지의 리더십 덕분이었다. 그는 자신들의 조직명을 힌다비 스와라즈야(Hindavi Swarajya)라 명명했다. 우리말로 번역하면 '인도인 스스로에 의한 규칙'인데 그는 이름만 그렇게 지은 것이 아니라 실제 자신의 병력을 운용할 때나 국가를 경영할 때도 그 이름처럼 실천했다.

현재는 '차트라파티 시바지 미술관'으로 불리고 있는 웨일스 왕자 박물관의 최근 모습. 인도 사라센 양식의 전형을 볼 수 있어, 건축사적으로도 큰 의미가 있는 건물이다.

그의 군대는 군기가 엄하기로 유명했다. 당시 인도를 비롯한 전 세계 상당수 군대의 병사들은 급여라고 할 만한 것을 거의 받지 못했다. 평상시에는 의복과 식품 정도를 받다가 전쟁이 나서 노획물이 있으면 그를 계급과 전투에 기여한 순서대로 나눠 가지는 것이 고작이었다. 그렇다 보니 말만 병사이지 시정잡배나 들판의 도적 떼보다 더 못한 군대도 허다했다. 하지만 차트라파티 시바지는 자신의 군대가 그런 군대와 다르기를 바랐다. 군기를 위반하는 병사들은 가혹하리만큼 엄격하게 처벌했다. 대신 대부분이 농민이었던 병사들의 생계가 위협받지 않도록 적정 수준의 급여를 고정적으로 지급했다. 그뿐만이 아니었다. 그는 제대로 된 인간 취급조차 받지 못했던 하류 카스트의 사람들이 인간답게 살 수 있도록 다양한 정책을 도입했다. 지나치게 가혹한 세금 제도를 정비하고, 카스트상 가장 상위 계층인 성직자나 고위 관료들이 불법적으로 탄압하거나 학대하지 못하도록 법으로 보호했다.

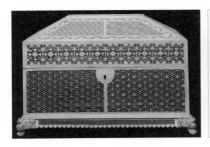

인도 대륙에서 명멸했던 다양한 시기의 여러 문화예술 유산들을 살펴볼 수 있는 차트라파티 시바지 미술관. 좌로부터 상아로 만든 보석함, 인더스 문명 유적지에서 출토된 황토 마스크, 간다라 문화의 정수인 금동 미륵상

    그가 그럴 수 있었던 데에는 그의 어머니 지자우(Jijau)의 힘이 컸다. 용맹한 군인으로 변방을 지키느라 늘 자리를 비웠던 아버지 대신 어머니는 어린 차트라파티 시바지의 교육을 전담했다. 현명했던 어머니는 밤마다 인도 대륙의 역사, 종교와 다양한 문화는 물론, 정치 지도자로서 필요한 덕목, 마음가짐 등에 대한 이야기를 들려줬다.

    그중에서도 그의 어머니가 가장 강조했던 것은 상황이나 사물에 대한 관찰과 다른 사람의 이야기에 대한 경청이었다. 강력한 카리스마와 단호한 웅변이 지도자의 덕목으로 중시되었고, 경청은 그 개념조차 생소했던 시기에 조금은 색달랐던 어머니의 교육은 어린 그에게 큰 감흥을 줬다. 어른으로 성장하고, 더 높은 직위에 올라섰을 때에도 다른 이의 사정을 진심으로 살피고, (자신보다 직위가 더 아래에 있고, 나이가 더 어린 사람의 말이라고 하더라도) 타인의 말을 경청하는 습관은 변함이 없었다. 그런 그의 성품과 태도는 주위에 많은 인재를 모이게 하였고, 그들이 '인도인 스스로에 의한 규칙'으로 뭉치게 되자 놀라운 힘을 발휘할 수 있었다.

경청의 결핍이 몰고 온 엄청난 파멸

반면 제대로 된 관찰의 습관을 갖지 못하고, 경청하기를 꺼려 하는 리더들 때문에 큰 곤경에 처한 조직의 사례도 우리는 흔하게 보게 된다. 여기 그 사례가 있다.

2010년 이후 기업 경영에서 최고의 화제로 떠오른 기업이 미국의 애플사라면, 반대로 가장 드라마틱하게 쇠락의 길로 접어든 기업은 일본의 소니사라고 할 수 있다. 한때 소니는 일본의 극소정밀(極小精密) 첨단전자 산업의 대표 주자로 1978년 이 회사의 창업자 중 하나였던 모리타 아키오(盛田昭夫) 회장의 지시를 받은 연구원 기하라 노부토시가 개발하여 이듬해 출시된 휴대용 카세트 플레이어는 출시된 지 13여 년만에 전 세계적으로 1억 대 이상이 팔리는 대대적인 히트를 기록했다. 같은 물건이면 더 작고 더 예쁘게 만들어 내는 이 회사의 실력은 TV 등을 포함한 다른 제품에도 그대로 적용되어서 소니의 제품이라고 하면 '가장 작고, 디자인적으로 가장 독창적인 제품'으로 전 세계인들로부터 인정을 받았다. 하지만 언젠가부터 더 이상 독창적이라고 인정받거나 고객들의 마음을 사로잡는 제품을 만들어 내지 못했고, 이는 그대로 매출 등의 실적으로 이어져 2008년 이후 4기 연속 적자를 냈으며 2011 회계연도에는 자그마치 5천 2백억 엔이라는 어마어마한 적자를 기록하고 말았다. 그에 따라 '종업원이 은퇴 의사를 밝힐 때까지 절대로 인위적인 인원 정리를 하지 않는다'는 '종신고용(終身雇傭)'의 종주국과도 같은 일본, 그 일본에서도 가장 잘나갔기 때문에 해고의 위협 따위는 없을 것 같았던 소니가 자그마치 '1만 명 감원'이라는 대량 해고의 칼날을 휘두를 수밖에 없었다. 그리고 그들의 위기 상황은 아직도 현재 진행형이다.

이러한 소니의 급작스러운 부진에 일본은 물론 전 세계가 놀라움과 우려 섞인 눈빛을 보내고 있지만, 과거 이 회사에 오랫동안 몸담았던 사람들이나 이 회사의 내부 사정에 밝은 애널리스트들은 오래전부터 소니의 몰락을 예상해 왔다고 한다. 그들이 예로 든 것은, 1990년대 이 회사의 대표작이라고 할 수 있는 가정용 게임기인 플레이스테이션(Play Station)에 관련된 사례이다. 플레이스테이션은 1994년 소니에서 출시한 비디오 게임기로 그 이전까지 닌텐도가 주도하고 있던 게임기 시장의 판도를 바꿔 놓았다는 평을 받은 제품이다. 플레이스테이션은 칩을 내장한 플라스틱 팩을 사용하던 기존 게임기와 달리 콤팩트 디스크(CD)를 저장 매체로 사용했으며 다양한 게임 타이틀과 이용 편의성 등을 강점으로 내세워 출시와 동시에 전 세계적으로 7천 5백만 대나 팔리는 엄청난 히트를 한 제품이다. 그런데 왜 이 플레이스테이션에서 많은 사람들이 소니의 몰락을 떠올렸던 것일까? 플레이스테이션이 이 세상에 빛을 보게 된 데에는 이 사람의 활약을 빼놓을 수 없다.

구타라기 겐(久多良木健).

1975년 소니에 입사한 구타라기는 원래 오디오 기술 전문 엔지니어였다. 그러던 중 자녀들이 생일 선물로 받은 닌텐도의 패미컴을 갖고 즐겁게 노는 것을 보면서 앞으로 소니가 관심을 둬야 할 사업분야 중 하나가 '게임기 시장'임을 직감하였다. 이후 소니가 개발한 게임기용 사운드 칩을 닌텐도에 납품하는 걸 담당하던 그는 단순히 부품 몇 개를 납품하는 것이 아니라 소니도 게임기 사업에 본격적으로 진출해야 한다고 주장하기 시작했다. 몇 년 뒤 본격적으로 불어 닥치게 되는 게임시장의 폭발적인 성장과 e-스포츠의 등장 등을 생각해 보면 탁월한 혜안이었다.

하지만 소니의 경영진들은 그런 그의 주장을 한마디로 일축해 버렸다. 소니 같은 대단한 기업이 아이들 코 묻은 돈을 벌어들일 수는 없다는 것이 그 이유였다. 일부는 소니는 TV, 비디오, 오디오 이 세 가지만으로 충분하다는 이야기도 덧붙였다. 한마디로 '게임기 같은 보잘것없는 분야에 소니가 진출해서는 체면이 서지 않는다'는 것이 대부분 경영진들의 생각이었다. 이때 구타라기가 물러났으면 아마도 역사상 세계에서 가장 많이 팔린 비디오 게임기는 닌텐도나 세가(SEGA) 혹은 마이크로소프트사의 제품이 되었을 것이다. 이때의 일화가 많은 사람들이 말하는 오늘날 소니가 위기에 처한 이유를 말해 주는 첫 번째 사례이다. 코 묻은 돈을 손에 쥔 십대 소년들도 소니의 고객이 될 수 있고, 수천만 엔을 수중에 갖고 있는 중년 사내도 소니의 고객이 될 수 있다. 그들이 소니의 고객이 되고 안 되고는 고객들이 선택할 일이지 소니가 선택할 일은 아니었다. 하지만 소니는 자신들의 고정관념, 자신들의 내부 논리로 고객을 선별하는 어리석은 태도를 취하고 말았다.

하지만 다행이었던 것은 구타라기가 실패를 두려워하지 않는 엄청난 열정의 소유자였다는 것이다. 그는 당시 소니의 회장이었던 오가 노리오를 찾아가서 그를 직접 설득하기로 했다. 하지만 그를 맞이한 것은 중역들의 모진 비난과 외면이었다. 심지어 의사결정에 핵심적인 역할을 담당하고 있던 한 중역은 그의 면전에 대고 "당신 같은 사람은 소니의 직원이 아니다!"라고 매도했다. 하지만 구타라기는 끈질기게 중역들을 설득했고, 결국 반신반의한 가운데 시작한 플레이스테이션 사업은 말 그대로 대박을 터뜨리게 되었다.

하지만 거기까지였다. 자신들의 성공 경험에 도취되어 새로운 것에 관심을 두지 않고, 타인의 이야기에 귀를 기울이지 않으려는 소니 리더들의 습성은 플레이스테이션의 성공 이후에도 변함이 없었다. 더욱 비극적이었던 것은 그러한 두꺼운 벽을 깨고 리더들의 귀를 용감하게 두드렸던 구

소니의 마지막 전성기를 대표하는 제품이자 소니만의 아이덴티티가 그대로 담겨 있는 게임기 플레이스테이션. 이때 이후 소니는 '세상을 뒤흔들 만한' 제품이나 서비스를 만들어 내지 못했다.

타라기 겐 같은 괴짜도 더 이상 나오지 않고 있다는 점이다.

기업의 성공과 실패를 가르는 '들어주는 힘'

이와 관련해 2003년 미국의 한 경영대학원에서 한 가지 흥미로운 실험을 한 적이 있다. 그들은 다우존스 산업평균지수 상위 기업 중 지속적으로 성장하며 시장으로부터도 좋은 평가를 받고 있는 20개 기업과, 지극히 보통의 성과를 내는 기업 중에서도 최근 수년 간 발전이 정체되어 있거나 시장 점유율이 떨어지고 있는 20개 기업을 선정했다. 그런 뒤 동일한 메시지를 두 기업군(群)의 가장 하위 직급의 사람들에게 전달했다. 그 후 그 정보가 해당 기업의 최고경영자의 귀에까지 들어가게 되는 시간을 측정했다. 그 실험이 끝난 뒤 이번에는 반대 작업을 했다. 각 기업의 최고경영자에게 동일한 메시지를 준 뒤 그 메시지에 담긴 정보가 해당 기업의 가장 말단 직원에게까지 전달되는 속도를 측정한 것이었다.

우선 두 번째 실험에서는 크게 주목할 만한 결과를 찾아볼 수 없었다. 좋은 성과의 기업일수록 최고경영자부터 말단 직원까지 정보 공유가 빠르고 일사불란하게 움직일 것이라는 예상과 달리 좋은 성과를 내는 기업과 그렇지 못한 기업 간에 최고경영자의 메시지가 말단 임직원에게까지 전파되는 속도는 큰 차이가 없었다. 반면 첫 번째 실험에서는 이 실험을 진행한 연구진들도 깜짝 놀랄 만한 결과가 나왔다. 좋은 성과를 내고 시장에서도 그 가치를 높게 평가 받는 20개 기업의 경우 가장 하위 직급에게 전달한 정보가 최고경영자의 귀에까지 들어가는 데에 채 12시간이 걸리지 않았다. 평범한 성과를 내는 기업들의 경우 최소 20시간에서 최대 일주일까지 걸렸고, 심지어 실험이 끝날 때까지 아예 최고경영자가 말단 직원들은 모두 알고 있는 정보를 전혀 모르고 있는 경우도 있었다.

실험을 마치며 연구진들은 '확답을 하기엔 조금은 부족하지만 충분히 시사점이 있다'는 단서를 붙이며 다음과 같은 결론을 내렸다. "우수한 회사일수록 '지시의 속도 〉 경청의 속도'이기보다는 '지시의 속도 ≤ 경청의 속도'인 모습을 보인다."

하지만 말이 쉽지, 높은 자리에 올라설수록 남의 말을 경청한다는 것이 어려운 일이다. 특히나 훌륭한 성과나 업적을 만들어 낸 사람일수록 더욱더 그렇다. 부하 직원의 이야기라는 것들이 대부분 이미 과거에 자신이 다 시도해 봤던 것들이고 간접적으로나마 경험해 봤던 것들이며, 그중 상당수는 그러한 과정을 거쳐 이미 용도폐기했거나, 불가능할 것이라고 머릿속으로 결론을 내린 것들인 경우가 많다. 하지만 그럼에도 불구하고 리더가 되거나 높은 자리로 올라갈수록 경청의 능력이 더더욱 필요하다. 미국의 제39대 대통령이었던 지미 카터는 자신의 성공 비결로 어린 시절 어머니의 교육을 자주 언급했었다. 그의 어머니 릴리언 카터 여사는 대단히 교육을 많이 받았다거나 사회적으로 큰 성공을 거둔 사람이 아니었다. 오히려 미국 어느 곳에서나 쉽게 만날 수 있는 평범한 어머니 중 한 사람이었다. 하지만 그녀는 미국 대통령의 어머니를 넘어서서 이후 '위대한 미국인의 어머니' 소리까지 듣게 된 인물이다. 그럴 수(아들을 대통령으로 키

타인에 대한 배려와 적극적인 경청을 통해 자녀를 미국 대통령으로 키워낸 미국의 대표적인 어머니, 릴리 언 카터 여사(우)와 그의 아들이자 제39대 미국 대통령이었던 지미 카터(좌).

위 내고, 그 자신도 위대한 어머니가 될 수) 있었던 것은 사람을 대하는 그녀 의 태도와 경청하려는 노력 덕분이었다.

아직 인종차별적인 문화가 만연했던 1940년대, 백인 중심적인 마을에 서 살고 있던 카터의 집에도 여러 명의 흑인 일꾼들이 살고 있었다. 당시 흑인들은 백인 주인집을 드나들 때 정문이 아닌 뒷문을 이용해야 했는데, 릴리언 카터는 자신의 집에 드나드는 흑인 일꾼들의 뒷문 사용을 금지하 였다. 카터 집안에 드나들 때만큼은 눈치 보지 말고 백인 주인이 사용하 는 정문을 당당하게 사용하도록 했다. 그리고 그들과 스스럼없이 어울리 며 그들의 이야기에도 귀를 기울였다. 이런 어머니 밑에서 자라난 카터는 비록 최고의 엘리트 코스를 밟아 나갔지만, 언제나 사회적 약자와 하층민 들을 배려하고 그들의 이야기에 귀를 기울이는 습관을 들일 수 있었다.

특히 릴리언 카터는 대화 나누기를 좋아하고 남들의 이야기를 잘 들어주는 것으로도 유명했는데, 어린 카터와 그의 동생이 학교에서 돌아오면 부엌 식탁에 앉혀 놓고 그들이 하는 이야기라면 몇 시간이고 귀를 기울여 들어주었다고 한다. 그러나 그러는 것도 하루 이틀이지, 매일 반복되는 학교생활 가운데 어머니에게 날마다 몇 시간씩 들려줄 이야기가 있을 리가 없었다. 언젠가부터 이야깃거리가 점점 줄어들자 카터는 급기야 어머니께 들려줄 만한 이야기가 될 만한 일들을 시도해 보기로 했다. 그 후 각종 교내 행사에 적극적으로 참여하였고, 어떤 일이라도 이야깃거리가 될 만큼 색다르고 탁월하게 완수하는 것이 버릇이 되었다. 또 자신의 이야기만으로 부족하니 다른 사람의 이야기를 차용하는 것도 필요했다. 당연히 친구를 포함한 다른 주변 사람들의 이야기에 귀를 기울이기 시작했고, 사물이나 주변 환경의 변화를 주의 깊게 살펴보는 버릇이 생겨났다. 어머니의 진지한 경청이 아들의 능력과 인격을 한 단계 성장시키는 결과를 가져온 것이다.

대부분의 경영자들은 경청보다는 지시와 웅변을 선호하는 경향이 있다. 물론 다른 일반 직원들보다 훨씬 더 많은 정보와 뛰어난 능력, 그리고 풍부한 경험을 갖추고 있기에 어찌 보면 당연한 결과일지도 모른다. 하지만 조직 구성원들의 자발적인 동참과 역량의 폭발적인 발휘는 지시와 웅변만으로는 불가능하다. 오히려 구성원들이 '이야깃거리를 만들어 내지 못해 안달이 날 정도'로 인내심을 갖고 귀를 열어 경청하는 모습이 조직과 구성원 개개인의 능력을 훨씬 더 효과적으로 향상시킬 수 있다.

성공하고 싶다면 지금 당장 웅변을 조금 줄이자. 대신 그 자리에 진지한 침묵과 마음을 담은 경청을 채워 넣자. 아마도 힘줘 외칠 때보다 훨씬 더 많은 일들이 훨씬 더 좋은 방향으로 바뀌어 있을 것이다.

차트라파티 시바지 미술관(Chhatrapati Shivaji Museum)

위치 159-161 Mahatma Gandhi Road, Fort, Mumbai 400 023

홈페이지 www.themuseummumbai.com

관람 시간 10:15~18:00(화~일), 10:15~17:30(월)

휴무일 1월 26일, 5월 1일, 8월 15일, 10월 2일

관람료 60루피

Underline Note

1) 미술관 내부와 작품들에 대한 카메라 촬영은 가능하지만 미리 안내데스크에 신고한 뒤 비용을 지불하고 촬영해야 한다. 그렇지 않을 경우 카메라를 뺏기거나 애써 찍은 사진들을 다 삭제당하는 경우가 있으니 주의해야 한다. 휴대폰 카메라도 반드시 신고해야 한다.

2) 볼 만한 소장품들이 많지만, 그 작품들을 담고 있는 미술관 건물 자체도 인도 사라센 양식을 대표하는 세계적인 건축물로 훌륭한 구경거리이다. 산책하듯 외부를 둘러보다 보면 이국적이면서도 섬세한 건축물의 아름다움을 만끽할 수 있다.

3) 소장품 중 특히 무굴제국 세밀화는 전 세계에서도 손꼽힐 정도로 다양하고 풍성한 컬렉션을 자랑한다. 국내에서는 쉽게 접하기 힘든 작품들이 많으니 꼼꼼하게 시간을 들여 감상하고, 조금 더 관심이 있으면 미술관 내부에 있는 서점에서 관련 서적을 몇 권 구입하는 것이 좋다.

Lesson 14

설득 하나면 악당도 천사가 된다

대영박물관에서 배우는 [협상]

악한들이 만들어 낸 착한 박물관

처음 대영박물관에 갔을 때도, 그리고 그 다음번에도, 심지어 자료를 요청하기 위해 영국에 거주하는 지인을 대영박물관으로 불러 화상통화를 시도하면서 화면으로나마 대영박물관을 방문했을 때에도 늘 발견할 수 있었던 한 가지 공통점은 '비'였다. 차이점이 있다면, 처음 갔을 때는 막 내리기 시작한 '비'였고, 그다음에는 온종일 내리는 '비'였고, 화면으로 방문했을 때는 이제 그칠 듯한 '비'라고 했다.

그 때문일까 방문할 때마다 따사로운 햇볕과 귀여운 어린 관람객들의 깔깔거리는 웃음소리가 함께했던 루브르에 비해 대영박물관은 왠지 어둡고 축축한 데다가 관료적이고 고압적인 느낌까지 들었다. 게다가 방문하기 훨씬 이전부터 책을 통해 알게된 대영박물관에 관한 지식들은 그런 느낌들을 하나의 확신으로 고착시켜 주었다.

'전 세계 각국의 식민지에서 거둬들인 예술품들을 전시한……', '이집트 박물관보다 훨씬 더 많은 이집트의 보물들을 보유한……', '원래 전시물의

그리스 신전의 모습을 본뜬 대영박물관 입구의 웅장한 모습. 실제로 내부에는 이집트나 그리스의 신전에서 출토된 유물들을 카이로나 아테네의 박물관들보다 훨씬 더 많이 소장하고 있다.

주인이었던 나라들의 반환 요구를 거절……' 등 하나같이 '힘을 바탕으로 남의 귀한 보물들을 강탈한 악당이 돌려 달라는 피해자의 요구를 일언지하에 거절했다'는 얘기들뿐이었다. 그러니 호감이 생길 리가 없었다. 그럼에도 불구하고 대영박물관은 실로 '인류 문화유산의 보고'라고 할 정도로 역사상의 주요 문화권 대부분에 걸쳐 엄청나게 풍부한 유물들을 소장 및 전시하고 있다.

　런던 블룸즈버리에 있는 대영박물관은 원래 몬터규 가문의 대저택이 있던 곳이었다. 우리에게 익숙한 영국의 대문호 셰익스피어의 주옥같은 러브 스토리인 '로미오와 줄리엣'에서 남자 주인공 로미오의 집안이었던 바로 그 몬터규 가문인데, 로미오와 줄리엣이야 셰익스피어가 지어낸 허구의 소설이고, 그 배경 자체도 영국이 아닌 이탈리아 베로나였으므로 로

미오 몬터규를 대영박물관 터의 원래 주인인 몬터규 가문과 연결시키는 것은 그야말로 말장난에 지나지 않지만 지금도 대영박물관을 방문하는 사람들은 심심치 않게 로미오를 들먹이고는 한다. 바로 이처럼 대영박물관은 자신들과 조금이라도 연관이 있다면 전 세계 어느 곳의 그 무엇이라도 샅샅이 모아서 자신들의 것으로 만드는 데 발군의 기량을 발휘했다.

대영박물관은 지금은 국립박물관으로 관리·운영되고 있지만, 그 처음은 한스 슬론이라는 아일랜드 출신의 평범한 의사로부터 시작되었다. 그는 의사로서도 명성이 높았지만, 왕성한 탐구욕과 다양한 실험 정신의 소유자로도 유명했다. 틈이 날 때마다 전 세계를 돌아다니며 수많은 문화재와 동식물 표본들을 사 모았고, 다양한 지역을 탐험했다. 특히 그는 카리브 해의 보석 같은 나라 자메이카를 방문한 뒤, 그 지역 특산품인 카카오 열매에서 추출한 음료에 영국인들이 좋아하는 밀크티를 만드는 방식처럼 뜨겁게 끓인 우유를 부어서 새로운 음료를 만들어 냈는데, 이것이 크게 히트를 쳐서 우리가 '코코아'라고도 부르는 '핫쵸코'의 시초가 되었다.

이처럼 한스 슬론은 의사이면서도 평생을 유물 발굴과 문화재 수집에 힘썼던 타고난 고고미술 애호가이자 박물학자였다. 그는 그렇게 모은 약 8만여 점의 유물을 당시의 왕이었던 조지 2세에게 기증했는데 기증한 물건들의 숫자와 부피는 실로 상상할 수 없을 정도로 막대했다. 그 보관과 전시를 어떻게 할 것인지를 고심하던 조지 2세는 의회에 의견을 물었고, 의회는 앞서 이야기한 몬터큐 가의 저택을 사들여서 기증받은 물품을 보관 전시하기로 했다. 그렇게 해서 몬터규 하우스 혹은 슬론 박물관이라고 불리는 초기의 대영박물관이 임시로 문을 열게 되었다. 하지만 이 무렵은 영국이 해군의 경쟁자였던 스페인이나 상업 해운의 경쟁자였던 네덜란드의 세력들을 누르고 점차 유일무이한 바다의 제왕, 해상 교역의 지배자로

등극하여, '해가 지지 않는 나라, 대영
제국'의 기틀을 다지던 무렵이었다. 하
루가 지나기가 무섭게 전 세계에서 약
탈하거나 수집해 온 각종 유물과 문
화재, 자연 표본 등이 영국으로 쏟아
져 들어왔다.

해상 교역을 독점하려는 의도가 있
는 사람들은 왕과 귀족들의 환심을
사기 위해 바다 멀리 무역을 하던 국
가의 유물들과 각종 진귀한 자연 표
본들을 닥치는 대로 약탈해서 갖다
바쳤고, 식민지 확장을 위해 진출한
군 고위 간부들이나 행정 관료들은

대영박물관 설립의 기초를 마련했던 의사이
자 수집가였던 한스 슬론 박사.

그들 나름대로 온갖 보물들을 영국 본토로 실어날랐다. 그렇게 이 시기에
몬터규 하우스로 쏟아져 들어온 물품들은 당나라, 송나라, 원나라 등 시
기를 가리지 않고 수천 점이 넘는 중국산 도자기와 커다란 홀을 가득 메
우고도 그만한 창고 여남은 개는 더 채울 만큼 막대한 수량의 이집트 유
물들, 서남 아프리카와 중남미 각국의 진귀한 생물 표본들, 그리고 중동
지방의 오래된 점토판 문헌들 등 실로 전 세계에 걸쳐 인류가 살아온 흔
적의 거의 대부분이라고 해도 과언이 아니었다. 요즘과 달리 별달리 할 거
리, 볼거리가 드물었던 당시 사람들이 이런 좋은 구경거리를 그냥 내버려
둘 리가 없었다. 가뜩이나 크지 않은 공간에 날마다 조금씩 유물이 늘어
나서 그 보관만으로도 포화 상태에 이를 지경이었는데, 그를 구경하기 위
해 몰려드는 사람들이 점점 늘어나 몬터규 하우스는 미어터질 지경에 이

르렀다.

결국 의회는 특단의 조처를 내리기로 했다. 우선 기존에 소장하고 있던 수만 권의 장서와 국왕 조지 2세가 기증한 왕립 도서관의 장서 등을 모아 그것들을 보관할 수 있는 건물을 지어 '대영박물관 부설도서관'으로 분리 독립시켰다. 개관과 동시에 앵글로 색슨 및 라틴 문서의 귀중한 사본들, 과거 왕들의 칙허 서류, 산스크리트어와 히브리어로 된 진귀한 문서들을 소장한 유럽 최고의 도서관 중 하나로 급부상한 대영박물관 부설도서관 은 '영국 서적 출판 조합에 속한 출판사라면 출간하는 모든 서적을 이곳 부설도서관에 기증해야 한다'는 왕명이 있은 뒤로 그 규모가 더 커지게 되었다. 이후 조지 4세가 8만 5천여 권의 장서를 추가로 기증함에 따라 기존 의 공간 또한 터무니없이 부족하게 되어 현재의 위치에 거대한 도서관 건 물을 지어 이곳으로 모든 장서들을 통합하여 보관하도록 하였다. 그를 통 해 현재의 영국 국립도서관이 설립되었다. 희귀한 곤충 표본들과 기암 괴 석, 다양한 식물 표본과 관련 자료들은 런던 하이드 파크 사우스 켄싱턴 지역에 새롭게 건립할 자연사 박물관(Natural History Museum)으로 옮기 기로 했다(실제 소장품의 최종 이전 및 박물관의 완벽한 이전은 이후 1백여 년 의 시간이 더 걸리고서야 마칠 수 있었다).

소장품들을 체계적으로 보관하고 일반 대중들이 좀 더 쉽고 편하게 관 람할 수 있도록 하기 위한 의회와 박물관 운영자들의 노력은 거기에서 그 치지 않았다. 대영제국을 대표하는 박물관이라는 이름값에 걸맞지 않게 다소 빈약했던 건물 외관을 대대적으로 보수하여 마치 그리스의 파르테 논 신전을 연상시키는 현재와 같은 모습으로 증축하였고, 주변의 건물들 을 사들여 전시관으로 개축해서 초기의 전시 공간에 비해 수십 배 가까 이 확장시켰다. 그런 노력 끝에 대영박물관은 현재와 같은 모습을 세상에 선보일 수 있었다.

지상 4층에 80여 개의 전시실로 이루어진 대영박물관은 이름〔대영(국)〕과는 다르게 실제 전시된 소장품들 중 가장 많은 관람객을 불러 모으는 전시품이나 대영박물관의 명성을 전 세계적으로 알린 전시품들은 대부분 영국이 아닌 다른 국가의 유물들이다.

대표적인 것으로는 그 자체로도 귀중한 유물이지만, 만드는 이가 같은 내용의 글을 세 가지 문자로 적어놓은 바람에 후대에 이집트 상형문자 해독의 중요한 단서를 제공한 고대 이집트 유물인 로제타석(Rosetta Stone)이 25호실에 전시되어 있고, 같은 방에 이집트 왕 람세스 2세의 흉상이 있다. 그리스 유물 역시 대영박물관에서 빼놓을 수 없는 주요 전시품인데, 대영박물관 외관 디자인의 모티브가 되기도 한 그리스 파르테논 신전의 기둥이 7호실에 전시되어 있고, 이 외에도 1만 3천 점이 넘는 그리스 로마 시대 유물들이 대영박물관에 전시 및 소장되어 있다.

대영박물관은 중동 지역 유물의 보고로도 유명하다. 그중 대표적인 것이 라마수(Lamassu) 석상인데, 우리의 해태(獬豸, 혹은 해치) 상처럼 악령을 쫓아내는 구실을 하라고 아시리아의 궁궐 입구 양쪽에 세웠던 것이다. 인간의 얼굴에 황소의 몸통, 독수리의 날개를 단 이 거대한 석상은 기원전 865년경에 제작된 것으로 추정되고 있는데, 현재는 대영박물관 20호실 아시리아관 앞에 서 있다.

이외에도 대영박물관에는 전 세계 수많은 국가, 수많은 문화권에서 수집(혹은 약탈)한 엄청난 수의 유물과 문화유산들이 산재해 있다. 그렇기 때문에 대영박물관이나 영국의 과거 식민지 행태에 대해 비판적인 사람들은 "대영박물관은 전 세계 모든 국가의 유물을 전시하고 있다. 단 영국 유물만 빼고"라며 비아냥대고는 한다. 대학 시절 처음으로 대영박물관을

대영박물관의 기초가 되었던 몬터규 하우스의 모습.

관람했을 때 느꼈던 내 생각 역시 그것과 크게 다르지 않았다. 대영박물관이 영국의 예술과 문화의 집결체가 아닌, 영국 제국주의의 성과물과 그 시절에 대한 향수를 모아놓은 추악한 장소에 지나지 않는다는 것이 당시의 내 생각이었다.

하지만 그런 나와는 조금은 다른 생각을 하는 사람도 있었다. 유럽의 박물관을 방문할 때마다 적지 않은 도움을 주시는 재영(在英) 학자 분과 오래전 저녁 식사 자리에서 이런 대화를 나누게 되었다. "영국은 왜 다른 나라의 전시물들을 마치 자신들의 국가 유물처럼 저렇게 당당하게 전시하고 있을까요?"라는 내 물음에 그분은 "영국은 어쩌면 전시물 자체가 아니라, 그런 전시품들을 전시할 수 있었던 그 역사를 전시하고 있는 건지도 모르지"라고 답했다.

즉 미국, 중남미를 시작으로 남태평양을 거쳐 중국, 인도를 지나 소아시아, 중동은 물론 그리스, 유럽에, 아프리카까지 전 세계에 걸쳐 진기한 유물과 귀한 문화유산을 마구(?) 긁어모을 수 있었던 대영제국을 만들어

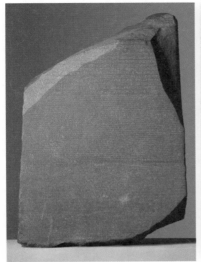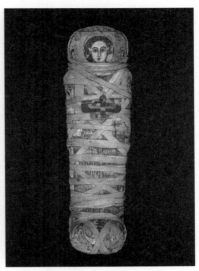

대영박물관에서 가장 유명한 유물이자 고대 이집트어 해석의 실마리가 되었던 로제타석(좌)과 고대 문명 이해를 위한 열쇠를 제공하여 '영원히 죽지 않은 교사(敎師)'라고 불리기도 했던 미라(우).

낸 조상들의 능력, 머나먼 식민지에서 개인적으로, 때로는 목숨을 걸고 어렵게 모아온 수집품들을 기꺼이 공공 박물관을 위해 기증했던 조상들의 탁월한 국가관과 시민 의식, 수백 년에 걸쳐 그런 유물들을 복원하고 대대손손 소중하게 지켜올 수 있었던 문화 의식 등 지금의 대영박물관이 전시하고자 하는 것은 바로 그러한 '영국인의 전통', '영국인의 문화 의식'이라는 것이었다.

실제로 한 연구에 따르면 종교적인 이유에서나 정치적인 이유에서 마구잡이로 파헤쳐지고 훼손되는 중동이나 아프리카의 유물의 사례를 들어, 대영박물관에 있는 다른 나라의 유물들 중 40% 이상은 원래의 자리에 있었으면 반대 종파의 공격이나 보존 기술과 비용상의 문제로 크게 훼손되거나 아예 파괴되어 버리고 말았을 거라는 예상을 내놓기도 했었다.

역사상 가장 유명한 영국 총리 중 한 명인 윈스턴 처칠. 고집불통에 완고한 모습으로 묘사되는 경우가 많지만, 실제 그는 타협과 협상에서 놀라운 능력을 발휘했던 능수능란한 정치가였다.

그 연구가 영국의 학교 기관에서 이루어진 연구라는 점을 들어 내용의 신뢰도에 대해 의문을 제기하거나, 연구 의도에 대해 의심의 눈초리를 거두지 못하는 사람들도 많지만, 내용을 살펴보면 고개가 끄덕여지는 부분이 없지 않다. 그런데 정말로 흥미로웠던 이야기는 그다음이었다.

"그러므로 정말로 우리가 대영박물관에서 꼭 봐야 할 것은⋯⋯"

로제타석이나 미라 혹은 파르테논 신전의 유물이라는 답은 애초부터 기대하지도 않았지만, 그의 입에서 나온 '꼭 봐야 할 것'은 너무나도 뜻밖에도 '타협을 통해 합의를 이뤄 나가는 정치력', '원하는 것을 얻어 내는 협상력'이었다.

타협과 협상의 정치학교 대영박물관

실제로 유물을 빼앗긴 이집트나 그리스뿐만이 아니라 그들과 동병상련의 처지에 있는 과거 제국주의 시절 피지배 국가들로부터 영국 정부가 받는 유물 반환에 대한 압박은 우리가 상상하는 것 이상이라고 한다. 각종 국제회의 때마다 문화재 반환이 거론되고, 대통령이나 총리 등의 국가 수반이 영국을 방문할 때나 영국 총리가 방문하는 국가에서 정상 회담이 열릴 때마다 주요 의제 중 하나로 반드시 언급되는 것이 대영박물관에 전시되고 있는 유물 반환에 관한 논의라고 한다.

해당 국가로서도 국가 수반의 해외 순방 성과를 홍보하기에 '국외 반출된 문화재 환수'만큼 가시적인 효과가 큰 것이 없기에 다른 논의사항에 우선하여 늘 유물 반환을 언급할 수밖에 없었을 것이다. 그 압박이 워낙 거세다 보니 영국 내 시민 단체는 물론 일부 의회 의원들까지 몇몇 유물에 대해서는 원래의 국가에 반환해 주자는 의견들이 있다고 한다. 하지만 가끔가다 마치 선심 쓰듯 무기한 장기 대여라는 형태로 원 소속 국가에 전시를 허용하는 경우는 있어도 대영박물관의 주요 유물을 원래 그것이 발견된 국가에 되돌려 줬다는 사례는 아직까지 들리지 않고 있다. 그렇다고 그로 인해 심각한 외교상의 마찰을 빚었다거나 국민들 간에 극단적인 의견 대립이 있었다거나, 그를 두고 의회가 정부에 대해 심한 공격을 했다는 소리 역시 들리지 않는다. 어떻게 그럴 수 있었을까?

사실 영국인들이 원래부터 그랬던 것은 아니다. 영국인들의 조상이 되는 앵글족, 색슨족, 노르만족, 켈트족 등은 난폭하고 과격하기로 소문난 민족이었다. 유럽에서도 말보다 주먹이 앞서기로 둘째가라면 서러워할 사람들이 그들 영국인의 선조들이었다. 이후에도 큰 변화는 없었다. 그들이 자랑하는 영국식 의회민주주의라는 것도 처음에는 그다지 크게 할일 없는 중소 지주나 귀족(Gentry)들이 모여서 왕이나 강력한 권력을 쥔 거대 귀족 가문 등에 맞서고, 자신들의 권리와 재산상의 이익을 지키기 위해 세력을 규합했던 것으로부터 시작했다는 설이 유력하다.

이 젠트리로부터 유래한 젠틀맨(Gentleman)이라는 단어가 신사라는 뜻으로 쓰이기 시작했지만, 사실 의회를 구성한 이들 젠트리들은 초기에는 그다지 점잖지 않았다. 런던 템즈 강변에 위치하고 있는 영국 국회의사당인 웨스트민스터만 살펴봐도 그렇다. 의사당 내에 있는 본회의장은 국

본회의가 진행되고 있는 영국 국회 내부의 모습. 양측 맨 앞줄에 굵게 그어진 붉은 선이 상대방에 대해 공격적인 행위를 자행할 때 절대 '넘을 수 없는 선'인 '검 선(Sword Line)'이다.

회의장석을 중심으로 원형 극장처럼 앉게 되어 있는 다른 나라 국회 본회의장과 달리 유력한 양대 당 소속의 의원들이 서로 마주 보고 앉게 되어 있다. 그런데 한 가지 재미있는 점은 마주 앉은 테이블 간의 거리이다. 멀리 떨어져 있지도 않고 그렇다고 붙어 있지도 않은 매우 어중간한 거리를 두고 양측의 테이블이 마주 보고 있다. 과거 음향 시설이 발달하지 않았을 시기, 너무 거리가 멀면 뒤쪽에 앉은 의원의 발언이 상대편 의석에 제대로 들리지 않을 터이니 가까이에 마주 보고 앉게끔 한 것은 이해할 수 있는데, 왜 하필 이렇게 어중간한 거리를 두고 떨어뜨려 놓은 것일까? 그 답은 연녹색의 카펫이 깔려 있는 바닥에 그어진 조금은 생뚱맞은 두 줄의 선에 있다.

'칼 선' 또는 '검 선', 영어로는 '소드 라인(Sword Line)'이라고 불리는 그 선은 말 그대로 칼이 넘어가서는 안 되는 선을 의미한다. 예전 영국의 의

회에서는 양당으로 견해가 나뉘어 격한 논쟁을 치르다 보면 감정을 이기지 못하고 차고 있던 칼을 꺼내서 상대에게 휘두르는 경우가 비일비재했다고 한다. 이 때문에 서로 상대 당이 휘두르는 칼의 반경 안에 들어오지 않도록 칼을 쭉 뻗은 거리의 약간 뒤편에 좌석을 만들었다. 그리고 그것만으로는 안심을 할 수 없어서 바닥에는 칼이 넘어갈 수 없는 경계선을 그려 놓은 것이다. 명문 유력 귀족이나 대장원의 지주까지는 아니지만, 그래도 일반 서민들보다 조금 더 배우고, 조금 더 가졌다는 사람들의 수준이 이 정도였으니 다른 이들은 말할 필요도 없을 정도였다.

실제로 중세의 특정한 시기에 한국을 포함한 아시아 국가와 영국에서 일어난 범죄를 유형별로 분석해 보거나 사회적 문제들을 살펴보면 누가 '신사의 나라'인지 헷갈릴 정도이다. 하지만 조금은 우스꽝스럽기는 하지만 검 선을 그어놓은 것에서 볼 수 있듯, 그들은 다툼과 대결의 모습에서 벗어나 타협과 합의의 정신이 살아 있는 의회 민주주의를 만들어 내기 위해 많은 노력을 기울였다. 그 결과 세계에서도 유례를 찾아볼 수 없는 점잖고 기품이 있으면서도 싸울 때도 품격과 예의를 갖춰 싸우는 제대로 된 의회를 만들어 낼 수 있었다.

영국의 의회에서는 절대로 논쟁을 벌이는 상대방을 직접 언급하지 않는다고 한다. 그럴 경우 서로 간에 직접적인 공격으로 감정이 격해질 수 있을지도 모른다는 우려 때문이다. 대신 이들은 철저하게 회의의 주관자인 국회의장의 도움을 받는다. 이 역시 '검 선'과 마찬가지로 제삼자의 눈으로 보면 조금 이상하고 우스꽝스럽지만 "의장! 의장께서는 보수당의 당수에게 왜 그런 옳지 않은 발언을 하셨는지, 이유를 물어봐 주시기 바랍니다"는 식의 간접적인 비난을 유도하고 있다. 비슷한 이유로 상대 의원을 지칭할 때나 부를 때에도 2인칭(너/너희, 당신/당신들)을 쓰지 못하도록 하고 있다. 대신 다소 뜬구름 잡는 듯한 온갖 수식어를 넣어 마치 소설 속에 등장하는 주인공을 소개하듯 상대를 지칭하도록 하고 있다. 이 때문에 한창 치열하게 서로 공박하고 논리 다툼을 벌이는 도중에 '노동당 신사 숙녀 여러분'이나 '윌트셔 지방 출신으로 늘 옳은 의사결정을 내리시는 존경하는 시드니 허버트 의원님'이라며 상대를 호칭하는 경우를 종종 발견하게 된다.

하지만 그럼에도 불구하고 사람이 하는 일이라 논쟁을 벌이다 보면 감정이 격해져서 과격한 언어를 구사한다거나 예의에 어긋나는 행동을 하는 의원들이 있을 수 있다. 그럴 때면 의장이 그 의원의 이름을 부른다. 아무것도 아닌 것 같지만, 의장에게 이름이 불린다는 것은 영국 의회에서는 굉장한 수치로 여겨지는 일이기에 아무리 열띤 논쟁과 다툼이 벌어지더라도 의장이 대상 의원의 이름을 부르는 순간 모든 상황은 종료가 된다. 이처럼 싸워야 하는 상대방에게도 늘 예의를 갖춰 논리로 공격하고 적정한 수준에 다다르면 서로 냉각기를 갖고 냉정하게 고민하여 적절한 합의안을 만들어 타협하는 전통이 정치의 중심인 의회에서 만들어졌으며, 그 의회를 이루는 의원들이 속한 귀족층(젠트리)에 퍼져 영국 고유의 신사(젠틀맨) 문화를 만들어 냈고 그 면면은 지금까지 계속 이어져 내려오고 있다. 이러한 문화, 정서, 전통이 대영박물관이 계속해서 존재하고 성장할 수 있었던 첫 번째 원동력이 되었다.

하지만 그들이 대부분 '남(다른 나라, 다른 민족)'의 문화유산인 소장품들을 가지고 대영박물관과 같은 세계적인 규모의 박물관을 유지·발전시켜온 것은 타협과 합의의 문화만 가지고는 불가능했을 것이다. 그들은 자신들끼리는 합의와 타협을 이뤄 냈지만, 경쟁을 하거나 서로 간의 이해관계가 첨예하게 대립하는 상대방에 대해서는 냉혹하고 끈질기게 물고 늘

윈스턴 처칠에 이어 역사상 가장 유명한 총리이자, 강력한 지도력을 바탕으로 고질적인 '영국병(病)'을 치유했다는 평가를 받는 마거릿 대처 총리.

어져서 자신들이 원하는 것을 반드시 얻어 내거나 자신의 의견을 관철하고야 마는 협상력이 있었기에 가능했다.

2013년 봄에 사망한 '철의 여인' 마거릿 대처 전 영국 총리는 생전에 이런 얘기를 했다. "당신이 사랑받기만을 원한다면 항상 타협해야 한다." 즉 항상 타협만 하는 사람은 다른 사람이 좋아해 주고 좋은 평판을 얻을 수는 있지만, 진정 원하는 것은 얻을 수 없을 거란 얘기였다. 그녀 역시 생전에는 '영국병(British Disease)'이라고도 불렸던 1970년대 영국의 경기 침체를 극복하기 위해 대처리즘(Thatcherism), 즉 신자유주의를 기반으로 한 무지막지한 재정 감축, 복지 축소, 보다 적극적인 시장 경제 도입 등의 경제 정책을 과감하게 도입했다. 이 때문에 집권기에도 아이들의 무상급식을 축소한 것에 대한 반발로 '우유 강탈자(Milk Snatcher)'라고 비난받았으며, 심지어 사망한 이후에도 여러 가지 방법으로 놀림과 비판을 받아야 했다. 하지만 그럼에도 불구하고 영국은 물론 전 세계의 상당수 사람들은 당시 영국의 상황에서는 대처가 시행한 정책이 최선은 아니었지만, 차악(次惡)쯤은 됐었다는 의견이 우세하다. 비록 영국 제조업 기반을 약화시키고, 복지 제도를 후퇴시켰으며, 지나친 경쟁과 일부 대형 금융 기업의 배만 불려주었다는 의견도 있지만, 침체에 빠진 영국의 경제를 정상화 시켰을 뿐만 아니라 런던을 유럽은 물론 세계 금융의 중심지로 다시 도약하게 만들었으며, 90년대 후반 경제 호황의 기반을 닦았다는 긍정적인 평가가 대체로 조금은 더 많은 편이다.

대처가 영국 최초의 여성 총리가 될 수 있었고, 총리가 돼서 이러한 업적을 이루며 11년간이나 장기 집권할 수 있었던 정치력의 기반은 무조건적인 타협이 아니라 대화, 막후 거래, 압박 등 다양한 방법을 통해 원하는 것을 얻어 내고야 만 협상력에 있었다. 그런데 협상력으로만 치면 마거릿 대처 총리를 훨씬 능가하는 인물이 또 하나 있다.

헨리 키신저.

독일 출신의 유대계 미국인으로, 미국의 제56대 국무장관이자 1973년 노벨 평화상 수상자로 미국 외교의 설계자로 불렸던 사람이다. 닉슨 대통령 시절에는 대통령 안보 보좌관으로서 당시 중국의 이인자였던 저우언라이(周恩來) 총리를 만나 닉슨과 중국 지도자 마오쩌둥의 '핑퐁 외교'를 성사시켰고, 포드 대통령 재임 시절에는 국무장관으로 미국이 '세계의 경찰'로서 전 세계를 대상으로 영향력을 행사하는 초강대국이 되는 데 크게 기여했다. 그뿐만이 아니다. 현직에서 물러난 이후에 오히려 더 활발하게 활동을 전개하여 외교관계협의회(The Council on Foreign Relations) 등과 같은 막강한 조직을 이끌며 현재까지도 막후에서 세계 정치, 외교를 조정하는 실력자로 활약하고 있다.

한창때 그의 위세가 얼마나 대단했으면, 앞으로 국제 정세가 어떨 것 같냐는 기자의 질문에 그가 이렇게 답했다고 한다. "앞으로는 잘 모르겠지만, 일단 다음 주에는 확실히 국제 정치 무대에 별문제가 일어나지 않을 것이오. 왜냐하면 다음 주에는 이미 내 스케줄이 가득 차 있거든."

그런 그에게 누군가가 나라와 나라 간 협상에 관한 조언을 구했던 적이 있다. 그때 그는 이렇게 말했다고 한다. "국제 문제만큼은 그 어떤 도덕이나 이상이 존재하지 않는다. 오직 자국의 이익만이 존재할 뿐이다."

즉 외교라는 것이 겉으로 볼 때는 그럴 듯해 보여도 한 꺼풀 벗기고 들어가 보면 각국이 서로 자국의 이익을 주장하며 한 치의 양보 없이 그야말로 총성 없는 전쟁을 벌이고 있는 전쟁터이다. 그 전장에서 각국의 이익들이 상충할 때 본격적으로 발휘되는 것이 협상력인데, 영국인들은 이 부분에서만큼은 발군의 기량을 보유하고 있다. 어렸을 때부터 독서와 토론을 중시하는 교육과, 웅변과 연설을 성공적인 사회생활을 위한 중요한 덕목 중 하나로 여기고 학교는 물론, 일반 가정에서의 교육에서도 중요하게 다루는 문화 덕분에 영국인들은 자신의 생각을 논리적으로 정리하여 타인에게 전달하고, 또 필요에 따라서는 다양한 방법을 접목시켜 자기 뜻을 관철시키는 데에 매우 익숙한 사람들이다.

이 때문에 루스벨트 대통령 같은 협상의 귀재들조차 영국 총리와 회담을 하고 나면 가까운 사람들에게 "문제는 영국인과 마주 앉아 한판 벌이면 판돈의 80%를 매번 영국인들이 따가고 나머지를 우리가 갖게 된다는 것이지"라는 푸념을 털어놓기도 했다. 그런 루스벨트의 보좌관이자 논리적인 걸로 치면 둘째가라면 서러워했던 유명한 법학 교수 레이먼드 찰스 몰리 역시 영국 측 실무자들과 회담을 마친 뒤, "우리 미국 대표단은 미숙하고 요령도 없는 데 반해, 우리가 겨룬 상대(영국인)는 자기들이 무엇을 원하고 있는지 분명하게 알고 있었고, 무척이나 노련했다"라고 말했다고 한다. 그런 능력 덕분일까? 대영박물관은 숱한 소장품 반환 시비에도 불구하고 아직까지도 '남의 문화재로 생색내며' 세계적인 박물관으로 건재하다.

기업의 성패는 승패만으로 완성되지 않는다

흔히 '기업은 경영하는 것'이라고만 생각하는 이들이 대부분이다. 하지만 그 말은 절반은 맞는 말이고 또 절반은 틀린 말이다. 경영(經營)이라는 단어 안에 얼마나 많은 의미를 담아낼 수 있느냐에 따라 그 말은 맞는 말이 되기도 하고, 또 틀린 말이 되기도 한다. 기업의 경영이 단순히 경영 활동의 결과로 승패를 겨루고 그에 의해 매출, 수익 등의 성과를 획득하는 일련의 활동, 과정, 결과 등만을 뜻한다고 생각한다면, '기업은 경영하는 것'이라는 말은 전적으로 틀린 말이 된다. 반면 경영이 기업 활동을 하는 과정과 결과가 담고 있는 모든 요소와 더불어 상대와의 타협, 협상, 배려, 관용 등 고도의 정치적인 의도와 행동이 반영되어야 하는 종합적인 활동이라고 생각한다면 '기업은 경영하는 것'이라는 말은 맞는 말이 된다.

과거로부터 지금까지 성공적인 경영인들을 살펴보면, 하나같이 '기업 경영에 전념했을 뿐입니다', '저는 회사 경영밖에 모릅니다', '정치에는 문외한입니다'라고 입을 모으지만, 실제 그들이 했던 행동 하나하나, 결정 하나하나가 모두 노회한 전문 정치인에 못지않는 정치적이고 정략적인 판단이었던 것을 발견할 수 있다.

2000년대 중반 출판계와 경영학계에 혜성같이 등장해서 큰 화제를 일으키고, 현재까지도 유용한 경영 전략의 한 분야로 인정받고 있는 '블루오션 전략(Blue Ocean Strategy)'이 있다. 프랑스에 소재한 세계적인 명문 경영전문대학원인 인시아드(INSEAD)의 한국인 교수 김위찬 박사가 제시한 이 전략은 기존의 전략이 '어떻게 하면 시장(레드오션)에서 경쟁자를 이기고 성과를 창출할 것인가?'에 초점이 맞춰져 있다면, 블루오션 전략은 발상을 바꿔 '어떻게 하면 경쟁이 이뤄지지 않는 새로운 시장 공간(블루오션)과 수요를 창출할 것인가?'를 설명하고 있다. 1990년대 이후 경영학 분야에서 각광을 받아 온 가치혁신(Value Innovation) 이론을 기반으로 한 이 이론은 기업들에게 끊임없이 계속되어 온 경쟁의 악순환에서 탈피할 것을 주장하고 있는데, 21세기 들어서 새롭게 제시된 것 같은 이 블루오션 전략의 중심 사상을 사실 우리는 이미 오래전부터 알고 있었다.

손자병법(孫子兵法) 제3편 모공(謀攻) 편에 보면 이런 얘기가 나온다.

"孫子曰 凡用兵之法 全國爲上 破國次之 (중략) 是故百戰百勝 非善之善者也 不戰而屈人之兵 善之善者也."

즉 '손자가 말하기를 무릇 병법은 적국을 온전한 채로 차지하는 것이 최상이요, 그를 쳐부수어 차지하는 것은 차선이다. (중략) 그런고로 백전백승이 결코 최상이 아니요, 싸우지 않고서도 적을 굴복시켜 따르게 만드는 것이 최상인 것이다'라는 얘기다. 블루오션 전략에서 주장하는 내용과 묘하게 일맥상통한다는 것을 느낄 수 있다. 이미 2천 5백여 년 전부터 우리는 경쟁을 치르느라 출혈을 하지 않으면서도 원하는 바를 얻는 것(블루오션 전략)이 최상의 전략임을 익히 알고 있었던 것이다.

기업 경영에서도 마찬가지다. 진짜 경영자는 싸움을 즐기기보다는 싸움이 일어날 만한 상황을 회피하는 데 큰 능력을 발휘한다. 이는 단순히 싸움을 두려워하거나 피한다는 것이 아니다. 결정적으로 싸울 상황이 되면 싸우더라도 그렇지 않은 경우에는 고도의 정치력과 타협, 협상 능력을 발휘해서 서로 간에 윈윈할 수 있는 방법을 찾아 나가는 데, 그리고 그렇게 할 수 있는 방법을 제시하는 데 능력을 발휘한다는 것이다. 불가피하게 경쟁을 해야 하고 한판 싸움을 벌여야 할 때도 마찬가지다. 탁월한 경영자는 경쟁자를 죽이기보다는 스스로 경쟁을 중도에 포기하도록 하는 데 그 능력을 발휘한다. 적어도 '고수들의 세계'에선 정치력과 경영 능력은 떼려야 뗄 수 없는 동반자적 기능인 셈이다.

오늘날 수많은 우량 기업들과 그 경영자들은 경영 능력과 더불어 고도의 정치력을 바탕으로 자신들의 성공을 구가하고 있다. 마찬가지로 대영박물관 또한 영국인 특유의 정치력과 경영 능력을 기반으로 여전히 세계 최고 박물관의 지위를 굳건히 누리고 있다.

대영박물관(The British Museum)

위치 Great Russell Street, London, WC1B 3DG
홈페이지 www.britishmuseum.org
관람 시간 10:00~17:30 / 10:00~20:30(금요일)
휴무일 1월 1일, 성탄절(24, 26일도 휴관)
관람료 무료

Underline Note

1) 전시물의 양과 규모가 실로 방대하다. 당일치기로 런던을 방문한 것이 아니라면, 박물관이 도심의 주요 관광지들로부터 충분히 도보로 방문할 수 있는 위치에 있고, 입장료도 무료이니 인근을 지나칠 때마다 수시로 들러서 분야별로 조금씩 관람하는 방법도 의외로 효율적이다(혹은 런던의 궂은 날씨를 감안해 비가 올 때마다 비를 피하는 셈치고 방문하는 방법도 있다).

2) 오만가지 전시품이 국가별로 대충 흩뿌려져 있는 듯하지만 자세히 살펴보면 오랜 역사에 걸쳐 박물학, 박물관학을 발전시켜 온 나라답게 굉장히 체계적이고 일목요연하게 잘 정리되어 전시되고 있다. 유료 안내 책자나 스마트폰 앱 등을 미리 다운받아서 활용하면 효율적인 동선 구성을 통해 시간을 절약할 수 있다.

Lesson 15 --

직원이 사랑하지 않는 회사는
고객도 돌아보지 않는다

국립 두바이 박물관에서 배우는 [기업문화와 조직의 변화]

두바이의 극적인 몰락과 부활

한때, 아랍에미리트를 이루고 있는 7개의 토후국 중 하나인 두바이는 '변화와 발전'의 상징이었다. 다른 아랍 국가들이 막대한 오일 달러를 바탕으로 흥청망청 돈을 써대기만 할 때, 두바이는 아라비아 반도를 대표하는 무역 항구 중 하나라는 지리적 이점을 바탕으로 중계무역, 금융, 컨벤션과 리조트 사업 등을 발전시키며 엄청난 속도로 발전을 거듭했다.

이는 두바이가 아랍 지역에 위치하고 있으면서도 다른 주변 국가에 비해 석유 매장량이 터무니없이 작았던 탓에 생존을 위해 어쩔 수 없이 선택한 정책이었지만, 두바이의 왕이자 아랍에미리트의 부통령인 셰이크 모하메드 빈 라시드 알 막툼은 시장 환경을 꿰뚫어 보는 혜안(慧眼)과 절대 왕권을 바탕으로 한 강력한 리더십을 발휘하여 자신들의 계획을 저돌적으로 밀어붙였고, 덕분에 그들의 발전 속도는 눈부셨다. 1990년대 중·후반부터 시작된, 산유국에서 중계무역-금융 국가로의 두바이의 변신은 놀라운 성과를 거뒀다. 당시 세계 최대, 세계 최고, 세계 최고급의 것들은 몽

마케팅적인 수사였지만, 어찌 되었든 '세계 최초의 7성급 호텔'이었던 두바이의 '부르즈 알 아랍(Burj Al Arab)' 호텔. 투숙이 아닌 내부 견학만을 위해서도 비용(약 3~4만 원 정도)을 지불해야 했다.

땅 다 두바이에 있거나 만들어지고 있다는 것이 과장이 아니었다.

눈이 없는 국가에 스키장을 만들면 세계적인 관심을 끌 거라는 아이디어를 바탕으로 엄청나게 거대한 돔을 지어 당시로써는 세계 최대였던 실내 스키장을 만들고, 단순히 물고기만으로 이루어진 수족관으로는 사람들의 이목을 끌 수 없다는 생각에 사라진 전설 속의 고대 왕국 아틀란티스를 묘사한 거대한 건축물을 그대로 물속에 가라앉히고 그 안에 물고기들을 풀어놓은, 상상에서나 가능할 법한 대형 아쿠아리움도 당시 두바이에서는 꿈이 아니라 현실이었다. 전 세계 최고층 빌딩도, 가장 비싼 객실의 호텔과 최고급 레스토랑도 모두 두바이에 있었다.

하지만 '두바이(아랍어로 '메뚜기'를 뜻함)'라는 이름 때문이었을까? '메뚜기도 한철'이라는 우리네 속담처럼, 두바이의 고속 질주 성장 신화는 2008년 전 세계에 불어 닥친 '서브 프라임 모기지' 사태의 직격탄을 맞고 휘청거리더니, 부동산 경기가 급락하면서 해외 자본들이 속속 빠져 나가

버려서 모라토리엄(moratorium, 채무상환 유예)을 선언해야 하는 지경에까지 이르렀고, '아랍 금융의 중심지', '세계 최고의 리조트 도시'라는 광고 문구가 무색할 정도로 급속하게 몰락해 버리고 말았다.

다행히 같은 '아랍 형제국'이자, 아랍에미리트 연방의 가장 맏형 격인 아부다비의 긴급 자금 지원 덕분에 겨우 회복세에 접어들었지만, 과거와 같은 영광을 되찾기는 쉽지 않아 보인다. 2007년 방문했을 때는 두바이 전역에서 펼쳐지고 있던 공사판에서 일하기 위해 인도와 중국에서 물밀듯 몰려들었던 노동자들을 어디서든 볼 수 있었는데, 2009년에 방문했

현존하는 세계 최고층 빌딩인 '부르즈 칼리파(Burj Khalifa)'. 전체 높이 828m, 총 162층의 건물로, 몇 해 전 개봉한 헐리우드 영화 「미션 임파서블 4」에서 주인공 에단 헌트(톰 크루즈 분)가 긴장감 넘치는 침투 장면을 연출하여 더욱더 유명세를 치르게 되었다.

을 때는 그들이 거의 보이지 않아 시내가 한산한 느낌마저 들었고, 여기저기에 공사를 하다가 중단된 건물들이 을씨년스럽게 방치되어 있는 모습을 볼 수 있었다. 하지만 2011년에 다시 가보니 이제는 과거만큼은 아니지만, 겨우 어느 정도 활력을 되찾고 상하가 합심하여 과거의 영광을 되찾기 위해 노력하고 있었다. 그러한 노력의 중심에 있는 곳이 바로 지금부터 얘기할 '두바이 박물관'이다.

두바이 박물관의 외부.

국민 없는 두바이, 박물관이 나서다

한때 두바이는 '날마다 새롭게 태어나는 두바이(Dubai is on birthday)'라는 말이 유행할 정도로 하루가 다르게 새롭게 거듭나는 도시였다. 원리주의가 지배하는 다른 아랍 국가들은 말할 것도 없고, 어느 정도 세속주의를 허용하는 이웃국가들마저 혀를 내두를 정도로 그들은 외부에 대한 개방과 변화에 너그러웠고 외자, 외국 문화의 자유로운 유입 등을 보장했었다. 그 덕분에 서양인들이 자유롭게 거리를 활보하며 금융 사업을 벌이거나 자본을 유치해서 쇼핑몰을 지을 수 있었고 도시 전역에 걸쳐 새로운 빌딩을 짓는 타워 크레인들이 즐비했으며 날마다 새로운 사업이 시도되는, 그야말로 날마다 새롭게 태어나는 도시 그 자체였다.

하지만 두바이는 경제적으로는 성장했지만, 한 서양 언론 기자가 '두바이에 가면 전 세계에서 몰려든 수많은 나라의 국민들을 만나볼 수 있지만, 만날 수 없는 국민이 딱 하나 있다. 그는 바로 두바이 국민이다'라고 비아

냥댔을 정도로, 국가 정체성에 대한 확고한 국민 인식과 자국 문화에 대한 국가 구성원들의 이해와 애정, 국민 통합의 정도는 형편없는 수준이었다.

그러한 문제는 계속해서 국가가 성장하고, 외부로부터 돈과 인력이 몰려들 때는 겉으로 드러나지 않았지만, 2008년 위기 상황이 닥치고 외국인, 외국 자본이 철수하기 시작하자 엄청나게 큰 문제로 대두되기 시작했다. 문제를 인식한 두바이의 지도자들은 뒤늦게 해결책을 찾기 위해 동분서주하기 시작했고, 그러한 노력 중 하나가 '두바이 전통문화의 복원을 통한 국민적 자긍심 회복' 활동이었다. 일명 '두바이를 제대로 알자', '두바이를 사랑하자'는 운동이었다.

정부는 1995년 마지막 리뉴얼 이후로 새로운 관광 명소(앞서 본 '부르즈 칼리파'나 '팜 주메이라' 같은 대규모 프로젝트) 개발에 정신이 팔려 더 이상 손대지 않고 있던 두바이 박물관에 대규모 투자를 해서 전시물들을 확충하고 관람객 편의 시설을 확장했으며, 전 국민들을 대상으로 관심 제고를 위한 홍보에 나섰다.

그런 배경에서 새롭게 부각되기 시작한 국립 두바이 박물관은 두바이 구시가의 중심부에 위치하고 있다. 1970년까지는 감옥이나 관청, 왕의 별궁 등으로 사용되었던 곳인데, 원래는 외세의 침략을 막기 위해 1700년대 말에 축조했던 '알 파히디(Al Fahidi) 요새'를 그 기원으로 하는 건물이다. 이 때문에 전형적인 박물관 또는 미술관의 형태와는 다르게, 적을 감시하기 위한 망루나 도주로 확보를 위해 만든 것으로 보이는 미로 같은 통행로들을 건물 곳곳에서 만날 수 있다.

하지만 실제 방문해서 보면, 두바이 정부의 노력에도 불구하고 준비 기간이 짧거나 유물을 수장하고 전시하는 역량이 부족해서인지 아직까지 '국립 박물관', 그것도—많이 쇠락하기는 했지만 그래도 왕년에는 한 끗

1. 두바이 박물관의 내부는 전형적인 박물관과 유사한 모습을 하고 있지만, 외부로 나와서 보면 흡사 중세의 성벽과 흡사한 방호 시설들을 만나볼 수 있다.

2. 과거 두바이의 주요 수입원이었던 향신료를 거래하는 상인과 상점의 모습을 재현한 밀랍인형 전시물.

3. 박물관 앞마당에 전시된 물통이다. 박물관 경비를 담당하던 미스터 하산의 애지중지하는 모습과 함께 어우러지면 이 평범한 물통이 대영박물관의 고대 그리스 유물과 같은 수준으로 느껴지기 시작한다.

4. 그다지 큰 규모는 아님에도 불구하고 박물관 곳곳이 미로와 같은 좁은 통행로로 이루어져 있어 자칫하다가는 길을 잃을 우려가 있다. 햇볕을 가리기 위한 차일이 드리워져 있음에도 불구하고 이 골목에서 사진 찍을 당시 기온은 자그마치 섭씨 51도!

발 날리던─두바이 정부가 야심차게 운영하는 박물관이라고 하기에는 뭔가 조금은 부족하다는 생각이 드는 것을 피할 수가 없다. 두바이 동쪽인 데이라 지역의 부족 마을인 알 구사이스(Al Qusais 또는 Al Gusais)에서 발견된 고분에서 출토되었다고 하는 몇몇 유명한 유물 정도를 제외하고는, 낡은 무기와 농기구 또는 사막에 사는 유목민들의 생활도구 등이 전시되어 있을 뿐이다. 그나마도 혹독한 사막 기후 탓에 원형 그대로 잘 보존된 유물은 드물어서 대부분 복원품이거나 조잡한 밀랍인형으로 비슷한 분위기만 재현해 놓은 전시물들이 대부분이다.

그런데 놀라운 것은 두바이 정부의 노력이 점점 효과를 발휘하고 있다는 것이다. 그런 생각이 든 것은 박물관을 찾는 관람객들의 모습에서였다. 다른 국제 도시들과 달리 두바이 박물관의 관람객은 거의 전부라고 해도 좋을 정도로 두바이 자국민들로 구성되어 있다. 자신들이 과거 사용해 왔고, 현재도 사용하고 있는 물건들을 전시해 놓은 공간에 지나지 않은 이곳에 수많은 두바이 국민들이 몰려들기 시작한 것이다. 게다가 더 놀라운 것은 전시를 관람하는 두바이 국민들의 태도였다. 외국에서 온 우리의 눈에도 조금은 뻔하다고 여겨질 정도로 진부한 전시물들이 대부분임에도 불구하고, 관람을 하는 그들의 태도는 진지하기 이를 데가 없었고, 혹여라도 몇 안 되는 외국인 관람객이 전시물에 관심을 표하기라도 할라치면 환한 얼굴로 다가와 아는 체를 하고 자신의 아는 지식, 모르는 지식 가리지 않고 어떻게든 동원해서 무언가 더 설명하고 얘기를 해 주려고 안달이 난 모습들이었다. 전시물을 관리하는 직원들 역시 마찬가지였다. 단순히 도난이나 파손을 막기 위해 관람객을 통제하는 역할에 그치지 않고, 틈이 날 때마다 전시된 유물들을 닦고 손질하고 관람객들의 사소한 질문에도 기꺼이 마음을 다해 설명하는 모습이 인상적이었다. 그런데 박물관을 관람하며 그런 그들의 모습을 반복적으로 접하게 되자 식상했던 전시물들이 조금씩 다르게 보이기 시작했다.

사랑하면 보이는 것

이유가 뭘까? 현재 6권에 이어 바다 건너 일본 편까지 출간된 유홍준 교수의 『나의 문화유산 답사기』에 보면 이런 글귀가 나온다.

"사랑하면 알게 되고 알면 보이나니 그때 보이는 것은 전과 같지 않더라."

책을 읽은 많은 이들에게 감명을 줬던 이 글귀는 조선 정조 대의 유명한 문인이었던 저암(著庵) 유한준(兪漢雋) 선생이 지인이자 당대 최고의 수집가였던 석농(石農) 김광국(金光國)의 화첩에 써준 발문에서 유래한다.

"知則爲眞愛, 愛則爲眞看, 看則畜之而非徒畜也"

유홍준 교수의 글귀와 같은 내용의 이 문장은 한마디로 우리가 너무나 익숙해서 쉽게 보아 넘겼던 것들이라도 마음을 다해 아끼고 사랑하는 마음을 갖고 보면 보지 못했던 면들이나 가치를 볼 수 있게 되고, 그때의 모습이나 가치는 이전에 보았던 것과는 판이하게 다르다는 뜻이다.

두바이 국민들도 마찬가지였을 것이다. 비록 크게 내세울 것은 없지만, 그래도 굳건히 역사와 전통을 지켜온 자국의 모습, 문화와 전통 등에 대해 애정을 갖고 보게 되자 몰랐던 것을 알게 되었고, 그를 바탕으로 새로운 가치를 발견해 낼 수 있었던 것이다. 그리고 그때 보이는 두바이는 이전에 보이던 두바이와는 전혀 다른 모습이었을 것이다. 그런 과정에서 그들은 잃었던 자부심과 자신감을 다시 찾게 되었고, 이제는 새로운 두바이로 다시 뛰고 있다.

기업 또한 매번 고객들을 향해 아껴 달라, 관심을 가져달라, 자주 찾아 달라 애원하지만 그 전에 기업 안에서 근무하는 구성원 스스로 자신이 몸담고 있는 기업에 대해 얼마나 잘 알고 있는지, 얼마나 스스로 아끼고 자부심을 느끼고 있는지에 대해 먼저 생각해 봐야 하지 않을까? 자신들이 갖고 있는 가치에 대해 스스로 자부심을 느끼지 못하면서 그를 고객에게 선보이고 애정과 관심을 가져달라고 한다면 과연 그것이 가능한 일일까? 설혹 몇 번은 가능할지 모르지만 오래도록 지속될 수 있을까? 그렇기 때문에 고객으로부터 사랑받는 기업이 되는 기본은 먼저 그 기업에 근무하는 구성원들이 자신이 일하는 기업에 관해 관심과 애정을 갖고 살펴서 자신들이 보유한 가치에 대해 인식하는 것으로부터 시작되는 것이다.

2009년 봄, 단기적인 자금난에 빠진 모 항공사가 신주인수권부사채(BW)를 발행했다. 만기이율 10%에 표면이율 7%로 투자자의 입장에서 나쁘지는 않은 투자 대상이었지만, 문제는 이 항공사의 높지 않은 신용 등급이었다. 이제 막 글로벌 금융 위기의 충격에서 겨우 벗어나려는 금융 시장에서 이 항공사의 신용 등급(당시 BBB0)은 투자자들이 선뜻 투자를 결정하기에는 무리가 있었다. 더군다나 추가 수익을 내기 어렵다는 애널리스트들의 예상과, 모 그룹의 건설업체 M&A 실패에 따른 유동성 위기설까지 겹치면서 BW 공모 자체가 무산되고 말지 모른다는 비관론이 우세했다. 그때 등장한 것이 이 항공사의 임원들이었다. 그들이 발 벗고 나서서 자비를 털어 회사채를 구매하기 시작하자, 일반 직원들도 여유가 되는 만큼 회사채를 사들이기 시작했고, '항공사에 근무하는(그래서 내부 사정에 대해 제일 잘 알 것 같은) 임직원들이 개인 돈을 쏟아붓기 시작했다'라는 소문이 시장에 퍼지면서, 투자자들의 심리가 극적으로 바뀌기 시작했다.

회사의 어려움을 모른 체하지 않고, 자기 자신의 어려움처럼 생각하고 기꺼이 자신의 돈을 투자한 임직원들 덕분에 삽시간에 1천억 원에 가까운 투자금이 모였고, 그 돈으로 이 항공사는 위기에서 벗어날 수 있었다.

이에 대해 한 경영 컨설턴트는 "현대와 같은 정보의 홍수 시대에 사람들은 과거처럼 '보다 많은 정보'보다는 '보다 신뢰할 수 있는 정보'를 구하는 데 혈안이 되어 있다. 그럴 때, 어떠한 기업에 대해 가장 신뢰할 수 있는 정보는 그 기업의 내부에서 일하는 구성원들에게서 나오는 정보일 것이다. 조사에 따르면 어떠한 기업에 대한 언론 보도를 전적으로 믿는다는 사람이 불과 15%밖에 안 되는 반면, 그 기업의 구성원한테서 나온 내부 정보를 전적으로 믿는다는 사람은 무려 76%를 넘는다는 결과가 있다. 그런 점에서 보면 투자자 입장에서는 임직원들이 자기 회사에 애착을 갖고, 자신의 임금과 자산을 재투자하는 행위는 그 기업에 대한 가장 긍정적인 시그널이라고 볼 수 있고, 그 기업의 전망이 어둡지 않다는 가장 신뢰가 가는 정보라고 볼 수 있다"라고 설명했다. 그렇기에 승승장구하고 있는 우량 기업들이나 성공적인 경영자들은 외부에 대한 기업 공개, 언론 홍보 등에 신경 쓰는 만큼이나 내부 구성원들이 몸담고 있는 자신의 회사나 사업장, 부서 등에 대해 제대로 알고, 자부심을 느낄 수 있도록 다양한 지원 활동을 해오고 있다.

그런 의미에서 과거 다른 나라 사람들이나 관광객, 투자자들에게 보여지는 모습만을 강조하던 두바이가 스스로에 대한 이해와 관심을 강조하며 두바이 박물관을 비롯한 자국의 문화에 대한 투자를 활성화하고 있는 모습, 그리고 실제로 그런 노력들이 어느 정도 효과를 발휘해서 일반 국민들이 자국의 문화유산에 대해 알려 하고, 그를 아끼고 가꾸려 노력하는 모습에서 두바이가 지금은 비록 힘든 시기를 겪고 있지만, 전 세계인들이 관심과 애정을 갖고 찾아들던 과거의 화려한 모습을 되찾을 수 있으리라는 긍정적인 전망을 조심스레 해 본다.

국립 두바이 박물관(Dubai Museum)

위치 Opp. Grand Mosque – AlFahidiStreet, Dubai
홈페이지 별도 홈페이지 없음(두바이 정부 공식 사이트인 www.dubai.ae로 들어가서 필요한 정보를 얻을 수 있다)
관람 시간 08:30~20:30/14:30~20:30(금요일)
휴무일 없음
관람료 무료

Underline Note

1) 국립 두바이 박물관이 두바이의 거의 유일한 국립 전시 시설이기 때문인지는 모르겠지만 다른 곳에 비해 비교적 아침 일찍 문을 열어 저녁 늦게까지 하므로 시간을 잘 맞추면(아침 오픈 직후 또는 이슬람 저녁예배시간 등) 줄을 서지 않고 입장할 수 있다.

2) 알 구사이스 유물 정도를 제외하고는 특별히 꼭 관람해야 하는 미술품이나 두드러지게 유명한 전시품은 거의 없지만, 이국적인 아랍 문화를 경험해 본다는 생각으로 가볍게 관람하다 보면 의외로 재미있는 것들을 많이 발견할 수 있다. 특히, 장사의 귀재였던 아랍 상인들의 후예답게 과거 상업 활동과 관련된 전시물들이 많으니 그 부분을 유심히 살펴보시면 좋다.

session 4

위대한 경영이
위대한 고객을,
위대한 고객이
위대한 성과를
만들다

위축하지 말고 긴축하라

후쿠오카 아시아 미술관에서 배우는 [자원 최적화를 통한 경영 효율화]

가깝고도 먼 나라 미술관

우리가 일본이라는 나라를 일컫는 단어 혹은 문장은 참 여러 가지이다. '가깝고도 먼 나라'라는 알 듯 모를 듯한 조금은 형이상학적인 말을 쓰기도 하고, 우리나라 문화에 대한 자부심을 강조하고자 하는 이들은 '백제의 후예들이 세운 나라'라고 하기도 한다. 또 한때(정말로 '한때'였지만) 뉴욕의 고층 빌딩을 사들이고, 하와이의 좋은 휴양지들을 싹쓸이하며, 조만간 '미국을 능가하는 세계 최고 경제 대국이 되겠다!'라고 큰소리치던 일본을 부러운 눈빛으로 쳐다봐야만 했던 이들 중 상당수는 아직도 일본 하면 '아시아 최고', 심지어 '아시아 국가 중 아시아를 벗어나 세계로 뻗어 나가 탈아(脫亞)를 구현했던 유일한 나라'라고 경외시하기도 한다.

하지만 아직까지 완벽한 친일 잔재 청산이 이루어지지 않았고, 여전히 영토, 과거사 등의 문제로 다툼을 벌이는 양국의 현실을 반영이라도 하듯 일본 혹은 일본인 하면 많은 이들의 입에서 그다지 썩 좋은 표현이 나오기 힘든 것이 사실이다. 그럼에도 불구하고 분명한 것은 일본은 우리의 이

우리의 소중한 영토인 독도.

웃 나라라는 점이고, 예전만큼은 아니지만 정치, 사회, 경제적으로 '아직' 무시할 수 없는 세계 주요 국가라는 점이다.

그 일본에서도 특히 규슈 지방은 거리상으로도 한국과 가깝고 과거부터 외국과의 교류에 관대한 지역이기 때문인지, 일본 내에서도 한국과 가장 교류가 활발한 지역이다. 그런 규슈의 관문 도시인 후쿠오카는 메이지 시대 때 후쿠오카(福岡)와 하카타(博多)가 합병되어 형성된 도시로, 일본인들에게는 후쿠오카라는 이름보다 '하카타'라는 옛 이름이 훨씬 더 사랑을 받는 특이한 도시이기도 하다. 도시의 관문 역할을 하는 중앙역의 이름도 '하카타역'일 정도이니 말 다 한 셈이다. 우리로 치면 서울역의 이름을 '한양역' 혹은 '한성부역'이라 붙여 놓은 셈이랄까?

아무튼 이 후쿠오카는 한국과 매우 가까워서 매년 많은 한국인들이 찾고 있는데, 주요 거리는 물론 작은 골목골목 사이에 있는 이정표까지도 한글 명칭이 병기되어 있을 정도이고 주요 관광지(후쿠오카 타워, 라쿠스이엔 등)마다 한국인에겐 10%에서 최대 50%까지 할인해 주고 있기도 하다.

또 거의 모든 대형 상점에 가보면 한국어를 한두 마디 이상 사용할 수 있는 직원들이 꼭 있다.

그런데 사실 이 후쿠오카라는 도시는 규슈 지역 여행을 시작하는 관문 도시여서 그 이름이 알려졌다 뿐이지, 관광지로서 썩 매력적인 곳은 아니다. 역사 유물을 구경할라치면 과거 5백 년 넘게 규슈를 다스렸던 행정관청이 있는 마을인 다자이후(大宰府)가 낫고, 온천 역시 세계적으로 명성을 떨치고 있는 인근 오이타 현의 벳푸나 유후인만 못하다. 다른 관광 시설 또한 마찬가지여서 이국적인 경험을 하고 싶다면 과거 서양 문물이 가장 먼저 전파되었던 나가사키나 미 해군 군항이 있는 도시이자 일본식 햄버거(우리가 롯데리아 등에서 맛보는 짭조름한 소스의 수많은 버거들)를 탄생시킨 사세보(佐世保)가 관광객들에게는 더 매력적일 것이다. 아마도 '하카타 라멘(라면)' 정도가 그나마 후쿠오카가 내세울 수 있는 몇 안 되는 대표 관광상품일 듯하다.

긴축했지만 위축되지는 않은 미술관

그런 후쿠오카에 몇 해 전 개관하여, 새롭게 관광 명소로 급부상하고 있는 후쿠오카 아시아 미술관은 구시가 중심부를 가로지르는 가와바타 상점가가 끝나는 위치에 있는 건물인 리바레인(River Rain) 센터 빌딩 내에 있다. 리바레인 센터 빌딩의 메인 입구와 다른 출입구를 사용하지만, 전체적으로는 이 빌딩에 세 들어 살고 있는 모습이다.

이 인근 지역은 원래 과거에 번성했다가 다른 신흥 상권에 밀려 점차 쇠락해가는 지역이었지만, 이 미술관이 입주한 리바레인 센터가 건립되고, 이 빌딩의 우측에 규슈 지방 최대의 일본 전통극 가부키 극장인 하카타좌(博多座. 여기서도 '후쿠오카'가 아닌 '하카타'를 쓴다)가 들어서고 리바레인

후쿠오카 아시아 미술관. 밝은 노란색의 골조가 인상적인 건물로 사진으로만 보면 상당히 눈에 잘 띌 것 같지만, 여러 정황상 찾아가기가 만만치 않다.

센터 내에 고급스러운 명품점들로 이루어진 '이니 미니 마이니 모' 등의 주상복합 건물과 카페 거리 등이 들어서면서 후쿠오카의 유행을 선도하는 '핫(hot)'한 플레이스로 급부상하였다.

후쿠오카 아시아 미술관은 바로 이 리바레인 센터 내 이니 미니 마이니 모의 7층과 8층을 사용하고 있다. 전체적인 규모는 그다지 크지 않은 편이지만 소장, 전시하고 있는 작품들의 면면을 살펴보면 '아시아의 근현대 미술을 계통적으로 수집, 전시하고 있는 세계 유일의 미술관'이라고 적어놓은 미술관 팸플릿의 홍보 문구가 그다지 허풍은 아닌 것처럼 느껴진다.

이 미술관은 1999년 '19세기부터 현재까지의 아시아 미술 작품을 전시하는 공간을 만들겠다'는 설립 이념으로 개관한 이래 평상시에는 소장품 전시와 동시에 다양한 기획전과 초대전을 병행하여 진행하는 등 활발한 전시 활동을 하고 있다. 그런데 미술관을 방문하여 관람하는 동안 문득

후쿠오카의 떠오르는 명품 쇼핑몰인 '이니 미니 마이니 모(eeny meeny miny mo)'. 일본말 같은 몰의 이름은 사실 영어로, 영미 문화권에서 우리의 '가위, 바위, 보'처럼 술래나 당번 등을 정할 때 쓰는 말이라고 한다.

현재 일본이 처한 상황과 그들이 행하는 행동을 이해할 수 있는 키워드 두 개가 떠올랐다. 바로 '위축'과 '긴축'이다.

긴축(緊縮)은 말 그대로 '팽팽하게 당겨서(緊) 작고 간소하게(縮)' 만드는 것을 말한다. 느낌상 '정교하고 단단하며 짜임새 있고 체계적이어서 낭비가 없고 효율적'이라는 느낌을

> 위축(萎縮) [명사]
> 1. 마르거나 시들어서 우그러지고 쭈그러듦.
> 2. 어떤 힘에 눌려 졸아들고 기를 펴지 못함.
>
> 긴축(緊縮) [명사]
> 1. 바짝 줄이거나 조임.
> 2. 재정의 기초를 다지기 위하여 지출을 줄임.

준다. 최근까지는 전 세계에서 일본이 바로 이 '긴축'의 묘미를 가장 잘 살렸던 나라였다. 안락하고 널찍하긴 하지만 불필요한 기능이 많고 기름을 많이 소비하며 잔고장이 빈번했던 자동차의 종주국 미국 시장을 단단하고 야무진 성능에 가격까지 확 낮춘 일제 자동차로 휩쓸다시피 했고, 집 거실에 두고 듣는 대형 가전제품으로만 여겨졌던 오디오를 성인 남자의

후쿠오카 아시아 미술관에
전시된 한국인 작가의 작
품 중 가장 유명한 재불 화
가 김창열의 「물방울」.

와이셔츠 앞주머니에 들어갈 크기로 만들어 낸 것도 일본인이었다. 실제
로 소니의 창업자 모리타 아키오가 독일 출장을 다녀온 뒤 개발자들에게
'남자의 와이셔츠 앞주머니에 들어갈 오디오를 만들라'는 지시를 내렸고,
얼마 뒤 전 세계인들은 워크맨(Walkman)이라는 신제품을 만나볼 수 있
었다. 소수의 서양인들이나 즐기던 별식에서 이제는 일종의 트렌드로 굳
혀진 일본 음식 중에서 그 정점에 있다고 하는 정찬 요리인 가이세키 요
리(會席料理) 역시, 과거 화려한 만찬 음식이었던 혼젠 요리(本膳料理)를
재료 본연의 맛을 살리는 범위 내에서 최대한 간소화하되 맛의 정수를
살리는 방향에서 축약하여 만들어 낸 것이다. 한마디로 '긴축'은 일본인
들의 가장 큰 장점이자 세계 시장에서 경쟁력을 유지할 수 있었던 강력한
무기였고, 어느새 일본 문화 그 자체처럼 여겨지는 것이었다.

　후쿠오카 아시아 미술관을 관람하며 떠오른 단어 역시 '긴축'이었다. 미
술관은 단독 건물이 아닌 다른 건물의 2개 층, 약 3백 평 정도를 빌려 쓰
는 자그마한 규모였는데, 그러한 작은 규모의 미술관에 기획 작품전을 위

주로 여는 '기획 갤러리', 아시아 주요 국가 대표전을 여는 '아시아 갤러리', 다른 미술관과의 작품 순환 전시를 주로 여는 '교류 갤러리' 등의 전시실을 비롯하여 정보 열람실, 조각 라운지, 스튜디오, 강연장인 '아지비 홀'과 도서관 등이 들어서 있어 마치 고성능 반도체 칩의 회로도를 보는 것과 같은 기분이 들 정도로 촘촘한 공간 활용과 작품 배치가 인상적이다. 아시아 전역 23개국에서 수집한 2천 4백여 점의 작품들을 전시하고 있지만, 마치 '별거 아니라는 듯' 소박하면서도 세심하게 전시하는 모습에서 일본인 특유의 '긴축'하는 문화를 볼 수 있었다.

이러한 일본인의 '긴축' 기술을 살린 미술관은 후쿠오카 근교의 다른 한 도시에서도 만날 수 있다. 후쿠오카에서 전철을 타고 약 30분 정도를 달리면 도착하는 구루메 시에는 유명한 사립미술관인 이시바시 미술관(石橋美術館)이 있다. 놀라운 것은 그다지 크지 않은 규모의 이 미술관에 구루메 시가 배출한 일본의 유명 화가인 아오키 시게루(靑木繁), 사카모토 한지로(板本繁二郎), 고가 하루에(古賀春江) 등이 그린 유명한 작품 수백 점이 전시되고 있다는 것이다. 그럴 수 있었던 배경에는 미술관에 자신의 이름을 붙인 창립자 이시바시 쇼지로(石橋正二郎)의 막대한 후원 덕분이었다.

이시바시 쇼지로는 1906년 일본 규슈 후쿠오카 현에 있는 구루메 상업학교를 졸업한 뒤 열일곱 살의 나이로 버선을 제조하는 자그마한 공방을 차렸다. 사업이 어느 정도 궤도에 오르자 그는 지카다비(地下足袋)라고 하는 일본식 고무 덧신을 만드는 공장을 세웠다. 지카다비는 일본인들이 즐겨 신던 작업화인데, 현재는 관광지의 인력거꾼들만이 신고 있는걸 볼 수 있을 뿐 거의 사라져 버린 물건이다. 형태 자체가 엄지 발가락만 갈라진 버선의 밑바닥에 고무창을 댄 형태이므로, 버선을 만들던 이시바시로서

소장 작품도 훌륭하지만 건물 자체와 특히 주변을 둘러싸고 있는 정원의 조형미가 아름다운 이시바시 미술관.

는 '진입 장벽'이 낮은 사업이었다.

　아무튼 버선 만들던 기술이야 원래부터 있었고, 그 밑에 고무를 단단하게 고정시키는 기술이 필요했으므로 그때부터 그는 '고무 자체와 고무를 다루는 기술'에 대해 엄청나게 열심히 공부를 했다. 그렇게 한 해 두 해 쌓인 고무를 만들고 다루는 기술력을 바탕으로 이번에는 '자동차의 발'인 타이어를 만드는 사업에 도전하게 되었고, 그가 만든 타이어는 일본 국내를 넘어 전 세계의 호평을 받게 된다. 그렇게 그의 성(姓) '이시바시(石橋)', 한글로는 '돌 다리'인 이름을 뒤집어 영어로 읽은 것을 브랜드명으로 내세운 회사 '브리지스톤(Bridgestone)'은 경쟁자 미쉐린(Michelin)을 제치고 세계에서 가장 많이 팔리는 타이어 회사가 되었다.

　하지만 그의 진정한 훌륭함은 이러한 사업적 수완이 아니라, 그렇게 번

돈을 예술과 문화를 보존하고 많은 이
들에게 알리는 데 활용한 것, 그리고 무
작정 돈을 쏟아 부어 대형·대규모의 미
술관을 만든 것이 아니라 앞서 말한 것
처럼, '절제와 긴축의 미'가 살아 있는
미술관을 만들어 냈다는 것이다. 실제
방문해 보면 이시바시 미술관은 크지

LG 그룹이 메인 스폰서 중 하나로 활동 중
인 세계 3대 스포츠 경기인 F1(Formula
One) 레이싱에서 브리지스톤은 13년간 독
점 공급업체로 활동해 왔다.

않은 규모의 지방 소도시 미술관임에도 불구하고 간결한 가운데 짜임새
있는 아름다움을 선사한다. 긴축에 능했던 일본인들의 미의식의 극치를
과시하기라도 하듯이. 그러나……

위축의 일본인, 과장(誇張)을 선택하다

이 이시바시 쇼지로에게는 딸이 하나 있었는데, 1942년 그 딸은 젊은
해군 장교와 결혼을 하게 된다. 그 장교의 이름은 하토야마 이이치로(鳩山
威一郞)로 동경제국대학 법학부를 수석으로 졸업한 후 엘리트 공무원들
만 들어갈 수 있다는 대장성(大藏省)에 들어간 수재 중의 수재이다. 하지
만 그는 그런 좋은 머리를 선한 곳보다는 악한 곳에 활용했다. 태평양 전
쟁에 참전하여 무고한 아시아인들의 목숨을 빼앗았고, 후쿠다 내각에서
는 외무대신을 지내며 '탈아입구(脫亞入歐, 아시아를 벗어나 구미 선진국과
어깨를 나란히 한다)'를 줄기차게 주장하였다. 이후 유력한 우익 정치인으
로 활동해 오다 1992년 정계를 은퇴하였다. 그런 그와 이시바시 쇼지로의
딸 사이에서 태어난 아들이 2009년에 총리로 임명되어 2010년 6월까지
재임한 일본 제93대 내각총리대신인 하토야마 유키오다.

이렇게 부친이나 조부의 뒤를 이어 정치에 뛰어들고 정치 기반을 그대로 물려받아 일종의 족벌 정치를 하는 모습은 일본에서는 흔히 볼 수 있는 일이다. 2005년도에 개봉했던 「청연(靑燕)」이라는 영화를 보면 주인공 박경원(故 장진영 분)의 대한해협 횡단 비행을 지원하는 일본인이 나온다. 영화에서는 그다지 큰 비중이 없었지만, 실제 그 일본인은 박경원이 한국과 일본을 대표하는 유명한 여류 비행사로 성장하는 데 가장 큰 역할을 한 사람이다. 영화의 제목이기도 하고 박경원이 타고 다닌 비행기의 이름이기도 한 '푸른제비(靑燕)호'를 그녀에게 선물해 준 인물도 그였다(이 영화는 친일 인물을 미화한 영화라는 혹평과 비난 속에 제대로 평가도 받지 못한 채 조기 종영해야 했다).

그 일본인의 이름은 바로 '고이즈미 마타지로(小泉又次郞)'로 일본 제국주의 정권에서 시장, 체신대신, 중의원 부의장을 지낸 일본 우익 정치계의 핵심 인물이다. 그는 똑똑한 정치 지망생을 데릴사위로 들여 자신의 성(姓)을 물려줬고, 청년 고이즈미 준야(小泉純也)는 장인의 각별한 배려와 지원 속에 법무부 차관과 방위청장의 자리에까지 올라 일본 재무장에 앞장서는 등 보수 우익 원로들의 구미에 딱 맞는 일들을 벌였다. 그와 고이즈미 마타지로의 딸과의 사이에서 낳은 아들 역시 이후 정치계에 입문하게 되는데, 그가 바로 '일본 역사상 가장 강력한 총리대신', '가장 유능하진 않지만 가장 유명한 총리' 등의 평가를 받는 고이즈미 준이치로 전 일본 총리이다.

그러니 고이즈미 총리가 아시아 각국의 우려와 비난을 무릅쓰고 2차 대전 전범을 추모하는 '야스쿠니 신사'에 참배한 것도 어찌 보면 당연한 일이었고, 하토야마 총리가 겉으로는 지한파(知韓派)니 친한(親韓) 정치인이니 뭐니 하면서도 임기 중 독도나 위안부 문제에 대한 어떠한 적극적인 해결 의지를 보이지 않은 것도 알고 보면 당연한 것이다. 그 모습에서 우

93대 내각총리대신 하토야마 유키오(좌)와 87, 88, 89대 내각총리대신이었던 고이즈미 준이치로(우). 소속 정당은 달랐지만, 이들에게 자신들의 정치적 뿌리인 할아버지를 부정해야 하는 제국주의 만행 사과, 위안부 인정, 독도 포기 등을 기대하는 것은 어쩌면 무리가 아니었을까.

리는 '위축'이라는 단어를 떠올리게 된다.

위축(萎縮)은 말 그대로 '시들어서(萎) 줄어드는(縮)' 것을 말한다. 긴축이 능동적이고 자발적인 느낌이라면, 위축은 '외부의 영향에 의한 수동적이고 비자발적인 결과'라는 느낌이 강하다. 긴축은 자기 능력에 대한 자신감, 하고자 하는 의지 등이 바탕이 되어야 시도할 수 있는 것이고, 위축은 자신감의 상실, 의욕 감소 등에 의해 발생하는 것이다. 그런데 참 묘한 것이 어떠한 조직이나 기업, 혹은 사회건 간에 긴축이 계속되면 전반적인 구성원들이 피로감을 느끼게 되고 그런 피로감이 계속되면 저도 모르게 위축되는 모습을 보이게 되는 것이다. 마치 국가 등의 행정부가 긴축재정을 계속하면 소비 심리, 더 나아가 경기 자체가 위축되는 것처럼 말이다. 그래서 2001년 노벨 경제학상 수상자인 경제 분야의 세계적인 석학 스티글리츠 콜롬비아대 교수는 '유럽의 긴축재정은 자살협약이다!(European austerity are a 'Suicide pcct')'라는 유명한 말을 남기기도 했다.

이러한 위축은 비단 경제에만 안 좋은 영향을 미치는 것이 아니다. 정신건강이나 심리학적인 측면에서 봐도 위축이 계속된다는 것은 큰 문제를 야기할 수 있다. 위축이 계속되면 사람이 심리적으로 왜곡되고, 자신의 잘못을 인정하기보다는 모든 것을 타인의 탓, 외부의 환경 탓으로 돌리게 된다고 한다. 또 자신의 잘못을 인정하지 못하는 태도가 심해지면 이른바 '자기가 아는 대로 세상을 보려 하고, 자기가 믿는 대로 세상을 인식하느라' 현실 인식이 둔해지는 '인지 부조화' 상태에까지 이르게 된다고 한다.

일본이 바로 긴축을 강조하는 사회 문화를 장기간 유지하면서 스스로 위축되었고, 그와 동시에 20여 년이 넘는 장기 불황 속에서 사회 전반적으로 그러한 위축이 강화되는 현상을 경험하면서 사회 구성원은 물론 지도층이라는 사람들마저도 안 좋은 쪽으로 '위축'된 전형적인 모습을 보이고 있는 것은 아닌가 생각한다. 그나마 구성원들의 위축된 모습은 '취업 포기자', '히키코모리(은둔형 외톨이)' 등 불행하긴 하지만 그 피해 영역이 그다지 크지 않은, 지극히 개인적인 형태로 나타나지만, 사회 지도층이라는 사람들의 위축된 모습은 최근 그들이 보여 주는 '현실 인식 부족', '인류 보편의 도덕성에 대한 망각', '반성 없는 망언' 등의 형태로 나타나기에 심각하다. 더군다나 그들은 이제 '위축'이 지나쳐서 '긴축'하는 재주조차 잃어버린 건 아닌가 싶은 모습까지 보여 주고 있다.

위축과 긴축, 그 작지만 큰 차이

그런데 이러한 위축을 모든 일본인의 공통된 특성이라고 치부하기에는 조금 문제가 있다. 일본의 경영자 중에는 자신이 처한 어려움에 대응하는 방식으로 긴축을 선택하되 절대 위축되지 않고 당당하게 그를 극복해 나간 이들이 전 세계 어느 국가보다도 더 많기 때문이다.

앞서 몇 가지 사례에서도 언급되었던, 일본에서 '경영의 신'으로까지 일컬어지는 고(故) 마쓰시타 고노스케 파나소닉 회장은 원래 자신이 창업한 마쓰시타 전기산업주식회사1가 어느 정도 반열에 올라서자, 회사 경영을 전문 경영인들에게 물려주고 교육 사업 등에 투신하려 했었다. 하지만 1964년 도쿄 올림픽 특수를 누린 직후 일본 가전 사업이 극심한 불황에 접어들었고, 그 와중에 본사의 강압적인 대리점 관리 정책이 문제가 되면서 판매 실적은 급감하고 수익은 급락하여 마쓰시타사는 창업 이래 최초로 직원들의 월급 지급을 걱정하고 파산을 우려할 정도로 큰 위기에 빠져들었다.

결국 마쓰시타 고노스케 회장은 다시 경영에 복귀하기로 결정했다. 하지만 그가 복귀하기로 한 직책은 '대표이사 사장'이 아니라, 실제 일본 국내 판매를 책임지고, 대리점주들을 관리하는 '영업본부장'이었다. 그뿐만이 아니었다. 그가 영업본부장이 된 후 가장 처음 실시한 것은 시즈오카현 아타미 온천의 한 호텔에 전국의 대리점주들을 모두 모아 회의를 여는 것이었다. 개최 시간은 있지만 예정된 마감 시간은 없는, 결론이 날 때까지 무기한으로 진행되는 회의였다.

창업 회장이 회사 내에서 서열이 처져도 한참 처지는 영업본부장을 맡은 것도 전통적인 일본의 기업 문화에서 충격적인 일이었는데, 아타미 온천에서 열린 무기한 회의에서 마쓰시타 회장이 보여 준 모습은 더욱더 충격적이었다. 그는 회의가 열리기 하루 전날 도착했다. 예상치 못한 회장님의 이른 도착에 당황하는 직원들을 가로질러 그는 다음날 회의가 열릴 회의장으로 갔다. 그리고 그곳에서 그는 수백 석의 자리 하나하나를 돌아다니며 무대가 잘 보이는지, 단상 위 사회자의 소리가 잘 들리는지를 점검하고 손수 의자 줄을 맞췄다. 하지만 이날 그의 행동은 다음날부터 시작된

---

1 마쓰시타 고노스케 회장이 자신의 성을 따서 명명한 전기부품 및 전자제품 생산 판매업체로 실제로는 '파나소닉(Panasonic)', '내쇼날(National)', '테크닉스(Technics)' 등의 브랜드명과 사명이 혼용되어 왔다. 2008년부터 '파나소닉'으로 사명과 브랜드명 등이 하나로 통합되었다.

회의에서 그가 보여 준 모습에 비하면 예고편에 불과했다. 그는 본사의 강압적이고 불합리한 판매 정책에 항의하기 위해 기세등등하게 몰려와서 앉아 있는 대리점주들의 앞에 서서 자신의 이야기를 꺼내기 전에 먼저 깊숙이, 천천히, 그리고 진심을 담아 고개를 숙였다. 고희(古稀)에 가까운 노구를 이끌고 단상에 서서 아들뻘도 안 되는 대리점주들에게 90도로 허리 숙여 인사하는 마쓰시타 회장의 모습만으로도 이날 회의의 결과는 충분히 예상할 수 있었다. '힘들어서 대리점 못 해 먹겠다', '혼자는 못 죽겠다. 마쓰시타 본사도 같이 죽자'며 어떤 타협안에도 절대로 서명할 것 같지 않았던 대리점주들이 마쓰시타 회장이 제시한 위기 타개를 위한 비상 대책에 흔쾌히(물론 몇 차례 논쟁은 있었지만) 합의를 이룬 것이었다.

이날 마쓰시타 회장이 대리점주들과 합의한 대책안을 보면 말 그대로 '긴축' 경영의 모든 것이 담겨 있다. '어음 대신 현금 결제' 이를 위해 마쓰시타 본사와 계열사는 엄청난 강도의 비용 절감 계획을 후속해서 만들어 내야 했다. 해고 없이 위기를 타개하기 위해서 '주5일 근무'를 일본 최초로 전격 도입하기로 했다. 출근 시간을 줄여 관리비를 절감하고 과잉 생산되던 제품 수량을 정상 수준으로 돌려놓기 위해서였다. 대리점에 그 비용을 떠넘기는 관행이 있었던 불필요한 판촉물의 수량도 대폭 줄이기로 했다. 모든 것이 시간, 노동력, 비용 등의 '긴축'을 전제로 한 계획이었다.

하지만 그들은 긴축하였지만 '위축'되지 않았다. 본사와 계열사가 허리띠를 졸라매는 대신 대리점과 하청업체 등에는 100% 어음 대신 현금으로 결재하기 시작하자 비용 부담은 늘었지만 대리점은 재고를 줄이기 위해 적극적으로 판매에 나섰고 하청업체는 납품단가를 인하하고 불량률을 줄이기 위해 자발적인 노력을 기울였다. 주5일 근무를 하게 된 직원들은 출근하지 않게 된 토요일이 되면 스스로 집 근처 대리점에 들러 마쓰시타의 제품을 닦고, 판촉물을 들고 거리 홍보에 나섰다. 마쓰시타로서는 무료로 수천 명이 넘는 판매사원들을 새롭게 얻은 셈이었다. 대리점들도 불필요한 판촉물이라고 욕하면서도 오직 그 판촉물을 돌리는 정도에 그쳤던 판촉 활동 대신 좀 더 친밀한 고객 유치 작전을 추진하기 시작했다. 그렇게 잠시 '긴축하되 위축되지 않았던' 마쓰시타 전기산업주식회사는 잠시 위기를 겪었지만 곧 그 위기를 극복하고 다시금 전기전자 산업 분야의 최강자로 당당하게 복귀할 수 있었다.

하지만 그럼에도 불구하고 최근 일본의 여러 가지 행보를 보면 이들은 세계의 변화, 특히 자신들의 피지배 민족으로 여기고 우습게 여겼던 중국과 한국의 발전과 승승장구를 접하고 지극히 긴장하여 스스로의 문제와 병폐를 해결하기보다는 감추기에 급급하고, 모든 문제의 원인을 자신이 아닌 타자에게 돌리는 '위축된' 국가의 전형을 보여 주고 있는 듯하다.

여러 가지 정치적 판단과 속셈이 뒤섞여 있기는 하지만 때만 되면 비슷한 정치 성향의 사람들을 한데 모으기 위해 야스쿠니 신사를 참배하며 내부 단속을 하고, 외향적이고 진취적이기보다는 내향적이고 과거 중심적인 그들의 반동적 언사에서 한없이 위축되어만 가는 그들의 모습을 보는 것 같아 안쓰럽기까지 하다.

반면 1971년도에 폴란드 바르샤바를 방문한 당시 독일(서독) 총리 빌리 브란트는 시내 중심부에 있는 유대인 대학살 희생자 추모비인 '게토 기념비' 앞에 헌화를 하던 중 갑자기 양 무릎을 꿇고 앉았다. 가까운 경호원들에게도 알리지 않은 그의 그런 행동에 함께 참석한 폴란드 정부 요인들은 물론, 이후 방송을 통해 그 장면을 시청한 유럽 전역의 국민들은 큰 충격을 받았다.

한 나라를 대표하는 총리가 다른 나라, 그것도 그 나라의 일부인 특정

유대인 추모비 앞에 무릎을 꿇은 빌리 브란트 서독 총리.

민족의 죽음을 추모하는 비석 앞에 무릎을 꿇고 참회의 시간을 가졌다는 사실이 알려지자 전 세계 사람들이 그의 진심과 전 독일 국민의 진정성에 열광적으로 호응했다. 허리 숙여 사과의 인사를 한 마쓰시타 회장에게 용서와 화해의 박수를 보냈던 대리점주들처럼. 무릎을 꿇은 그의 행위는 자신의 지위를 낮추고 허례허식을 벗어 던진, 전형적으로 긴축적인 행동이었다. 하지만 그는 자발적으로 인류 보편의 윤리의식에 당당했고, 그의 행동에는 진심이 담겨 있었으며, 시선이 과거보다는 미래지향적이었기에 무릎을 꿇은 당사자인 브란트 총리는 물론 독일 국민 누구도 그런 모습에 '위축'되지 않았다. 결과적으로 독일은 유럽을 포함한 세계인의 용서와 이해의 분위기 속에 자신들이 만든 제품을 전 세계에 수출할 수 있었고, 세계 제일의 기계공업 대국으로 선진국 반열에 올라설 수 있었다. 일본의 정치인들에게 이러한, 더군다나 '자신의 조부모를 부정해야 하는' 행동을 바라는 것은 '긴축 잘 하는 나라'에서 '위축하는 대국'이 되어버린 일본의 현실상 가까운 시일 내에는 조금 무리가 아닐까 싶다.

후쿠오카 아시아 미술관(福岡アジア美術館)

위치 福岡市博多区下川端町3-1 リバレインセンタービル 7〜8階

홈페이지 faam.city.fukuoka.lg.jp

관람 시간 10:00〜20:00

휴무일 매주 수요일 / 매년 12월 26일〜익년 1월 1일

관람료 2백 엔

Underline Note

1) 상설 전시 중인 미술품 중에도 볼만한 작품들이 많이 있지만, 후쿠오카 아시아 미
술관은 특별 전시 혹은 기획 전시가 다채롭고 풍성하기로 유명하다. 시기를 정해
방문할 수 있다면, 사전에 반드시 홈페이지 등을 통해 전시 스케줄을 살펴보고 방
문하면 좋다.

2) 미술관이 자리 잡고 있는 이니 미니 마이니 모는 규슈는 물론 일본 내에서도 핫
플레이스로 꼽히는 세련된 복합 쇼핑문화 공간이다. 미술관만 들르지 말고 충분한
시간을 내서 쇼핑몰과 인근 번화가를 함께 방문하는 동선으로 여행 스케줄을 짜
면 시간도 아끼고 보다 다양한 문화적 경험을 느낄 수 있다.

역사는 만들어가는 자의 몫이다

셜록 홈스 박물관에서 배우는 [스토리텔링 마케팅]

역사상 가장 유명한 '아무도 살지 않은 곳'

런던 베이커가 221b번지.

세계에서 가장 유명한 번지수 가운데 하나이다. 영국 사람들 중 다우닝가 10번지[2]를 모르는 사람은 있어도 베이커가 221b번지를 모르는 사람은 거의 없다고 보면 된다. 그렇다면 과연 베이커가 221b번지에는 누가 살고 있길래 그토록 유명해졌을까? 결론부터 얘기하자면 현재는 아무도 살고 있지 않다. 그렇다면 과거에는 누가 살고 있었길래 이렇게 유명세를 떨치게 되었을까? 조금 김이 샌 얘기지만 '예전에도 별달리 유명한 사람이 살진 않았었다'. 다만 스코틀랜드 출신의 의사이자 작가였던 코넌 도일 경이 지은 추리소설의 주인공인 셜록 홈스가 살았다고 소설 속에 묘사되었을 뿐이다. 그럼에도 불구하고 영국인들은 물론, 전 세계의 추리소설 독자들은 '베이커가 221b번지'라고 하면 관심이나 애정을 넘어서서 마치 종

---

2 No.10 Downing Street. 영국 총리가 거주하는 관저. 영국인들에게는 '가장 유명한 번지수'라고도 불린다.

셜록 홈스 박물관 입구.

교의 성지를 바라볼 때와 같은 묘한 경외감까지 느끼곤 한다.

하지만 실제 방문해 보면 그간 들었던 경외감은 다 부질없는 기대이자 허상이었음을 알고 실망에 빠질 것이 분명하다. 그도 그럴 것이 홈스 박물관은 런던 시내의 다른 박물관이나 미술관과 달리 평범한 가정집을 개조한 것 같은 건물에(그나마 1층은 전체가 기념품 가게여서 대부분의 관람객이 전시실인 줄 알고 들어갔다가 되돌아 나오곤 한다) 각 층의 넓이도 여느 평범한 런던의 가정집과 다를 바가 없어 매우 좁은 전시 공간을 갖추고 있다. 이쯤 되면 홈스의 팬들은 '그야 당연한 거 아니냐? 그곳은 평범한 박물관이 아니라 추리소설의 무대가 되었던 홈스의 집을 재연해 놓은 곳이다'라고 항의할지도 모르겠다. 맞는 말이다. 실제로 홈스라는 주인공이 활약했던 소설의 한 장면을 재현해 놓은 밀랍인형과 각종 소품이 전부일 뿐, 굳이 박물관이라는 이름을 붙일만한 값어치 있는 물건들은 거의, 아니 전혀 없다고 보면 맞을 것이다. 하지만 그럼에도 불구하고 매년 수십만 명의 관람객들이 베이커가 221b번지에 있는 셜록 홈스의 집을 성지순례하듯 방문하고 있다. 대체 어떤 이유로 전 세계의 수많은 사람이 허구

소설에서 묘사된 홈스의 책상을 그대로 재현한 박물관 내부.

의 사람, 허구의 주소, 허구의 거주지에 이토록 열광하는 것일까?

스토리가 돈을 만들어 내는 시대가 되다

그것은 바로 스토리(Story)의 힘이다. 사람들은 그 장소가 뻔히 허구의 주소지이고, (당연히 가상의 인물이니 그럴 수밖에 없지만) 홈스와 그의 조수 왓슨 박사가 살기는커녕 소설의 작가인 코넌 도일마저 단 한 번도 들르지 않았던 장소라는 것을 알면서도 이 박물관이 풀어놓는 '명탐정 홈스'라는 스토리와 그 분위기를 즐기며 자신 스스로가 기꺼이 그 스토리의 일원이 되는 것을 주저하지 않고 선택하는 것이다.

그런데 스토리에 대한 그들의 관심과 애정을 비단 이곳에서만 볼 수 있는 것은 아니다. 이곳 박물관에서 차로 30여 분 거리에 영국 프로축구 프리미어리그에서 'Big 4'로 불리는 강호 아스널(Arsenal FC)의 홈구장인 에미리트 스타디움이 있다.

그곳에 가면 예약을 통해 참가할 수 있는 축구장 관광 프로그램이 있는

아스널 팀의 홈구장인 에미리트 스타디움의 외벽(좌)과 에미리트 스타디움의 내부(우). 경기장 내부 펜스에는 아스널이 리그나 컵 대회에서 우승한 연도를 적어 놓았다.

데, 약 2시간가량의 그 프로그램에 참여하다 보면 재미있는 현상을 볼 수 있다. 정말로 평범하기 이를 데 없는 로비를 지나치다가 가이드가 역시 더더욱 평범한 의자 하나를 가리키며 "앙리 선수[3]가 미국으로의 이적을 발표할 때 앉았던 의자입니다"라고 한마디만 하면 그때부터 투어 참가자는 서로 그 의자를 두고 기념사진을 찍으려고 난리를 치고, 우리 동네 헬스장에도 수십 개 넘게 있는 평범한 로커 하나의 문을 열고 "아데바요르[4]가 아스널로 이적 후 처음으로 사용한 로커입니다"라고 말하면 서로 그 로커 문을 열고 텅 빈 로커의 사진을 찍느라 난리였던 것이다.

심지어 경기장 안에 몇만 개쯤 있을(정말 어쩌나 평범한지 지금 찾아가보라고 하면 다시 찾아갈 수도 없을 만큼) 빨간색 플라스틱 의자 하나를 가리

---

3 Thierry Daniel Henry. 프랑스 국가대표 축구선수로 아스널에서 '왕(King)'으로 불리며 맹활약을 했던 유명 공격수.

4 Emmanuel Shéyi Adebayor. 2006년 독일 월드컵 때 우리와 맞붙었던 아프리카 토고 국적의 아스널의 유명 공격수.

앙리 등의 선수가 경기가 끝난 뒤 몸을 담그고 근육에 쌓인 피로를 풀었다는 수중 회복실.

투어 참가자들이 자신들이 좋아하는 선수의 로커 앞에 앉아 가이드의 설명에 귀를 기울이고 있다.

키면서 "몇 년 전, 우리 아스널의 아르센 벵거 감독이 퇴장을 당하고 관중석에서 북런던 더비[5]를 지켜봐야 할 때 앉았던 그 자리입니다"라고 하면 사람들은 또 그 플라스틱 의자가 무슨 옥좌라도 되는 것처럼 둘러싸서 기념사진을 찍어댔다.

이렇게 아스널 관광 프로그램은 그런 '이야깃거리(story)'를 관광하는 도중 곳곳에 숨겨 놓았고, 그러다 보니 2시간이 지날 무렵 참가자들은 단순히 경기장이 아니라 '아스널의 성지'에 온 듯한 느낌과 함께 묘한 정서적 동질감을 느끼게 되는 것이었다. 아스널은 자기 자신보다 자신들에 얽힌 스토리를 활용해서 사람들의 관심을 끄는 데 실로 대단한 능력을 발휘하고 있었다.

과거에 이러한 스토리를 만들어 내고 활용해서 경제적인 이득을 영위하는 것은 순수하게 소설가나 시인 등과 같은 '이야기꾼'의 영역이었다. 그

---

5   런던 북부 지역을 동일한 연고지로 하는 프리미어리그 축구팀 아스널과 토트넘 사이의 유명한 라이벌 매치.

아스널 벵거 감독이 경기 후 인터뷰하는 프레스 석에 앉아 있는 꼬마 팬. 이런 팬들이 10년 뒤에 아스널을 먹여 살리는 주된 소비자가 될 것이다.

투어 프로그램의 마지막 단계는 기념품을 파는 대형 매장에 방문하는 것이다. 이미 아스널의 스토리에 푹 빠진 투어 참가자들은 굳이 권하지 않아도 양손 가득 기념품을 사게 된다.

들은 광장에 사람들을 불러 모아 그들의 흥미를 끌 만한 이야기들을 들려주었고, 그 이야기는 한 푼 두 푼의 돈이 되어 그들의 생계를 이어가게 해 주었다. 물론 이야기꾼의 이야기가 활자를 만나고 인쇄술을 만나게 되면서 광장에서 이야기꾼의 주위에 몰려 앉아야만 '들을 수' 있었던 이야기를 먼바다 건너편에서도 '읽을 수' 있게 되었다. 그에 따라 '한 푼 두 푼'이던 이야기에 대한 대가도 그 액수가 기하급수적으로 커졌지만, 그래 봐야 스토리, 스토리텔링(storytelling)이라는 것은 그 자신의 영역에서 단 한 발자국도 벗어나지 못한 채 수천 년을 지나쳐 왔다. 그러던 스토리와 스토리텔링이 갑작스럽게 사업의 전 영역으로 파급되기 시작한 것은 20세기에 들어서면서부터였다.

위기의 나이키를 살려낸 유명한 '스토리'

1996년. 아마도 세계적인 스포츠 브랜드 나이키의 경영진들은 이 해를 절대 잊지 못할 것이다. 그 해 6월, 뉴욕에서 발간되는 세계적인 시사 화보 잡지인 『라이프(Life)』지는 지저분한 공방 한구석에 쪼그리고 앉아서 메마르고 갈라진 손으로 축구공을 꿰매고 있는 어린아이의 사진 한 장을 게재하였다. 그 또래 미국 어린이라면 상상도 할 수 없는, 마치 세상에 희망이라고는 하나도 없는 듯 무심한 표정으로 어른들과 한데 쪼그려 앉아 바느질하는 그의 모습을 담은 사진 한 장이 나이키의 경영진들에게 잊을 수 없는 사진이 된 것은 사진 속의 소년이 꿰매고 있는 축구공의 표면에 선명하게 찍혀 있는 스우시6 때문이었다.

저개발 국가의 어린아이가 고사리손으로 가죽 조각들을 꿰매서 나이키 축구공을 만들어 내고 있는 모습을 담은 이 사진은 삽시간에 전 세계로 퍼져 나갔다. 그와 함께 나이키는 저개발 국가의 값싼 아동 노동력을 착취하는 악덕 기업으로 낙인 찍혀 버렸고, 서구 유럽 선진국에서는 그들대로 반문명, 반인권적인 나이키의 제품을 구입하지 않겠다는 불매 운동이 시작되었다. 심지어 파키스탄을 포함한 중동, 북아프리카 등의 아랍 문화권에서는 종교 문제로까지 비화할 조짐을 보였다. 각종 비리, 음모, 부조리에 관한 고발 논픽션 영화로 유명한 미국의 영화감독 마이클 무어는 자신의 영화 「빅 원(The Big One)」에서 나이키의 창립자인 필립 나이트 회장을 아동 노동력 착취를 옹호하는 악덕 사업가로 묘사하며 비난했다.

당황한 나이키는 발 빠르게 대처하기 시작했다. 우선 국제노동기구에서 '아동 노동 근절을 위한 프로그램(IPEC)'을 책임지고 있던 아만다 터커를 수석부장으로 영입했다. 그리고 그녀를 통해 '나이키는 절대로 아동 노동력을 착취하지 않으며, 일부 국가의 문제가 된 OEM(주문자상표 부착 방식) 기업들과는 거래를 중단하겠다'는 발표를 했다.

---

6 Swoosh. 번개 모양을 형상화한 나이키의 트레이드마크.

하지만 한번 불붙은 소비자들의 나이키에 대한 분노는 쉽게 가라앉지 않았고, 창사 이래 최대의 위기에 처한 나이키는 결국 스토리텔링의 세계적인 권위자인 데이비드 보제(David M. Boje) 박사에게 도움을 청했다.

『라이프』에 실렸던 사진. 열두 살짜리 파키스탄 소년이 쪼그려 앉아서 굳은살이 박인 거친 손으로 나이키 로고가 선명한 가죽 조각들을 꿰매서 축구공을 만드는 모습은 전 세계인들의 마음을 흔들었고, 그것은 곧 거대한 불매 운동으로 이어졌다.

그때 나이키 본사에서 열린 비상대책 회의에 참석한 보제 박사는 지금까지도 스토리 또는 스토리텔링과 관련된 연구를 하는 많은 사람들 사이에 회자되는 유명한 말을 남겼다.

"기업은 여러 서사(narrative)가 가로지르는 서사 조직이고 상호 대립적이거나 보완적인 서사 간의 끊임없는 대화(communication)의 장입니다."

이전까지 기업 또는 기업 활동을 단순히 물건을 생산하고 그것을 소비자에게 판매하는 정도의 범위에서 바라보던 관점을 고객과 함께하는 이야기를 만들어 내는 범위까지 확대해서 해석한 보제 박사의 이 발표를 통해 나이키는 단순히 물건(스포츠용품)을 잘 만들어 내는 회사에서 벗어나서 그 물건을 사용하는 소비자와 함께 스토리를 잘 만들어 내는 회사로 변모하게 된다.

물론 그 전부터 스토리텔링이라는 말이 사용되지 않았던 것은 아니다. 하지만 그 의미가 더 분명해지고, 보다 탄탄한 학문적 뒷받침을 구축하며 경영학 전반에 걸쳐 적용되기 시작한 것은 데이비드 보제 박사의 연구로부터 기인한다고 보는 것이 정설이다. 뉴멕시코 주립대 교수인 그는 구소련의 세계적인 기호학자였던 미하일 바흐친(Mikhail Bakhtin)이 주창한 카니발 이론과 프랑스의 상황주의자였던 기 드보르(Guy Debord)의 스펙터클 이론 등을 접목하고 프랑스의 유명한 서사학자였던 롤랑 바르트로부터 받은 영감을 보태어 '조직 스토리텔링(organizational storytelling)'이라는 학문 분야를 정립했다.

그 이론에 따르면, 현대사회는 호기심을 충족시켜 줄 수 있는 구경거리나 현재의 모습과 반대되는 모습들 그리고 지금의 나에게 부족한 부분을 보완해 줄 수 있는 것들에 대한 강렬한 욕망이 사람들의 소비 욕구를 불러일으키고 관심을 불러 모으는 사회라는 것이었다.

소비자들은 그러한 욕망의 결핍을 인식하고 그를 충족시켜 줄 수 있는 것들을 찾고, 노력을 통해 구해서 그것으로 인해 욕망이 만족되는 일련의 '서사적인' 과정 전반을 즐기기 위해 재화나 서비스를 구입하려 하므로, 그런 사회에서 단순히 최고의 기술적 완성도를 갖췄다거나 최대 혹은 최저가라는 것만으로 소비자의 지속적인 관심을 끌기란 거의 불가능하다는 것이다. 대신 '이 제품을 구매하면 나는 어떠어떠한 만족감을 얻을 것이고, 그러한 만족감은 내 인생을 이러저러하게 바꿔줄 거야'라는 하나의 일관된 서사(스토리, 내러티브)를 함께 제공할 수 있어야 소비자들을 사로잡을 수 있다는 것이 그의 주장이었다.

따라서 기업이 생산하는 제품들은 소비자와 만나면서 하나의 매력적인 이야기를 만들어 갈 수 있도록 열린 구조여야 하고, 그러기 위해서는 기업 내부 조직이나 구성원들도 마찬가지로 서사화와 반서사화의 교차 전략에 따라 내외적으로 소통할 수 있도록 재편해야 한다는 것이다.

이전까지 나이키(를 포함한 대부분의 기업들)가 간과했던 점이 바로 이것이었다. 그들은 단순히 최고 수준의 제품에 최고로 평가 받는 브랜드를 붙여서 (열악한 환경에 처해 있건 말건, 아동 노동력을 착취하건 말건 간에) 최저 혹은 최적의 가격으로 공급한다면 소비자는 만족할 거라고 생각했다. 하지만 변화하는 세상에서 소비자들은 하나의 제품을 구매하는 것이 아니라 그 제품과 함께 만들어가는 하나의 이야기를 구매하고 소비하고 있었다. 그들이 구매한 것은 나이키 로고가 새겨진 축구공뿐만 아니라 그 축구공을 만든 파키스탄의 어린이가 말해 주는 이야기―'당신이 구매한 나이키 축구공은 멋지기는 하지만 바람직하지 않은 방법으로 만들어졌습니다'―까지였던 것이다.

보제 박사는 우선 '나이키는 아동 노동력을 착취하는 기업이다'라는 스토리를 대체할 새로운 매력적인 스토리를 만들어 내는 작업에 착수했다. 그의 표현대로 기존의 기업에 불리한 서사를 다른 서사로 대체하거나 밀어내는 작업이었다. 그렇게 태어난 것이 지금까지 전 세계인의 머릿속에 나이키의 스우시와 함께 또렷이 남아 있는 나이키의 여러 '이야기들'이다.

이전까지 나이키는 '에어(air)'라고 하는 신개념의 스포츠화와 '에어 조던[7]'으로 대표되는 유명 선수 광고 모델만을 앞세워서 마케팅했다. 하지만 이후 나이키는 '(상대적으로 운동에 적극적이지 않은) 여성을 운동장으로 끌어내기 위한 다양한 이야기들'을 만들어 냈다. 그렇게 시작된 것이 전 세계 도시에서 펼쳐지는 '나이키 우먼 레이스(Nike Woman Race)' 대회였다. 또 자신들의 제품을 신은 세계적인 축구스타를 보여 주는 방식의 광고에서 탈피하여, 인기 선수들을 후원하고 그들의 이름을 단 축구 교실을 저개발 국가(주로 아시아나 아프리카 등)에서 운영하였다. 그곳에 참여한 가난한 아이들의 밝은 표정이 자연스럽게 노출되면서 사람들의 입에 오르내렸고, 그것들이 하나의 스토리를 이뤄 나갔다.

---

7 Air Jordan. 시카고 불스 등의 NBA팀에서 활약한 역사상 가장 유명한 농구선수 마이클 조던의 애칭.

그런 노력의 결과, 나이키로부터 시작된, 나이키가 연관된 스토리들이 엄청나게 만들어졌고, 그 스토리들은 보제 교수의 예상처럼 아동 노동력 착취 등과 관련한 나이키의 '나쁜 소식(Bad Story)'를 사람들의 기억 저만 치로 '밀어내고', 그 자리를 '대체'했다.

기업의 성패를 가르는 힘, 스토리텔링

앞으로도 마찬가지이다. 현대는 웹 2.0 시대라고 한다. 즉 소비자는 과거의 소비자처럼 단순히 생산자가 공급하는 제품을 구입하여 소비하는 데서 머무르지 않고, 눈부시게 발달한 웹 환경을 기반으로 '사용 후기', '구입 리뷰' 등 다양한 방식의 '스토리'라는 무기를 들고 생산자의 영역으로 진입하려 하고 있다. 그런데 아직 우리나라 생산자들은 그들 소비자들을 적극적으로 받아들이고, 함께 공감할 수 있는 '스토리'를 만들어 가는 데 익숙하지 않은 것 같다.

우리나라의 대표적인 놀이공원이라고 하는 롯데월드만 가 봐도 그렇다. 인기 있는 놀이 시설의 경우 한 번 탑승하기 위해서는 짧게는 30분에서 길게는 1시간을 기다려야 하는데 긴 시간 동안 지루함을 달랠 것이 아무것도 없다. 일본 오사카에 있는 유니버설 스튜디오의 경우도 오래 기다려야 하는 것은 마찬가지이다. 놀이공원을 좋아하는 일본 사람들이 사계절 내내 몰려, 특히 휴일이라도 되면 인기 있는 놀이시설은 그 대기 시간이 2시간을 넘어서는 경우도 많다. 하지만 우리와 다른 것이 한 가지 있다. 유니버설 스튜디오의 대기 줄에는 스토리가 있다. 예를 들어 가장 인기 있는 놀이 시설 중 하나인 스파이더맨의 경우 대기 줄의 좌우로 영화 스파이더맨에 감초처럼 등장하는 신문사 편집국장(J. 조나 제임슨)과 그가 근무하는, 그리고 스파이더맨이 가끔 아르바이트 사진작가로 활동했던 신문사 데일

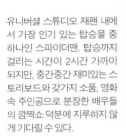

유니버설 스튜디오 재팬 내에서 가장 인기 있는 탑승물 중 하나인 스파이더맨. 탑승까지 걸리는 시간이 2시간 가까이 되지만, 중간중간 재미있는 스토리보드와 갖가지 소품, 영화 속 주인공으로 분장한 배우들의 깜짝쇼 덕분에 지루하지 않게 기다릴 수 있다.

리 뷰글의 모습들이 펼쳐져 있다. 스파이더맨 영화 속에 등장한 각종 소품과 조명이 설치되어 있는 통로에 서서 스파이더맨에 얽힌 이야기들이 적혀 있는 판넬을 읽다 보면 2시간이 넘는 대기 시간이 언제 지나갔는지도 모르게 지나가 버리는 것은 물론, 놀이 기구를 타기 전 그에 대한 기대와 몰입도가 굉장히 높아져서 길어 봐야 1분 30초 정도밖에 안 되는 기구 탑승에 대한 만족도 또한 엄청나게 커진다.

몇 해 전까지만 해도 한국 드라마에 빠진 일본 아줌마들을 일컫는 말 정도였던 한류(韓流)가 이제는 전 세계에 걸쳐서, 하나의 거대한 문화 현상처럼 번져가고 있다. 이와 함께 한국의 교역 규모도 세계 8위에 접어드는 등 한국의 경제, 문화적 위상은 유사 이래 한번도 경험해 보지 못한 수준으로 평가 받고 있다. 이러한 때 이를 더욱 확고하게 만들기 위해서는 스토리, 스토리 경영에 대해 관심을 기울여야 한다. 유명 관광지, 지역 축제라고 해서 정작 가보면 어느 동네에나 있을 법한 시장을 중국산 기념품으로 도배해 놓은 것이 전부인 경우가 허다하다. 말로만 '한국 방문의 해'라고 소리칠 것이 아니라 관광을 하는 소비자들이 공감하고 동참할 만한 스토리를 만들어 내는 데 더욱더 노력해야 할 것 같다.

그런 노력이 계속되면 우리나라 종로구 묘동 59번지8에도 '다모 박물관'이 생겨서 수많은 한류 팬들이 몰려들고, 월드컵 4강의 성지인 광주 경기장 어느 관중석 플라스틱 의자가 '히딩크 감독이 4강 진출 확정 후 응원단에게 차준 볼이 떨어진 곳'이라는 스토리를 달고 새롭게 각광을 받는 날이 오지 않을까?

셜록 홈스 박물관(The Sherlock Holmes Museum)

위치 221b Baker Street London NW1 6XE
홈페이지 www.sherlock-holmes.co.uk
관람 시간 09:30〜18:00
휴무일 성탄절
관람료 8유로

Underline Note

1) 본문 중 내용처럼 이 박물관에는 진품이라고 할 만한 것이 거의 전무하다. 심지어 입구조차 가짜로 실제 입구는 엉뚱한 곳에 있고, 정문 입구처럼 생긴 곳을 지나면 기념품 매장으로 바로 들어가게 되어 있을 정도이다. 다른 미술관이나 박물관을 볼 때보다는 힘을 빼고 테마파크에 들렀다는 생각으로 유쾌하게 즐기다 보면 의외로 빠져들게 되는 구석이 있다.

2) 출구로 나오면 마치 조금 전 셜록 홈스의 소설에서 뛰쳐나온 것처럼, 바비(bobby)라는 애칭으로 불리는 영국 경찰의 제복을 입은 노인이 경비를 서고 있는데 진짜 경찰이 아니라 소설 속 등장인물을 흉내 낸 박물관 직원이다. 무척 친절하고 인근에선 제법 유명한 인사이니 시간이 되면 함께 기념사진을 찍고, 얘기를 나눠 보면 좋다.

---

8 드라마 '다모'의 배경이 되었던 옛 한성부 좌포도청 자리.

- -

자리 잡기 힘든 가게가 더 맛있다

우피치 미술관에서 배우는 [고객 확보 전략과 실행]

- -

들어서기 힘겨웠던 3개의 문

장면 1.

2007년 11월 초순 무렵.

여의도 KBS 신관 공개홀로 들어가는 입구. 아직 방송 녹화가 시작되려면 한참이나 남았는데 수십 명의 젊은 남녀들이 줄을 지어 서서 입장을 기다리고 있었다. 쌀쌀한 가을 새벽 날씨 속에서 기다리기 위해 대부분 두꺼운 파카를 준비해 왔고 개 중에는 항공사 담요를 챙겨온 커플도 있었다. 여자 친구에게 나중에 오라고 하고 홀로 순서를 기다리는 처지인 듯한 몇몇 남자가 무료한 표정을 지으며 서 있기도 했고, 다른 몇몇은 친구끼리 보러 온 듯 아예 게임 도구와 간식거리까지 한 보따리 챙겨와서 기나긴 기다림의 시간을 보내고 있었다. 기다림은 생각보다 길고 불편했다. 그럼에도 불구하고 그들은 묵묵히 기다렸다. 얼마나 지났을까 짧아진 가을의 해가 여의도 서쪽을 향해 저물어 가고 하늘이 어둑어둑해지자 건물 가장 바깥의 철문이 열렸다. 하지만 거기서 끝이 아니었다. 국가 중요

시설('가급')답게 신분을 확인 받고 들어가는 절차 역시 까다롭기 이를 데가 없었다. 하지만 줄 서 기다리는 어느 누구도 불평 한마디 하는 사람이 없었다. 자리는 불편했다. 그나마 뒷자리는 쿠션이 있는 극장용 의자였지만 무대가 잘 안 보인다는 단점이 있었다. 앞자리는 무대가 잘 보이기는 했지만, 바로 옆 사람이 오늘 점심에 뭘 먹었는지를 금세 알아맞출 수 있을 정도로 플라스틱 간이 의자가 다닥다닥 붙어 있었다. 쿠션도 없는 그 자리에서 앞으로 꼬박 2시간 반에서 3시간은 앉아 있어야 할 것이었다.

그럼에도 불구하고 사람들은 '앞자리'를 선택했다. 오히려 그 불편한 자리에 앉기 위해 기꺼이 회사에 연차를 내고, 동료에게 거짓말을 하고, 학교를 결석하면서 그 새벽부터 줄을 서 기다린 거였다. 이윽고 TV에서 많이 보던 연예인이 무대에 올라 바람을 잡기 시작했다. "오늘도 저희 개그콘서트를 찾아주신 여러분, 정말로 감사드립니다!"

장면 2.

2012년 10월 5일 자정.

뉴욕 42번가에 자리 잡은 유서 깊은 건축물인 그랜드 센트럴역 구내에 수많은 사람들이 몰려들었다. 10월 초임에도 불구하고 두터운 파카와 담요를 챙겨 든 모습은 영락없는 노숙자였다. 하지만 그런 복장을 제외한 나머지 그들의 모습은 평범한 뉴요커와 다를 바가 없었다.

얼마가 지났을까? 창밖으로 동이 터서 햇살이 고풍스러운 창을 통해 역 내부에 스며들고, 시 외곽에서 출발한 통근 열차를 타고 온 비즈니스맨들이 저마다의 일터로 종종걸음으로 사라져갈 때까지 그들은 줄을 지어 서 있었다.

얼마 뒤, 매장 안의 불이 하나둘씩 켜지고 왼쪽 가슴에 '한 입 베어 먹

그랜드 센트럴 터미널 애플 매장의 개점일 새벽에 몰려든 고객들. 그들 중 대부분은 전날 저녁부터 매장 앞에서 밤을 새운 이들이 었다. 오직 조금 더 일찍 매장에 발을 들여놓기 위해.

은 사과' 로고가 선명하게 박힌 티셔츠를 입은 직원들이 바쁘게 돌아다니며 개점 준비를 하는 모습이 보였다. 줄 서 있던 사람 중 몇몇이 "빨리 문 열어, 안 그러면 이 현관에다 오줌 싸 버릴 거야!"라고 외치기도 했지만, 나머지 사람들은 들뜬 표정으로 잠자코 기다리고 있었다. '오줌을 싸 버리겠다'는 이야기 역시 영화 「로맨틱 홀리데이(The Holiday)」에 나오는 대사일 뿐이었다. 그렇게 이야기 한 사람 역시 들뜬 얼굴을 하고 있었다. 그들이 밤을 세워서 자리를 지킨 곳은 '애플'사에서 만든 제품을 전시 판매하는 곳으로 뉴욕에서 가장 큰 규모를 자랑하는 곳이었다. 2천 3백 제곱미터라는 어마어마한 넓이에 일하는 직원만도 3백 명이 넘는 초대형 매장이었다.

그런 기다림이 얼마나 되었을까? 문이 열리자, 그들은 매장에 들어가서 저마다 점찍어 뒀던 애플사의 제품들을 구입한 뒤 인증 사진을 찍어 페이스북 등 자신의 SNS에 올리거나 친구들에게도 휴대전화 메일로 전송하느라고 여념이 없었다. 그뿐이었다. 짧게는 10분, 길게는 30여 분간 즐거움을 맛본 그들은 잠시 후 언제 밤새 기다렸느냐는 듯 저마다 자신의 삶터로 사라져 버렸다.

장면 3.

2009년 9월 18일 아침.

이탈리아 피렌체 중심부 시뇨리아 광장 한 귀퉁이에서 한바탕 소동이
벌어졌다. 한쪽에는 한눈에도 '미국 사람'임을 알 수 있는 듯한 복장과 행
동의 무리가 있었고, 그 반대편에는 콧수염이 멋들어진 중년 남성과 덩치
큰 중년 여성이 있었다. 인상적이었던 것은 너댓 명의 미국 사람들은 얼
굴이 시뻘게져서 알아듣기 힘들 정도로 빠른 말투의 영어를 내뱉고 있는
데 반해, 맞은편의 두 남녀는 느긋이 툭툭 한두 마디씩 대답을 던질 뿐
전혀 동요하지 않고 있다는 점이었다.

그들이 서 있는 곳은 피렌체나 이탈리아는 물론, 세계에서도 최고 수
준의 소장품과 전시 규모를 갖춘 우피치 미술관의 입구였다. 그리고 미국
인 무리는 이 미술관을 관람하기 위해 찾아온 관광객들이었고, 두 이탈
리아 남녀는 이 미술관의 입장을 통제하는 직원들이었다.

비록 이 직원들은 다른 이탈리아 국민들에 비해서는 과묵한 편이었지
만, 일반적인 이탈리아 국민의 특징은 마치 '누가 언제 어디서라도 말을
시킬지 모른다'는 강박관념 속에 수다를 떨 만반의 준비가 되어 있어서
모르는 사람의 갑작스러운 물음에도 할머니가 옛날이야기 들려주듯 술
술 이야기가 흘러나온다. 미국인 단체 관광객의 뒤편이자 우리의 앞편에
서 있던 나이 지긋한 이탈리아인 부부가 묻지도 않았는데 사건의 자초지
종을 들려주었다.

당시 우피치 미술관의 개관 시간은 오전 9시였다. 하지만 이들 미국인
들은 자신들의 일정을 더 앞당기기 위해 조금이라도 일찍 입장시켜달라

우피치 미술관을 대표하는 작품인 보티첼리의 「비너스의 탄생」, 1485년.

고 요구했고, 그에 대해 이탈리아인 관리 직원이 단호하게 거절을 하면서
실랑이가 벌어졌다. 그 결과 오히려 정해진 입장 시간인 9시보다 늦어진
9시 5분에 관람객들이 입장할 수 있었다.

열린 문보다 닫힌 문이 더 매력적이다

이 같은 세 가지 사례 외에도 주변을 둘러보면 뜻밖에 '공급자'가 '소비
자'를 피곤하고 불편하게 만드는 경우가 비일비재하다. 이후 글을 쓰며 이
날의 기억이 떠올라 우피치 미술관의 한 담당자에게 이에 대해 문의해 보
았다. '2009년에 우피치를 방문했을 때 이러이러한 사건이 있었는데, 그때
충분히 관람객의 편의를 봐 줄 수는 없었는가?'라는 내용으로 메일을 보
냈다. 그에 대한 그들의 대답은 단호했다. 메일로 발군의 수다 실력을 발휘
한 담당자의 이야기를 여기에 다 옮기긴 어렵지만 간단하게 정리해 보자

우피치 미술관의 내부 전시 공간. 전시된 미술품의 화려함에 비해 전시 공간은 과거 사무관청이었던 모습을 그대로 남겨 두어 소박하다 못해 단조롭기까지 하다.

면 다음과 같다. '우리에게 관람객의 편의는 두 번째이고, 작품의 안전한 소장이 첫 번째입니다. 최고의 작품을 만나기 위해서 그 정도의 기다림, 그 정도의 불편함은 감수할 수 있어야 하지 않을까요? 편하게 관람하고 싶다면 전시 도록을 보시면 됩니다. 온라인으로도 구할 수 있습니다.' 실로 도도하기 이를 데가 없는 답이 아닐 수 없다. 그럼에도 불구하고 우피치 미술관은 연간 2백만 명에 가까운 관람객들을 끌어 모으고 있다. 그리고 그렇게 몰려든 이들은 그러한 도도한 우피치의 서비스에 불편을 느끼면서도 오히려 더욱더 우피치에 열광하는 모습을 보여 주고 있다.

  그런데 이런 모습들을 과연 우피치 미술관에서만 볼 수 있을까? 그렇지 않다. 담당하는 직원들에 따라 다소 차이는 있지만, 경험상 세계적인 유명 미술관들의 경우에도 그 입장 방법, 소지품 관리, 식음료 반입 가능 여부, 심지어 동선과 사진 촬영 등에서도 까다롭게 관리하는 경우가 대부분이다. 「모나리자」 같은 경우에는 별도의 공간에 약 10여 명의 직원이 사방팔방을 지키는 가운데 전시되는데, 벽면에 걸려서 전시되는 다른 작품들과 달리 홀 중앙에 「모나리자」만을 위한 별도의 벽을 세우고 그 위에 방탄유리 케이스를 붙인 뒤 그 안쪽에 그림을 걸어 놓았다. 따라서 인파 때문만이 아니더라도 「모나리자」를 가까운 거리에서 생생하게 본다는 것은 불가능에 가깝다. 피카소의 「게르니카」 역시 마찬가지이다. 온도, 습도, 채광 정도 및 진동 등을 24시간 측정할 수 있는 커다란 기계 위에 그림이 올려져 있고 그 주위로 여러 명의 직원이 감시를 하고 있다. 사진 촬영은 당연히 금지되어 있고, 조금이라도 가까이 가서 보려 하기라도 하면 요란한 경보음이 울리며 득달같이 경비 직원들이 몰려와서 제지한다. 그럼에도 불구하고 수많은 관람객들이 몰려들고, 불평하기보다는 오히려 그런 응대를 기꺼이 받아들인다. 앞서 우피치에서의 경험처럼 그럴수록 관람에 대한 흥미가 더 높아지는 경우가 상당수이다. 이런 모습들은 비단 유명한 미술관과 그들이 소장한 세계적인 걸작에서만 볼 수 있는 것은 아니다. 우리 주변에서도 심심치 않게 보거나 경험할 수 있다.

몇 해 전, 강남에 자리 잡은 모 백화점의 명품 매장에서 작은 실랑이가 벌어졌다. 해당 매장에서 6개월 전에 구두를 주문한 고객과 직원 간에 벌어진 일이었다. 다툼까지는 아니었고 고객의 농담 섞인 불평에 직원이 열심히 답하는 중이었다. 고객의 불평은 '6개월 전 이 매장에서 수제화를 주문했는데, 왜 오늘 완성되었는가?'였다. 그런데 더 정확하게 이 고객의 불평을 적자면 '왜 이제야 완성됐는가?'가 아니라 '왜 이렇게 빨리 완성됐는가?'였다.

이 매장의 구두는 이탈리아의 장인이 직접 방문해서 주문하고자 하는 고객의 발 치수를 꼼꼼하게 측정한 뒤 나무로 그 고객만의 구두틀(shoe last)을 제작하고, 그 틀에 맞춰 베네치아 앞바다의 바닷물과 고운 모래, 알프스의 눈으로 수십 번에 걸쳐 가공 작업을 거친 가죽을 수십 년 이상 구두만을 매만진 장인이 '한 땀 한 땀' 정성 들여 손바느질로 완성하는 구두로 유명했다. 이렇게 완성되는 구두나 양복 제품들을 비스포크 (bespoke)라고 하는데, 이 구두 브랜드의 비스포크 제품들은 비교적 저렴한 것이 5백만 원선이고 조금 비싸다 싶으면 1천 5백만 원을 훌쩍 넘어서는 가격대를 형성하고 있다. 제작 기간 역시 빠르면 10개월이고 1년 뒤에 완성된 구두를 받아볼 수 있는 경우도 흔했다. 이 고객 역시 1천만 원 가까운 돈을 들여 구두를 장만했는데, 생각보다 빠른(?) 6개월만에 구두를 받아 들게 되자 가볍게 애교 섞인 항의를 한 것이었다.

왜 이런 일들이 발생하는 것일까? 어디서는 물건의 배송이 연기되었다, 제품의 제작이 더디다, 서비스의 제공이 느리다며 항의가 빗발치는데, 왜 어떤 곳에서는 늦을수록 더 기대하고, 좋아하는 현상들이 일어나는 것일까?

고객의 심리적 저항을 유발하라

영국 얼스터대학교 교수이자 저명한 심리학자인 리처드 린 박사에 따르면 일반적으로 사람은 쉽게 얻을 수 있는 것보다 어렵게 얻은 것을 상대적으로 훨씬 더 가치가 높다고 인식하는 경향이 있다고 한다. 즉 우리의 잠재의식 속에는 유사한 크기와 맛의 사과라 할지라도 눈앞의 사과나무 가지에서 딴 것보다 손이 안 닿는 나무 꼭대기에서 어렵게 딴 사과를 더 맛있다고 느끼는 경향이 있다는 것이다.

이러한 경향에 대해 캔자스대학교에서 심리학을 가르치던 잭 브렘 교수가 관심을 갖고 연구한 끝에 발표한 이론이 '심리적 저항이론'이다. 방대한 임상 결과를 바탕으로 도출해 낸 이론이라 그 내용을 단 몇 줄로 요약하기란 쉽지 않지만 대략적인 내용은 '우리가 어떤 대상에 대해 선택할 수 있는 자유가 제한되면 그 대상을 이전보다 더 강렬하게 소유하려는 심리적 저항을 한다'는 것이다. 가장 손쉽게 설명하자면, 평상시에 끼니마다 고기를 먹지 않아도 큰 문제없이 생활할 수 있던 사람이 의사에게 앞으로 고기를 먹으면 안 된다는 진단을 받거나 육식을 금하는 사찰에서 진행하는 템플스테이 등에 참석하게 되면 갑자기 고기가 먹고 싶어 안달이 나는 경우가 바로 이 심리적 저항이론과 관련된 현상이다. 이를 두고 브렘은 '인간의 심리가 부메랑 작용(Boomerang Effect)을 일으키기 때문'이라고 설명했다. 사람은 때때로 '고기를 먹고 싶다'고 생각하지만 늘 그런 생각이 드는 것도 아니고, 그런 생각이 들 때마다 반드시 고기를 먹어야 한다고 생각하지도 않는다. 그랬던 것이 '굳이' 템플스테이 안내자나 식이요법을 권하는 의사에 의해 '고기를 먹지 못한다'는 제약이 제공되면 '고기를 먹고 싶다'는 일상생활에서는 감춰져 있던 욕구가 자극되기 시작하고, 다시 그 욕구가 '고기를 먹지 못한다'는 현실의 제약과 만나 '고기를 정말 먹고 싶다'는 더 강한 욕구로 변하는데, 그 역시 '고기를 먹지 못한다'는 엄연한 현실의 제약에 의해 가로막히게 되면 더욱더 강렬한 '고기를 정말로, 정말로 먹고 싶다'는 정도의, 거의 폭발적인 수준의 욕망으로 성장하게 된다는 것이다.

최근 이러한 심리의 부메랑 작용에 의해 증폭되는 강렬한 심리적 저항이론을 기반으로 하여 소비자들의 구매 심리를 가장 잘 활용하고 있는 곳이 TV에서 흔히 접할 수 있는 홈쇼핑 프로그램이다. 해당 방송을 이끌고 있는 쇼호스트들이 가장 흔하게 사용하는 멘트가 '오늘 방송 중에만', '단 1백 분의 고객님들에게만', '앞으로 열 분 한정으로'라는 말들인데, 같은 물건임에도 불구하고 그와 같이 '기회를 한정 짓는(소비자의 구매 자유를 제한하는)' 말들로 포장되면 숨어 있던 소비자의 구매 욕구를 자극하게 된다. 그에 대해 계속해서 '자칫하다가 당신은 이 제품을 구하지 못할 수도 있다'라는 가까운 미래의 제약을 지속적으로 제시하며 그를 자극하기 시작하면, 소비자가 그 제품에 대해 느끼는 가치가 갑자기 확연하게 상승하는 효과가 일어나는 것이다.

물론 미술관의 경우 소장하고 있는 미술품의 가치와 희소성, 기업의 경우 제공하는 서비스의 대체 가능성이나 경쟁력 등에 의해 그러한 효과가 일어날 가능성이나 효과의 크기는 달라진다. 아무 데서나 쉽게 구할 수 있는, 세상에 널려 있는 것들이라면 아무리 심리적 저항 효과를 불러일으키기 위해 노력해 봐야 큰 효과를 거두기 힘들 것이다. 하지만 쉽게 대체할 수 없는 차별화된 품질이나 제한된 접근성 등을 갖췄다면, 때로는 고객을 안달 나게 하는 것도 효과적인 마케팅 기법이 된다. 현대사회에서 고객들이 원하는 것은 '친절한 직원'이지, '친절한 상품'은 아니기 때문이다.

이 때문에 최근 들어 많은 기업이 다양한 방법으로 고객들의 '심리적 저항'을 강화하는 방법의 마케팅 전략들을 구사하고 있다. 그 대표적인 사례를 들어보자면 몇 해 전 모 명품 만년필 회사에서는 일본 다카마키에 (高蒔繪) 공법을 사용한 만년필을 공급하겠다고 발표했다. '다카(高)'는 '높다', '마키(蒔)'는 '뿌리다'라는 뜻이고 '에(繪)'는 '그림'이라는 뜻이다. 즉 다카마키에는 굴 껍질이나 조개껍데기로 만든 가루와 숯가루 등을 색색의 분과 섞어 칠기의 표면에 겹겹이 발라 높게(입체감을 갖게) 만드는 기법인데, 1190년대 말 가마쿠라 막부 초기에 처음으로 등장해서 무로마치 막부에 이르러 그 전성기를 구가한 일본 고유의 칠공예 기법이다. 그 기법을 재현할 수 있는 사람도 드물었고, 더군다나 만년필이라는 조그마한 공간에 그 기법을 쓰기란 보통 어려운 것이 아니었다. 그래서 이 회사에서 전

우리 주변에 넘쳐나는 한정 판매와 제한된 특전들.

세계에 판매하기로 한 제품의 수량은 불과 34개에 불과했다. 즉 돈을 아무리 많이 갖고 있어도 '살 수 없다'는 소문이 퍼지자 소비자들의 '사고 싶다'는 욕구는 급속도록 강화되기 시작했다. 여기서 이 만년필 회사가 수익만 생각하는 평범한 기업이었다면 만들어 낼 수 있는 최대한으로 제품을 만들어 내서 추가 수요를 충당했겠지만, 이 기업은 그러지 않았다. 정확히 34개만 만들어 내고 생산을 중단하자 이 제품에 대한 소유 욕구는 소비자들 사이에 더더욱 증폭되었고, 이것은 곧 이 회사의 다른 명품 만년필에 대한 관심과 소비 욕구로 전이되었다. 소비자의 '심리적 저항 효과'를 적극적으로 활용하여 해당 제품은 물론, 다른 제품에까지 그 효과를 거둔 성공 사례이다.

이외에도 상품이 이미 개발되었고, 물량도 충분히 확보하였고, 판매망까지 갖추었음에도 계속 출시 예정 소식만 흘리고 실물은 공개하지 않으면서 소비자들의 관심과 구매 욕구를 최고조로 끌어올린 뒤 특정한 날을 정해 새로 개발한 휴대폰을 출시하는 전자업체들의 마케팅 방법도 있다. 또는 장인의 고용을 늘려 생산량을 늘리고 주문으로부터 제품 완성까지 걸리는 시간을 충분히 단축시킬 수 있음에도 판매 물량에 상관없이 (시장의 수요공급곡선을 무시한 채) 한 해 생산될 물량과 가격을 일방적으로 정해 버리고 자신들의 일정에 맞춰 제품을 공급하는 명품 시계 브랜드들의 마케팅 전략 역시 같은 사례로 볼 수 있다.

세상에서 가장 매력적인 복도

우피치 미술관은 1560년 피렌체의 천재 미술가이자 건축가로 이름이 높았던 조르조 바사리의 설계로 지어졌다. 그는 어린 시절부터 피렌체의 유력 가문이자 이탈리아 르네상스의 후원자였던 메디치 가문의 도움을 받아 왔다. 그런 은혜를 갚고자 그는 당대 메디치 가문의 가장이자 피렌체는 물론 인근 토스카나 지방까지 다스렸던 코시모 1세를 위한 사무실을 피렌체 한복판에 지었다. '메디치가 사무실'로 불렸던 이 건물은 이후 '사무실(office)'이라는 뜻의 이탈리아어 '우피치(Uffici)'가 고유명사화되고, 1574년 코시모 1세의 사망 뒤에 행정 기능 대신 메디치가에서 대대로 수집한 미술품들을 전시하는 공간으로 변모하면서 '우피치 미술관'이 되었다. 좁은 도심 내에 사무 공간으로 지어졌던 건물을 활용한 탓에 우피치 미술관의 실내 공간은 복잡하고, 규모 역시 탁 트였다기보다는 치밀하게 잘 구성된 편이다(물론 루브르나 스미스소니언 등에 비해 그렇다는 것이다. 실제로 내부 규모는 어마어마하다).

하지만 내부에 들어가 소장된 미술품들을 하나하나 살펴보면 말 그대로 입이 딱 벌어질 정도다. 복도에 흔한 장식 소품처럼 열을 맞춰 죽 걸려 있는 역대 메디치 가문 사람들의 초상화들도 자세히 살펴보면 당대 최고의 거장들이 그린 작품인 경우가 대부분이고, 교과서에서만 보아 온 보티첼리, 미켈란젤로, 라파엘로 등 르네상스 시기 위대한 거장들의 작품이 전시실 하나 건너 하나씩 아무렇지도 않게 걸려 있다.

그중 대표적인 것들만 살펴보면 아마도 전 세계에서 가장 많이 잡지나 광고에 등장한 그림이 아닐까 생각되는 보티첼리의 「비너스의 탄생」, 「모

나리자」와 더불어 다빈치의 가장 중요한 작품 중 하나로 인식되는 「수태
고지」, 천재 화가 미켈란젤로의 대표작 중 하나인 「성 가족」 등 '이 작품이
바로 우피치를 대표하는 미술품이다!'라고 말하기 어려울 정도로 수많은
세기의 걸작들이 미술관의 전시실과 복도의 벽을 가득 채우고 있다. 이들
때문에 오늘도 우피치 미술관 입구는 '심리적 저항 이론'에 사로잡힌 수많
은 관람객들로 발 디딜 틈 없이 붐비고 있다.

그런데 이러한 미술관에서도 극히 일부의 인원만이 관람할 수 있는 숨
어 있는 공간이 있다. 메디치 가문이 배출한 피렌체의 첫 번째 대공이었
던 코지모 1세는 자신의 아들 프란체스코 1세와 신성로마제국 황제의 딸
인 조반나 다오스트리아(Giovanna d'Austria)의 결혼식에 참석한 하객들
이 베키오 궁전에서 인근 피티 궁전까지 눈이나 비를 맞지 않고 안전하고
따뜻하게 이동할 수 있도록 약 1km 정도 길이의 통로를 만들었는데, 이후
이 통로는 결혼식이 끝난 후에도 대공들이 주위의 시선이나 정적들의 암
살 위협을 피해 거주지와 집무실을 오고 가는 비밀 이동로로 활용되었다.

좁은 복도 형태의 이 통로의 이름은 이곳을 주로 사용한 사람의 직책
을 따서 '대공의 복도' 또는 설계와 시공을 담당한 미술가의 이름을 따서
'바사리의 복도'로 불렸는데 우피치가 행정관서가 아닌 미술관으로 변모
하면서 이곳 복도 역시 미술관의 전시회랑의 일부가 되었다. 약 7백여 점
의 작품들이 전시된 이곳은 작품들의 면면이나 그 작품들에 담긴 가치만
으로도 충분히 화제가 될 만하지만, 무엇보다도 이곳이 유명세를 떨치게
된 것은 그 '진입의 어려움' 때문이었다. 이곳은 철저한 예약제로 운영되
는데, 한 번에 입장할 수 있는 인원도 극히 일부일 뿐만이 아니라 내부 수
리, 축일, 메디치가의 기념일, 기타 불특정한 여러 가지 이유로 아예 몇 주
간 입장을 시키지 않는 경우가 비일비재하다. 여러 가지 수고로운 과정을

거쳐서 입장을 했다 하더라도 거기서 끝이 아니다. 바사리의 복도는 개별적인 관람이 불가능하다. 가이드의 안내(혹은 지시)에 따라 내부에 입장한 인원이 모두 다 함께 이동하며 관람을 마쳐야 한다.

그런데 이 곳과 같이 엄격한 관람 방식을 택한 곳이 또 있다. 바티칸 시스티나 성당에 그려진 미켈란젤로의 「천지창조」와 더불어 전 세계에서 가장 유명한 벽화 중 하나인 레오나르도 다빈치의 「최후의 만찬」이 그려져 있는 밀라노의 산타마리아 델레 그라치에 성당 역시 입장하기 까다롭기로 둘째가라면 서러워할 수준이다. 이곳 역시 회당 입장 인원 제한이 있으며 철저하게 예약제로 운영되는데, 예약한 시간의 한참 전에 가서 대기하다가 마치 파나마 운하의 갑문 개폐 방식처럼 열리고 닫히는 육중한 철문들을 지나야 그림이 그려져 있는 곳까지 들어갈 수가 있다. 성당 내부에 들어가서도 교도소 간수 같은 복장을 한 성당 직원들의 삼엄한 감시 속에서 사진 촬영이나 기타 행동에 제약을 받으며 겨우 관람을 마칠 수 있다. 그럼에도 전 세계의 수많은 이들이 죽기 전 꼭 가보고 싶은 미술관을 꼽으라고 하면 '바사리의 복도'와 '산타 마리아 델레 그라치에 성당'을 꼽는 것을 주저하지 않으며, 실제 관람을 마치고 난 관람객들의 표정만 봐도 이곳이 사람들에게 얼마나 큰 만족을 주는지 능히 알 수 있다.

성공하고 싶으면 최선을 다해 제품과 서비스를 만들어 내라.

최고 수준으로 만들었다는 자신감이 들면 절대 소비자를 쉽게 들이지 말라.

어렵게 들일수록 만족하고, 어렵게 들어올수록 어렵게 떠난다.

우피치 미술관(Galleria degli Uffizi)

위치 Piazzale degli Uffizi 6, 50122 Firenze

홈페이지 www.uffizi.com

관람 시간 08:15~18:50(화~일)

휴무일 매주 월요일 / 1월 1일, 5월 1일, 성탄절

관람료 10유로

Underline Note

1) 세계적 명성을 자랑하는 미술관답게 늘 사람들로 붐비는 데다가 시간당 입장 인원이 제한되어 있어, 제때 입장하지 못하고 오랫동안 기다려야 하는 경우가 종종 발생한다. 사전에 전화 또는 인터넷으로 예약하고 예약비 6유로를 지불하면 기다리지 않고(원하는 시간 15분 전부터 대기) 입장할 수 있으므로 일정이 촉박하거나 성수기에 방문했다면 이 시스템을 적극 활용해 보는 것도 좋을 듯하다.

2) '바사리의 복도'는 한정된 인원만 반드시 예약을 통해 관람하도록 관리되고 있다. 예약 과정이 복잡하고, 입장하고 나서도 이러저러한 통제가 불편할 수도 있겠지만, 매년 '영구 폐쇄' 혹은 '최소 몇 년간 복원 혹은 보수를 위한 입장 제한'이 있을 수도 있다는 소문이 떠돌고 있다. 기회가 있을 때 반드시 관람하는 것이 좋다.

대부분 최초의 고객은 최후의 고객이 된다

브레라 미술관에서 배우는 [고객접점관리]

세상에서 가장 유명한 키스

스포츠팀에도 간판스타가 있고, 기업에도 히트 제품이 있으며, 식당에서도 다른 메뉴에 비해 압도적으로 더 잘 팔리는 대표 메뉴가 있다. 미술관이나 박물관 역시 마찬가지다. 파리 루브르를 들른 사람치고 '루브르에왔으면 다른 미술품은 몰라도 레오나르도 다빈치의 모나리자만큼은 꼭봐야지!'라고 생각하지 않는 사람은 없을 것이다. 국립 소피아 왕비 예술센터를 방문한 관람객은 저도 모르게 발길이 2층에 있는 피카소의 게르니카 앞으로 향해 가고 있을 것이며, 대영박물관을 관람하기로 마음먹은사람이라면 로제타석을 필수 관람 목록에서 빼놓는다는 것은 상상조차도 못할 일이라고 여길 것이다.

이탈리아 북부 최대의 도시 밀라노에는 세계적인 명품 브랜드의 매장들과 이탈리아 명품 브랜드들의 본점 격인 전시장들이 즐비하게 자리 잡은 거리가 있다. 이 명품 매장 거리인 몬테 나폴레오네 인근의 한 미술관에 들른 수많은 관람객들 역시 전시실의 벽과 복도를 가득 메우고 있는

브레라 미술관 근처의 작은 공원에 서 있는
프란체스코 하예즈의 동상.

수많은 거장들의 명작들을 보면서도 이 미술관을 대표하는 그림 한 점을
찾느라 고개를 이리저리 돌린다.

프란체스코 하예즈(Francesco Hayez)의 「키스」.

루브르의 「모나리자」, 소피아의 「게르니카」, 대영의 로제타석이 그렇듯
이 미술관에서 「키스」를 찾는 것은 생각보다 그리 어렵지 않다. 사람들이
가장 많이 몰려서 붐비는 전시실을 찾는다면 그다지 어렵지 않게 이 그림
을 발견할 수 있을 것이다.

물론 가끔 남미에서 온 독실한 가톨릭 신자 단체 관광객들이 한꺼번에
방문하면, 사망한 직후의 예수 시신을 그린 만테냐(Andrea Mantegna)의
「죽은 예수」나 라파엘로의 「성모 마리아의 결혼」 같은 세계에서 가장 유

프란체스코 하예즈의 대표작이자 브레라 미술관을 찾는 사람들이 꼭 보고 싶어 하는 그림 「키스」, 1859년.

명한 종교화 앞에도 수많은 관람객들이 몰린다. 그러나 젊은 남녀, 신혼부부 등 아직까지 낭만이 살아 있는 다양한 관람객들의 열화와 같은 지지 속에 하예즈의 「키스」는 이 미술관 최고의 인기 작품이라는 영광스러운 자리에서 단 한 번도 내려온 적이 없었다. 하예즈의 「키스」에 대한 이야기를 본격적으로 하기 전에, 시간을 좀 더 거슬러 올라가 보자.

1809년 8월 15일. 밀라노의 한 유서 깊은 미술학교의 2층에서 성대한 미술관 개관식이 개최되었다. 이곳은 원래 예수회의 종교 시설이었던 곳으로 합스부르크 왕가의 마지막 국가 지도자였던 마리아 테레지아 여왕이 이를 사들여 미술학교로 개교시킨 곳이었다. 그 후 다시 증·개축을 거쳐 건물의 1층은 미술학교로 그대로 사용하고 2층은 미술관으로 꾸며 재개관을 한 것이었다. 그런데 이날 개관식이 흥미로웠던 것은 바로 개관식이 개최된 날짜였다.

이날로부터 40여 년 전 같은 날인 1769년 8월 15일. 프랑스의 남쪽, 이탈리아 반도의 서쪽 지중해상 작은 섬 코르시카에서 한 아이가 태어났다. 아이의 이름은 코르시카 사투리로 나브리오네(Nabulione)였다. 나중에 아이는 죽은 형에게 물려받은 '나브리오네'라는 이름을 프랑스 발음인 '나폴레옹(Napoléon)'으로 바꾸고 장교로 군에 입대했다. 그리고 불과 30세의 나이에 프랑스의 지도자 자리에 올랐다. 이후 권력 투쟁과 이웃 국가와의 전쟁에서 연전연승, 승승장구한 결과 1805년에는 황제로 즉위하기에 이르렀다.

미술관은 바로 이 나폴레옹 보나파르트, 아니 황제 나폴레옹 1세의 생일에 맞춰서 개관한 것이었다. 실제로 3실에서 5실은 아직까지도 '나폴레옹실'이라고 불리고 있다.

피렌체 우피치 미술관에 버금가는 브레라 미술관은 이탈리아 미술의 보고라고 추앙받고 있지만 시작은 이처럼 그다지 영예롭지 못했다. 하지만 이후 롬바르디아파와 베네치아파9를 중심으로 한 르네상스 시기의 걸작들을 다수 소장하게 되면서 그 명성이 급속도로 높아지기 시작했다. 특히 앞서 말한 만테냐의 「죽은 예수」와 하예즈의 「키스」를 포함해서 조반니 벨리니의 「피에타」, 라파엘로의 「성모 마리아의 결혼」 등은 브레라의 이름을 전 세계적으로 널리 알렸다.

찰나의 절박함이 가른 중요한 차이

다시 하예즈의 작품 「키스」로 돌아가 보자. 그토록 수많은 걸작과 명작들이 난무한 브레라 미술관에서도 왜 유독 대다수의 사람이 하예즈의 작품 「키스」에 열광하는 것일까? 실제 그림을 보면 밋밋한 배경에 남녀 단둘이 제목 그대로 키스를 나누는 장면이 전부이다. 그런데 작품을 관람한 사람에게 "저 둘이 왜 키스를 하는 것 같은가?"라고 물으면 십중팔구는 "이제 헤어져 다시는 못 만날 상황에 부닥친 두 남녀가 나누는 키스 같다", "집안의 반대로 서로 다른 사람과 결혼하게 된 사랑하는 남녀가 나누는 마지막 키스 같다", "신분의 차이를 극복하지 못한 두 남녀가 헤어지기 전 마지막 키스를 하는 것 같다"는 식으로 거의 비슷한 이야기들을 한다.

그런데 이와 비슷한 느낌을 주는 그림을 바다 건너 미국의 뉴욕에서도 만나볼 수 있다. 찬란한 색채감을 자랑하는 베네치아파의 거장 파올로 베로네세(Paolo Veronese)의 대표작인 「사랑으로 결합된 비너스와 마르

---

9 르네상스 이탈리아의 회화와 건축에는 토스카나, 로마 등의 중부 이탈리아 지방을 중심으로 간소, 순수함과 고귀함을 강조했던 피렌체파(派), 밀라노·파비아·브레시아 등 북서부 지방을 중심으로 환상적이고 몽환적인 장식미를 자유롭게 도입한 롬바르디아파(派) 그리고 베네치아·라벤나·베로나 등 북동부 지방을 중심으로 고대적 요소와 동방적 요소를 조화시킨 베네치아파(派)가 존재했다.

파올로 베로네세, 「사랑으로 결합된 비너스와 마르스」, 1570년, 뉴욕 메트로폴리탄 미술관.

스」가 바로 그것이다. 두 주인공 비너스와 마르스가 화면에서 보이는 구도
상 왼쪽으로 치우쳐 있기에 그림의 중앙이 되는 것은 뜻밖에 마르스가 두
르고 있는 분홍색 망토가 된다. 그런데 이 망토의 색감과 느낌이 묘하게
하예즈의 「키스」에서 여성이 입고 있는 치맛자락과 무척이나 흡사하다.
여성의 치마는 빛나는 하늘색이지만, 느낌은 마르스의 망토와 같다. 화려
하면서도 처연하고, 따스하면서도 뭔가 저 너머에 존재하는 듯한, 게다가
사각거리는 소재의 느낌이 그대로 살아 있는 듯한 천의 주름들을 제대로
살려낸 모습까지 비슷하다.
　하지만 무엇보다도 두 그림이 비슷하다는 생각이 드는 것은 서로를 바
라보는, 포옹하고 있는 남녀의 그 사이 어딘가에서 느껴지는 미묘한 감정

하예즈의 키스와 더불어 세계에서 가장 유명한 키스 그림 중 하나인 구스타프 클림트의 「키스」, 1907~1908년, 오스트리아 미술관, 빈.

과 여운이다. '함께 있음'과 '헤어짐'의 그 사이 어디쯤에 있는 그 '찰나의 순간'이 절묘하게 그림 안에 담겨져 있다. 그렇기에 두 그림을 비슷하다고 느끼는 것이고, 두 그림 모두에 매료되어 브레라나 메트로폴리탄을 찾은 사람마다 그림 앞으로 몰려가서 하염없이 쳐다보게 되는 것이다.

그림이 존재하는 것은 현재이고, 그 그림을 보는 우리의 시간 역시 지금 이 순간에 국한되지만, 실제 그 그림에는 오랜 시간이 담겨 있다. 그림을 구상하는 시간, 구상을 실제 모델을 두고 스케치로 담아내는 시간, 밑그림에 색을 입혀 하나의 온전한 그림으로 만드는 시간, 화가의 작업실에 있던 작품을 화려한 액자에 끼워 넣어 전시할 수 있도록 만드는 시간, 그리고 다시 그 그림들이 우리들의 눈앞에 선보이게 되기까지 걸렸던 수백 년의 시간 등. 하지만 사람들을 감동시키는 것은 결국 화가의 눈으로 관찰하여 화폭에 담은 그 순간, '찰나'의 모습이다. 그 찰나를 제대로 살려냈느냐, 그렇지 못했느냐에 따라 그림의 가치가 좌우되고, 그림에 담기게 될 오랜 시간의 가치가 달라지는 것이다. 하예즈의 「키스」가 오랜 시간이 지나도록, 그리고 오히려 시간이 지날수록 더욱더 많은 사람의 각광을 받고 인기를 끌 수 있었던 것은 사랑하는 남녀가 헤어져 다시는 만나지 못할 운명을 앞두고 있는 그 절박한 절정의 한 순간, 그 찰나를 치열하게 관찰한 결과를 화폭에 담아냈기에 가능했다.

대부분의 감동적인 명작들도 마찬가지이다. 화가의 눈에 포착된 그 찰나에 어떤 마음을 담아, 얼마나 절실하게 이해하고 그를 어떤 방식으로 재구성했느냐에 따라 그 가치가 크게 달라진다. 그러한 이치는 기업이 제공하는 서비스의 성패, 더 나아가 그 기업이 영위하는 사업의 성패 여부에도 마찬가지로 적용된다. 그러한 성패를 좌우하는 것이 회사의 전반적인 서비스, 전체적인 모습에서 나올 듯하지만 결국은 고객과 만나는 순간, 그 찰나에 생겨나는 경우가 대부분이다.

경영자가 놓쳐서는 안 될 '진실의 순간'

폴 포츠라는 사람의 이름을 기억할 것이다. 현재는 세계적인 오페라 가수로 큰 성공을 거뒀지만, 불과 몇 해 전까지만 해도 그는 영국 웨일스 지방에서 휴대폰 판매 사원으로 일하던 지극히 평범한 남자였다. 그랬던 그의 운명이 극적으로 뒤바뀌게 된 계기는 일종의 TV 오디션이었던 「브리튼즈 갓 탤런트(Britain's got talent)」라는 프로그램 덕분이었다. 푸치니의 오페라 「투란도트」의 아리아 중 하나인 '공주는 잠 못 이루고'를 전문 오페라 가수 못지않게 멋들어지게 부르는 그의 모습에 관객들은 기립 박수로 환호했고, 유튜브 등을 통해 이 모습을 지켜본 전 세계인들이 열광하면서 그는 일약 세계적인 스타로 성장했다. 그런데 그가 노래를 부른 뒤 초조하게 심사 결과를 기다릴 때, 프로그램의 심사 위원이자 독설로 유명한 사이먼 코웰의 첫마디는 다음과 같았다.

"Moment of truth……"

원래 이 문구는 스페인에서 흔히 쓰는 말인 '모멘트 드 라 베르다드 (Moment de la verdad)'에서 유래한 말인데, 리처드 노먼이라는 학자가 1970년대에 최초로 도입한 용어다. 한국말로 '진실의 순간' 정도로 번역할 수 있는데 'Moment of truth'(이하 줄여서 MOT)의 어원이 된 스페인 말 '모멘트 드 라 베르다드'는 투우 소와 한참을 밀고 당기던 투우사가 들고 있던 붉은 망토 대신 긴 칼을 겨누는 순간, 즉 누가 죽고 죽이느냐 결정을 내리는 최후의 순간을 일컫는 말이다. 생(生)과 사(死)가 판가름나는 절체 절명의 순간, 되돌아가고 싶어도 되돌아갈 수 없는 그 운명의 순간을 말하므로 MOT는 '진실의 순간'이라는 고지식한 번역보다는 뒤바꿀 수 없는 운명, 선택의 기로에 선 '결정적 순간' 정도로 번역하는 것이 맞을 것 같다.

초창기에는 그다지 큰 반향을 얻지 못했던 이 단어가 서비스 품질 관리를 비롯한 경영 활동 전반에 걸쳐 큰 영향을 미치게 된 계기는 1980년 대 중후반에 출간된 책 한 권 덕분이었다. 이 책의 저자 얀 칼슨은 스톡 홀름대학 경영대학원을 마치고 몇 군데 회사에서 탁월한 실적을 거둔 뒤 불과 40세의 나이에 덴마크, 스웨덴, 노르웨이 등 북유럽 3국을 중심으로 전 세계 주요 도시를 취항하던 북유럽 최대 항공사인 스칸디나비아 항공 (SAS)의 사장으로 취임하게 되었다.

그가 부임할 당시만 하더라도 스칸디나비아 항공은 연간 적자액이 1천 만 달러에 육박하던 부실한 항공사였다. 석유파동의 여파가 아직 남아 있었고, 급속히 성장하는 에어프랑스나 루프트한자와 같은 경쟁 항공사 의 마케팅 공세에 밀려, 서비스 수준 역시 하위권으로 평가 받는 유럽에 서도 이류 항공사였다. 하지만 40세의 젊은 사장 얀 칼슨이 부임하자 느 슨하게 일하던 직원들은 긴장하기 시작했고, 시장은 그가 어떤 획기적인 혁신 방안을 내놓고 대대적인 구조조정을 시행할지 촉각을 곤두세웠다. 하지만 뜻밖에 그가 처음으로 꺼낸 개혁안은 '깨끗한 쟁반(Clean Tray)'이 었다.

어안이 벙벙해 있던 직원들에게 덧붙인 설명은 다음과 같았다. 비행기에 탑승한 승객이 비행기 전체의 서비스, 안정성 등을 판단하는 순간은 언제일까? 많은 사람이 멋진 항공기의 자태를 보았을 때나 멋진 외모의 기장이나 승무원이 세련된 제복을 잘 갖춰 입은 모습을 보았을 때라고 생각하지만 의외로 대다수의 승객들은 탑승 후 나눠 주는 물수건이나 기내식이 담긴 쟁반의 청결 상태를 보고 판단한다는 것이었다. 즉 승객들은 자신에게 제공되는 물수건이나 쟁반이 지저분하다는 것을 발견하면 자신이 탑승하는 비행기가 불결하다고 생각하게 되고, 비행기가 잘 관리되지 않았으니 안전성도 크게 떨어질 것이라 생각하게 된다는 얘기였다. 그러므로 그 찰나의 순간, 아주 작지만 사소한 그 순간에 집중할 수 있어야 더 큰 범위의 서비스 역시 제대로 관리할 수 있고, 나아가 회사의 이미지나 사업 전체의 성공을 좌우한다고 했다.

　그러한 관점에서 그는 스칸디나비아 항공에서 고객 서비스를 위해 할애되는 시간들을 분석했다. 그리고 전체 서비스의 수준과 항공사에 대한 인식을 좌우하는 '결정적 순간(MOT)'이 언제인지를 도출해 냈다. 그 결과 스칸디나비아 항공의 서비스는 짧은 시간 내에 엄청나게 향상되었으며, 이는 곧 회사의 실적으로 연결되었다. 덕분에 얀 칼슨 사장이 취임하기 전 해에 8백만 달러의 적자를 기록했던 스칸디나비아 항공은 불과 1년 만에 7천 1백만 달러 흑자라는 엄청난 성공을 거둘 수 있었다. 이처럼 MOT는 서비스 제공자가 고객에게 서비스 품질을 보여 줄 수 있는 극히 짧은 시간이지만, 자사에 대한 고객의 인상을 좌우하는 극히 중요한 순간인 것이다.

모든 삶에 MOT

우리가 음식점에 가서 식사한 뒤 계산을 할 때, 먹은 음식의 종류를 파악하고 그 가격을 계산하여 손님에게 청구하는 전반적인 과정을 도와 주는 기계가 있다. 과거에는 '금전 출납기'라고 불렸으나, 현재에는 '판매시점 정보관리(Point of sale)'라 하여 일명 '포스(POS)'라고 불리는 기계이다. 음식점이나 판매점의 직원, 사장들은 이 기계와 기계에 깔린 소프트웨어를 활용하여 판매와 관련한 데이터(매출, 이익 등)를 누적, 관리할 뿐만 아니라 고객에 대한 정보까지 수집하여 향후 마케팅 등에 활용할 수 있다. 그런데 왜 하필이면 '시점(point)'의 정보를 관리하는 기계라고 이름 붙였을까?

고객이 음식점, 판매점, 기업 등의 제품이나 서비스를 구입한 뒤 그에 대해 만족하고 '기꺼이 대가를 지불할 만하다'라고 느끼는지, 불만족해서 '다시는 재구매하지 않겠다'고 느끼는지가 찰나의 순간이기 때문이어서 붙여진 이름이다. 이와 관련해 미국 버지니아 주의 알링턴 시에 자리한 세계 최고의 고객 서비스만족도 조사 기업인 타프(TARP)사의 조사 결과에 따르면 어떠한 제품을 구매하거나 서비스를 이용한 고객이 제품이나 서비스에 불만이 생겼을 때 그를 직접 해당 기업이나 점포에 이야기하는 비율이 전체 고객의 4%가 채 안 된다고 한다. 나머지 96%는 직접적으로 항의하거나 자신의 불만 사항을 이야기하기보다는 참고 침묵하되 그 중 68%는 다음번에 똑같은 선택의 기회가 있을 때는 그 기업이나 점포의 제품 혹은 서비스를 절대 이용하지 않는다는 것이다.

항의하는 4%가 될 것인지 침묵하는 96%가 될 것인지, 침묵하되 불매라는 방법을 택하는 68%가 될지 그렇지 않은 32%가 될지를 선택하는 그 중요한 결정 과정은 굉장히 정교하고 과학적인 의사결정 단계나 다양한 정보와 심리 상태 등이 반영된 복잡한 과정을 거치는 것이 아니다. 또한 그 제품이나 서비스를 이용하는 전 과정에 걸쳐서 축적된 판단이 복합적으로 작동되는 것도 아니라 어느 특정한 한 '순간(moment)'에 갑작스럽게 결정되는 것이 일반적이라고 한다. 그래서 경영을 하는 사람이라면 그 '순간', '찰나'에 모든 것을 걸어야 한다. 고객이 가장 열린 마음으로 적극적으로 기업의 제품이나 서비스와 접하고, 구매 혹은 재구매의 의사결정을 내리는 그 한 '순간', 짧디짧은 그 '찰나'가 언제인지를 간파하여 그에 사활을 걸고 집중해야 한다.

그런데 조금 더 생각해 보면 기업 활동이나 서비스업에만 이런 MOT가 있는 것은 아니다. 우리가 사는 인생의 매 순간순간이 어쩌면 얀 칼슨 사장이 말한 손님에게 쟁반이 전달되는 순간인 때가 많다. 그때 그 순간에 얼마나 마음을 다해 성실하게 살펴 최선을 다했느냐 그렇지 못했느냐에 따라 이후의 결과는 하늘과 땅 차이로 크게 달라진다. 하예즈와 같은 시대에, 그 전과 그 이후에도 수많은 화가들이 연인들의 키스하는 순간을 지켜봐 왔지만, 오직 하예즈만이 시대를 넘나들며 오래도록 전 세계들의 사랑을 받는 「키스」를 그려낸 것처럼.

브레라 미술관(Pinacoteca di Brera)

위치 Via Brera 28, 20121 Milano

홈페이지 www.brera.beniculturali.it

관람 시간 08:30~19:15(화~일)

휴무일 매주 월요일 / 1월 1일, 5월 1일, 성탄절

관람료 10유로

Underline Note

1) 겉으로 보기에는 그리 크지 않아 보이지만, 막상 내부로 들어가 보면 그 공간적인 크기와 소장하고 있는 작품의 양과 질에 압도당해서 제대로 관람을 하지 못한 채 서둘러 나오게 되기 십상이다. 사전에 미리미리 동선 계획을 짜서 움직이는 것이 좋다.

2) 특이하게도 브레라 미술관 건물 내에는 이탈리아 최고 수준의 미술대학이 함께 자리 잡고 있다. 미술관이 미술대학 건물 위층에 자리 잡고 있다고 표현하는 것이 옳을 정도로 이탈리아 국내와 유럽은 물론 전 세계에서 몰려든 우수한 미술학도들이 미술관 안팎에서 습작을 하거나, 예술에 대한 저마다의 생각을 가지고 열띤 토론을 하거나 교수님을 붙잡고 한 수 가르침을 청하는 모습들을 쉽게 발견할 수 있다. 특히 미술관 주변에는 오랜 역사를 자랑하는 유명한 화랑과 화방들이 즐비하니 시간을 조금 넉넉히 배정하여 미술학도들과 이런저런 대화를 나눠 봐도 좋고, 근처의 화방이나 카페에 들러 여유를 가져 보는 것도 좋다.

Lesson 20 --

줘도 멋지게 나눠 줘라

폴디 페촐리 미술관에서 배우는 [CSR(기업의 사회적 책임)]

도도한 그들의 재능 기부

몇 년 전 동영상 공유 사이트인 유튜브에서 폭발적인 조회 수를 기록하며 화제에 올랐던 영상이 하나 있었다. 배경은 미국의 어느 도시. 앞이 안 보이는 맹인이 한 건물 앞 계단에 앉아서 구걸을 하고 있었다. 많은 사람들이 그 앞을 지나가고 있었지만 누구도 그에게 관심을 두는 이는 없었다.

얼마 후 얼굴의 절반을 가릴 정도로 커다란 선글라스를 낀 세련된 의상의 여성이 그 앞을 지나쳐 갔다가 다시 되돌아왔다. 그녀는 잠시 구걸하는 모습을 지켜보더니 가방에서 펜을 꺼낸 뒤 '나는 맹인입니다. 도와 주세요(I'm blind, Please help)'라고 적혀 있는 골판지를 뒤집어 무언가를 다시 적은 뒤 원래의 자리에 놓아두고 가던 길로 걸어갔다. 얼마 뒤, 맹인 걸인의 앞을 지나가는 사람들은 아까와 마찬가지로 흘깃 그를 쳐다보았다. 하지만 그 뒤의 행동은 판이하였다. 바로 조금 전까지 구걸하는 그의 모습을 그저 아무 의미 없는 풍경의 일부분인 듯 여기며 스쳐 지나갔던 사람들이 이번에는 주머니 속의 푼돈이나마 기꺼이 자비를 베풀고 몇몇은

짧지만 많은 것을 생각해 볼 수 있게 해준 내용으로 유튜브에서 큰 인기를 끌었던 영상.

그의 손을 붙잡고 위로의 말을 건네기도 하는 것이었다.

실로 놀라운 변화였다. 얼마 안 있어 자그마한 돈 통에 사람들이 적선한 동전이 가득 차게 되었다. 비록 앞은 보이지 않지만, 소리를 통해 사람들의 그러한 변화를 알게 된 맹인은 잠시 후 어딘가에서 볼 일을 마친 뒤 자신의 앞을 지나가는 그녀를 불러 세운 뒤, 도대체 골판지에 뭐라고 적었냐고 물었다. 그 물음에 그녀는 생김새만큼이나 시원하게 '뜻은 같지만 다른 말들로 썼어요(I wrote a same but in different words)'라고 말한 뒤 휑하니 가던 길로 가 버렸다. 그녀가 골판지의 뒤편에 적어 놓은 글귀는 '아름다운 날입니다.

그리고 난 그걸 볼 수가 없네요(It's a beautiful day and I can't see it)'였다.

대부분의 사람들은 이 영상을 보고 '똑같은 의도의 말이라도 어떻게 이야기하느냐에 따라 상대방이 받아들이는 감정은 크게 달라진다'는 교훈을 받았다고 했다. 물론 일부 소수(그나마 대부분 남성)는 '영상 속의 여성이 도도하고 차가운 듯하면서도 스타일이 좋고 왠지 매력적이다'라는 의견도 있었다.

나 또한 마찬가지였다. 영상의 처음부터 끝까지 이 여성에게서 눈을 떼지 못했다. 하지만 쉽게 상상하는 것처럼 이 여성이 아름답고 스타일이

밀라도 도심 한복판에 위치한, 작지만 알
찬 '명품' 미술관인 폴디 페촐리. 입구가
작아서 무심결에 그냥 지나쳐 버리는 관광
객도 많다.

좋아서 그런 것만은 아니었다. 그보다는 이 여성이 낯익다는 느낌이 들어
서였다. 자신이 갖고 있는 능력을 활용해서 다른 어려운 사람을 돕는 그
성스럽고 숭고한 순간마저 패션 잡지의 한 장면처럼 멋지게 보여지게 만
드는 그 여성을 어디에서 봤을까? 어디에서였을까? 궁금함은 풀리지 않
았지만, 딱히 해답을 찾을 방도가 없어서 거의 잊고 살았었다.

그러던 어느 날, 자료들을 모아 둔 하드 디스크를 정리하며 사진 파일이
들어 있는 한 폴더를 열어 본 순간 잊고 있던 그 '스타일 좋은' 아가씨가
떠올랐다. 폴더의 이름은 엉뚱하게도 'Museo Poldi Pezzoli(폴디 페촐리 미
술관)'였다. 왜 그랬을까?

폴디 페촐리 미술관은 북부 이탈리아 최대의 도시이자 이탈리아 패션
의 중심지인 밀라노의 도심 한복판에 위치하고 있다. 세계에서 가장 유명
한 오페라 극장 중 하나인 스칼라 극장에서 만조니 거리를 따라서 걸어

가다 보면 굉장히 맛있는 에스프레소를 단돈 1유로에 파는 숨겨진 커피숍과 놀라운 상술을 발휘하는 형제가 운영하는 구두 가게가 있다. 그들을 지나 바로 오른편으로 가정집 정원 정도 크기의 작은 광장의 안쪽으로 보이는 저택이 바로 폴디 페촐리 미술관이다.

이 미술관이 들어선 저택은 물론 소장품들의 주인은 밀라노의 유명한 귀족이었던 잔 자코모 폴디 페촐리였다. 그가 1879년 사망하면서 자신의 저택과 어머니로부터 물려받은 진귀한 보물, 미술품들을 국가에 기증하였고, 약 2년 여의 준비 기간을 거쳐 1881년 일반 대중의 관람을 허용하면서 미술관의 역사는 시작되었다. 하지만 부실한 전시 관리와 주먹구구식의 소장품 분류로 인해 미술관은 대중에게 큰 사랑을 받지는 못했다. 그랬던 곳이 다시금 밀라노나 이탈리아 국민들은 물론, 전 세계인의 관심을 받게 된 것은 아이러니하게도 미술관이 개관 이래 최대의 시련을 겪고 난 이후부터이다.

1943년 당시 독일, 일본과 더불어 추축국의 일원으로 연합군과 제2차 세계대전을 치르고 있던 이탈리아는 혼란 그 자체였다. 특히 그해 7월 독재자 무솔리니 정권을 무너뜨리고 연합군이 칼라브리아 해변에 상륙하면서 전쟁이 끝나는 듯했다. 그러나 독일의 나치 친위대(SS)가 무솔리니를 구출하여 북부 이탈리아 살로(Salò)에 괴뢰 정부인 이탈리아 사회주의 공화국을 세우면서 전황은 다시금 혼란 속으로 빠져들었다. 바로 그 무렵, 연합군의 공군기들이 이탈리아 북부를 중심으로 세력을 유지하고 있던 무솔리니를 괴멸시키기 위해 정치, 경제적 중심지인 밀라노에 맹폭을 가했다. 그 폭격으로 중심지에 위치한 폴디 페촐리도 큰 손해를 입게 되었다. 건물 일부분이 심한 손상을 입었고, 일부 소장품들이 파손되거나 완전히 유실되고 말았다.

폴디 페촐리의 주요 전시품인 피에로 델 폴라이우올로의 「소녀의 초상」, 1470년경(좌). 조반니 벨리니의 「피에타」, 1460~1470년(우).

하지만 각고의 노력 끝에 폴디 페촐리는 새로운 미술관으로 거듭났다. 중구난방으로 뒤섞여 있던 전시품들은 각각의 종류별로 일목요연하게 분류하여 관람하기 쉽도록 배치되었고, 이동 동선 또한 깔끔하게 정리하였다. 또 단순히 소장품들을 진열장에 죽 펼쳐놓은 것에 그치지 않았던 컬렉션들은 일정한 주제에 맞춰 체계를 갖추게 되었다. 그리고 그때부터 본격적으로 폴디 페촐리는 밀라노 사람들이나 이탈리아 국민은 물론 전 세계적으로 명성을 떨치며 널리 사랑받는 미술관이 되었다.

베풀고도 욕먹은 억울한(?) 사람들

바로 여기에서 우리는 근래 유행처럼 퍼지고 있는 기업의 CSR (Corporate Social Responsibility)에 대한 몇 가지 중요한 시사점을 얻을 수 있다. CSR은 '기업의 사회적 책임' 정도로 번역할 수 있는데, 1990년대 무렵 유럽의 기업으로부터 시작되어 2000년대 초반 이후 전 세계적으로 크게 부각된 개념이다. CSR의 중요성은 1950년대부터 지속적으로 주장되어 왔으나 실제로 CSR이 본격적으로 사람들의 입에 오르내리게 된 것은 이를 제대로 지키지 못한 비윤리적, 반사회적 기업 덕분(?)이었다.

1984년 인도 중부의 보팔이라는 도시에 위치한 세계적인 화학 기업인 유니언 카바이드사 공장에서 폭발 사고가 발생했다. 농약의 원료인 메틸이소시안이라는 물질을 저장해 두었던 탱크가 폭발하면서 약 36톤가량의 원료 물질이 공기 중에 유출되었는데 그 사고로 인해 3천여 명의 보팔 시민들이 사망하고, 20만 명 이상의 주민들이 부상을 당하거나 후유증을 갖게 되었다. 몇 년 뒤 조사관들에 의해 밝혀진 사고의 원인은 유니언 카바이드사가 비용 절감을 이유로 저장 탱크 관리에 필수적인 안전 수칙을 제대로 지키지 않았기 때문이었고, 피해가 천문학적으로 커진 이유는 사고가 일어난 뒤에도 약 2시간 동안이나 책임자들이 제대로 된 조치를 하지 않았기 때문임이 알려졌다. 비슷한 사고는 이후에도 끊이지 않았다.

1989년에는 엑손 발데스라는 초대형 유조선이 알래스카 근방을 지나다 암초에 부딪혀 좌초되는 사고가 일어났다. 어찌 보면 단순한 선박 조난으로 보여질 이 사고가 역사에 길이 남을 뉴스거리가 된 까닭은 우선 이 사고로 인한 피해가 어마어마했기 때문이고, 이 사고의 원인이 항해 중에 마주칠지 모르는 불가항력적인 위험에 의해서가 아니라 선장의 음주와 항해사의 졸음 운항이라는, 지극히 인재(人災)적 성격이 강한 사고였기 때문이었다. 이 사고로 청정 해역으로 유명한 알래스카 해안에 25만 배럴 이상의 원유가 쏟아져 내리면서 약 1천 9백km나 되는 기름띠가 만들어졌고, 그로 인해 인근 바닷가재, 연어, 청어 등의 어장이 초토화되었으며 바다사자, 물개, 대머리독수리 등 전 세계적 희귀동물들의 서식지가 절멸

되는 참사가 벌어졌다.

　이처럼 기업, 혹은 기업에 몸담고 있는 이들의 부주의 때문에 빚어진 참극은 비단 환경 문제에만 국한되지 않았다. 2001년 미국 역사상 최대 규모를 기록하며 파산한 엔론은 법원에서 파산 선고를 받기 불과 며칠 전까지만 하더라도 직원들에게 거액의 성과급을 나눠 주는 한판 잔치를 벌였고, 비슷한 무렵에 발표한 실적 자료에서도 자신들이 매우 우수한 성과를 내고 있다고 공표했다. 하지만 그 모든 것이 다 회계장부 조작에 의한 분식회계에 의한 것이고 실제로는 계열사 중 아주 조그마한 가스 회사 한 곳을 제외한 나머지 대부분의 기업이 심각한 재정 위기를 겪고 있음이 알려졌고, 그들은 몰락의 길을 걷게 되었다. 회계 부정을 담당했던 고위 임원이 자살하고, 최고경영자들이 가석방 없는 수백 년 형을 선고받았으며, 기업에 대한 주주, 일반 소비자들의 불신을 극에 달하게 만들었던 엔론 사태. 이 사건의 교훈으로 유사한 사건은 다시는 일어나지 않을 것이라는 몇몇 이들의 전망을 비웃기라도 하듯 불과 1년도 채 안 되어 엔론이 세웠던 '역사상 최대 규모'라는 파산 기록은 '월드컴(World Com)'이라는 또 다른 기업에 의해 갈아치워지게 되고, 부도덕한 경영자에 대한 수백 년 형 판결 역시 또다시 볼 수 있게 되었다.

　이처럼 기업 또는 기업 경영자의 부도덕함, 몰염치함, 눈앞에 보이는 이익을 위해 공공복리를 미련 없이 맞바꾸는 태도 등에 의해 빚어진 피해를 막기 위해 과거 '윤리경영'이라는 이름으로 일부 존재했던 개념을 보다 적극적이고, 폭넓게 확장한 '기업의 사회적 책임(CSR)'에 대한 관심이 폭발적으로 증가하기 시작했고, 각 기업들도 그러한 추세에 맞춰 전담 부서를 신설하고 담당자를 육성하는 등의 노력을 하기 시작했다.

　예전에는 '이윤 추구'가 목적인 기업이라는 집단의 특성상 그리고 여러 가지 사회적 여건상, CSR의 시도 자체만으로도 기업은 소기의 목적을 거둘 수가 있었다. 영리를 목적으로 한 기업이 '당연히 추구해야 할' 영리의 일부분을 포기한 채 자신의 이익과 거의 관련이 없는 불우한 이웃 또는 단체에 기부한다는 것만으로도 대중들은 그 기업의 선의(善意)를 칭송했고, 그 기업이 만든 제품에도 그러한 선의가 일부분 담겼으리라 지레짐작하여 큰 호감을 느꼈었다. 그리고 그러한 호감은 곧바로 해당 기업의 제품이나 서비스에 대한 구매로 이어졌다. 중세 무렵 흉년이 들었을 때 빈민들의 구휼에 앞장섰던 은행가에게 풍작이 되자 너나 할 것 없이 돈을 들고 와서 맡겼던 것이나, 근대에 들어 전쟁 물자를 납품한 기업을 애국 기업이라 하여 전폭적으로 지지하던 대중의 모습들이 그 사례가 되겠다.

그랬던 것이 사회 공헌 활동을 시도하는 기업들이 많아지면서 이제는 그 규모로 경쟁을 하기도 한다. 8, 90년대에는 수재 의연금의 액수가 큰 관심거리였다. 어떤 그룹의 회장이 몇억 원을 냈다는 뉴스가 나오면, 다음 날에는 또 다른 그룹의 회장이 그보다 조금 더 많은 돈을 냈다는 뉴스가 보도되었다. 그러면 사람들은 '누가 통이 크네', '누구는 어린 시절 어려움을 겪어 봐서 없는 사람들의 심정을 아네' 하며 기업들의 '선의의 크기'를 자신들의 기준으로 재단하였다. 그리고 그러한 결과 만들어진 '선의의 순서'는 기업별 이미지와 소비자들의 구매 욕구에 큰 영향을 미쳤다. 이러한 것들은 모두 유통되는 정보의 양과 질, 그 파급 속도와 전파력 등이 지극히 제한되었기에 벌어진 일이었다.

하지만 시대가 바뀌었다. 이제 사람들은 어떤 기업인이 다른 사람의 이름을 사용하여 남모르게 기부한 내용을 기부금의 끝자리 숫자 하나까지도 알 수 있는 시대에 살고 있다. 반대로 모 그룹의 임원 중 한 명이 '태평양 상공의 비행기 안에서 범한 실수를 거의 실시간으로 대한민국에서 그 내용을 속속들이 알 수 있는 시대이기도 하다. 그렇기 때문에 '누가', '왜', '얼마나'만이 중요시되던 기업의 CSR이 본격적으로 '어떻게'가 중요시되는 시대로 접어들게 된 것이다.

몇 해 전 이런 일이 있었다. 제30회 런던 올림픽에서 경쟁 선수들이 범접할 수 없는 경기력을 선보이며 금메달을 딴 한국 선수가 있었다. 그런데 당시 그 선수의 가족은 몇 차례의 사업 실패와 가장의 질병 치료 등으로 가세가 기울어서 비닐 등으로 지은 가건물에서 생활하고 있었다. 그런 어려운 가정 형편을 보도하던 방송의 말미에 리포터는 인터뷰하던 선수의 어머니에게 "아드님이 어떤 음식을 가장 좋아합니까?"라고 물었다. 그 물음에 순박한 촌로(村老)였던 어머니는 '라면을 참 좋아합니다'라고 진솔하게 답했다. 바로 그날, 방송에 언급된 모 라면을 생산하는 N 식품회사는 어마어마한 양의 라면을 선수의 집에 무상으로 증정하겠다고 약속했다.

여기까지만 보면 과거에도 종종 들을 수 있었던, 기업의 CSR 활동이 만들어 낸 훈훈한 미담과 크게 다르지 않다. 하지만 그 내용이 언론과 인터넷, 특히 SNS를 통해 알려지기 시작하면서 이전이라면 절대로 상상할 수 없는 엉뚱한 방향으로 이야기가 전개되었다. 많은 사람이 '라면을 먹는 것도 하루 이틀이지, 체중의 증감이 다른 어느 종목보다도 경기력에 큰 영향을 미치는 체조 선수에게 라면을 상자 채로 가져다 주다니 제정신이냐?', '기회 잡았다고 홍보하려는 속이 뻔히 보인다'며 비난하기 시작했다. 어떤 사람들은 이번 금메달로 몸값이 최고 수준으로 치솟은 스타 선수를 이 기회를 빌미로 모델료도 안 주고 광고에 거저 활용하려는 꼼수라며 더 아픈 곳을 찔렀다. 심지어 라면 회사에서 제공한 라면의 개수와 권장 소비자 가격을 곱하여 그 금액을 직접적으로 언급하며 '생색만 실컷 냈을 뿐, 돈으로 환산하면 고작 얼마에 지나지 않는다'라고 비난하는 사람들도 있었고 '혹시 창고에 보관 중이던 유통기한 얼마 안 남은 것들 털어내면서 생색만 내는 거 아니냐?'라거나 '저 라면은 유통기한이 없느냐? 하루에 몇 개씩이나 먹어야 유통기한 내에 라면들을 다 먹을 수 있느냐?' 라며 비아냥거리는 사람들까지 등장했다. 심지어 직접 회사 담당자나 고객 게시판을 통해 비난을 퍼붓는 사람들까지 나타났다. 물론 (CSR 활동을 하는 다른 많은 기업들의 속마음과 마찬가지로) 간접적인 광고 효과를 기대하지 않았던 것은 아니었겠지만, 순수한 마음으로 호의를 베풀었던 식품 회사로서는 당황하지 않을 수 없었다. 말 그대로 '내 돈 쓰고, 욕먹는' 황당한 사태가 벌어진 것이었다.

글 하나로 천 냥 빚을 갚는다

반면 이와는 정반대의 경우도 있다. 세스코(Cesco)라는 기업이 있다. 1976년 농촌경제연구소 농촌개발과장으로 있으면서 동국대학교 농과대학 강사로 출강하던 전순표가 우리나라 최초의 방역, 방제 회사를 표방하며 세운 '전우방제'를 모체로 성장하여 현재는 중국 북경과 상하이 등에까지 진출한 국내 최대의 방역 방제 회사이다.

병충해 방제가 필요한 농업 종사자들이나 요식업계 경영자들에게나 알려지는 게 당연해 보이는 이 회사가 2000년대 이후 사람들의 입에 자주 오르내리더니 인터넷에서 인기 검색어가 되기도 하고, 심지어 인터넷상에 팬 카페가 생기기까지 하였다. 이후 이 회사는 가정의 병충해를 방제하는 새로운 시장을 창출해서 높은 성장률을 보이고 있다. 물론 병충해를 방제하는 세스코의 기술력을 인정받은 결과이기는 하지만 흡사 연예인의 인기와도 같은 소비자들의 세스코에 대한 관심과 애정은 조금 이해하기 어려운 면이 있다. 인기의 비결은 무엇이었을까?

그건 바로 이 회사가 운영하는 홈페이지의 '참여 마당'이라는 메뉴 내에 있는 'Q&A(묻고 답하기)' 코너에 있었다. 그 코너는 세스코에 관심이 있는 소비자가 질문한 내용에 대해 홈페이지 담당자 또는 고객전담부서의 직원이 '세스코맨'이라는 가상 인물의 입을 빌어 답변을 다는 형식으로 운영되고 있었다. 이 코너가 세간의 입에 오르내리면서 크게 화제를 모았고, 열광적인 팬층을 만들어 냈으며 그들이 다시 이야깃거리를 확산시키면서 한때 젊은이들 사이에는 세스코 홈페이지 한 번 들어가 보지 않으면 대화에 낄 수 없을 정도로 큰 인기를 끌었다.

질문 중에는 '○○평짜리 단독주택인데 바퀴벌레를 퇴치하려면 얼마나 들까요?' 등과 같이 실제 세스코의 업무에 관한 진지한 질문들도 많았지만, 상당수의 질문들이 '세스코는 지구를 바퀴로부터 지키는 바퀴방위대인가요?', '아주 미인인 바퀴벌레를 부인으로 맞는 법 좀 알려주세요.', '전제가 가끔 버러지만도 못한 놈 같다는 생각이 들 때가 있어요. 어떻게 하죠?' 등과 같은 장난 글이었다. 그런데 그런 질문들에 대해 세스코 측은 '저, 방위 아닌데요? 현역 나왔는데요?', '아주 미남인 바퀴벌레가 되시면 됩니다' 등과 같은 장난기 섞인 답변부터 시작해서 '모든 사람들이 아마도 가끔은 그런 생각이 들 때가 있을 겁니다. 하지만 결국 우리는 인간이기에 그런 생각을 떨쳐 버리고 다시 힘을 낼 수 있는 것이겠죠' 등과 같은 진지하면서도 정성이 담긴 답변들을 달아 주었다.

그런데 이런 질문과 답변의 과정 중에 놀라운 현상들이 일어나기 시작했다. 처음에는 '유머'의 일종으로 세스코의 홈페이지를 인식하던 소비자들이 어느새 '질문과 답변'을 하는 과정에 의미를 두기 시작하더니 심지어 세스코 홈페이지에 인생 상담이나 어려운 가정사에 대한 고민을 털어놓는 사람도 생겨났다. 사람들은 세스코의 팬이 되어 세스코 측의 입장과

제대로 된 고객 관계 설정 및 관리 활동을 적극적으로 전개한 덕분에 국내 최고의 해충 방제 전문기업으로서의 명성을 획득한 세스코의 홈페이지.

처지에 대해 이해해 주고, 그들의 주장에 공감해 주기 시작한 것이다.

세스코 역시 마찬가지로 처음에는 자사에서 제공하는 서비스에 관계되는 답변이나 가벼운 유머가 담긴 답글만을 달다가 좋은 글귀나 상식, 병충해 예방에 도움이 되는 상식 등까지 답의 범위를 넓혀 나갔다. 세스코는 (홈페이지 관리 비용은 좀 늘어났겠지만) 직접적인 비용은 전혀 들이지 않은 채 많은 기업들이 가장 원하는 형태의 고객 관계 관리, 사회적 책임을 훌륭하게 실천한 것이었다.

이처럼 현대에 CSR의 개념이 많이 달라지면서, 얼마나 많은 것을 사회에 베푸느냐가 아니라 사소한 것이라도 어떻게 사회에 전달하느냐가 더 중요해졌다. 이와 관련해 CSR 분야의 최고 권위자 중 한 명인 오스트리아 빈대학교의 마르틴 노이라이터(Martin Neureiter) 교수는 "과거의 경우, 기업이 어떠한 방법으로 돈을 벌었건, 어떠한 방법으로 주건, 자신들의 이윤을 사회에 돌려주는 그 자체만으로 칭송받을 수 있었다. 하지만 현재 그리고 앞으로는 돈을 버는 그 과정과 행위부터가 CSR 활동이 되어야 한다. 제대로 된 방법으로 벌어서, 제대로 된 방법으로 베풀지 않는 한 사회로부터 무조건적인 호의를 이끌어 내기 힘들 것이다"라고 말하였다. 즉 우리 속담을 빌리자면 개처럼 벌어서 정승같이 쓰는 것이 앞으로의 CSR에서는 더 이상 통용되지 않으리라는 것이다.

앞서 이야기 한 노숙자를 도운 한 여성의 사례 역시 이 같은 관점에서 다시 살펴보면, '생계에 도움이 될 돈을 적선해 달라'라는 의미는 같았지만, 이 여성이 '나는 맹인입니다. 도와 주세요'라는 글귀를 '아름다운 날입니다. 그리고 난 그걸 볼 수가 없네요'로 바꿈으로 인해, 실제 지갑을 열 행인들이 '장님을 도와 주는 것'이 아니라, '이 멋진 날을 볼 수 없는 이에게 도움을 주는 것'으로, 좀 더 멋지게 '자비를 지불'할 여지를 준 것이다. 그 여성은 비록 돈으로 자선을 베푼 것은 아니었지만, 자신의 재능을 활용하여 장님 노숙자에게 실질적인 도움을 제공하는 SR(Social Responsibiliy)을 제공한 셈이고, 그녀가 바꿔 적은 그 글귀는 길을 가는 사람들이 더 적극적으로 SR을 제공하도록 동기를 불러일으키는 촉매가 되었다.

고객에게 어떻게 줄 것인가?

1991년 어느 날, 우연히 만난 후원자의 도움으로 대학을 마친 뒤, 어린 시절 숱한 비행을 저지르던 모습을 탈피하여 성공한 사회인으로 살고 있던 존 버드(John Bird)라는 남자는 TV를 보다가 깜짝 놀랐다. 친환경 사회적 기업의 대명사가 된 한 세계적인 화장품 업체의 부부 CEO 중 남편의 얼굴이 눈에 익었기 때문이다. 그는 스물두 살에 사소한 범죄를 저질러 경찰로부터 지명 수배를 받고 에든버러로 도망쳤을 때 자신과 비슷한 처지였던 히피 청년을 만나 친구가 됐었는데, TV 속의 인물이 바로 그 친구였던 것이다.

반가운 마음에 그를 찾아간 존은 "자칫 잘못되었으면 우리도 평생 범죄자로 살거나 노숙자로 객사했을지도 모르네. 다행히 좋은 이웃들의 도움으로 지금의 이 자리에까지 오게 된 것이지. 자네, 예전의 우리와 비슷한 처지의 사람들을 돕는 일을 나와 함께 하지 않겠나?"라고 운을 떠웠다. 이미 이전부터 친환경 기업으로 회사를 성장시켜 오며, 다양한 분야에서 사회 공헌 활동을 계속해 오던 친구 고든 로딕(Gordon Roddick)은 흔쾌히 존의 제안에 찬성했다. 하지만 그들이 택한 방법은 무조건적인 기부나 자선 활동이 아니었다. 그들이 자신들의 활동에 내건 모토는 '그들 스스로 그들을 돕도록 돕는다(help them to help themselves)'였다. 그들이 택한 방법은 다양한 사람들의 금전적 기부와 재능 기부를 통해 수준 높은 잡지를 만들고 이것을 노숙자 등 불우한 형편의 사람이 가져다가 팔아서 남는 수익을 본인이 갖도록 하는 방식이었다. 어려운 형편의 사람들이 굴욕적이거나 부끄럽지 않고 떳떳하게 도움을 받도록 한 이와 같은 형태의 자선 활동에 수많은 사람들이 열광적인 지지를 보냈고, 적극적으로 동참했다. 레이디 가가와 같은 팝스타는 물론이고, 조앤 K. 롤링 같은 유명 작가, 심지어 버락 오바마 미국 대통령까지 이 잡지의 제작에 재능을 기부했다. 수많은 지식인들 또한 정기적으로 이 잡지를 구매한다고 앞다퉈 언론에 이야기하는 바람에 런던이나 시드니에서는 이 잡지를 구매하는 것이 지식인 또는 개념 있는 시민의 상징처럼 여겨지기도 했다.

이러한 잡지의 성공 덕분에 영국에서만 무려 5천 5백 명의 노숙인들이 자활에 성공할 수 있었다. 현재 이 잡지는 세계 10여 개국에서 판매되고 있으며, 영국에서는 매주 15~20만 부가량, 일본에서도 4만 부 이상 팔리는 인기 잡지로 성장했다. 2010년도에는 한국에도 진출하여, 최근 급증하고 있는 한국인 노숙자들의 자활에도 기여하고 있다. 이 잡지의 이름은 『빅 이슈(*The Big Issue*)』이고, 이 잡지가 탄생하기까지 금전적 지원을 아끼지 않았던 고든 로딕과 그의 부인 아니타 로딕이 운영했던 화장품 회사가 바로 이제는 너무나 유명한 기업이 된 '바디샵'이다.

바람직한 CSR은 이와 같아야 한다. 하는 사람(또는 기업)은 기쁘고 뿌듯하게, 그 혜택을 받는 사람(또는 기업) 역시 떳떳하고 당당하게 주고받을 수 있어야 한다. 앞으로는 무엇을, 얼마나 주는 것에만 급급해하지 말고 얼마나 멋있고 행복하게 줄 수 있는지에 대해 고민을 해야 한다. 폴디 페촐리 미술관이 부유한 귀족이 기부한 미술품을 모아 놓은 곳이라는 초기의 모습을 넘어서서 더 많은 사람들이 즐겨 찾을 수 있는 공간으로 발전하여 지금과 같은 명성을 얻게 된 것처럼…….

폴디 페촐리 미술관(Museo Poldi Pezzoli)

위치 Via Manzoni 12, 20121 Milano
홈페이지 www.museopoldipezzoli.it
관람 시간 10:00~18:00
휴무일 매주 화요일 / 1월 1일, 부활절, 4월 25일, 5월 1일, 8월 15일, 11월 1일, 12월 8·25·26일
관람료 9유로
Underline Note
1) 유럽의 다른 유명 미술관에 비해 규모가 무척이나 작아서 잘 모르고 방문했다가 실망했다는 사람도 꽤 있다. 하지만 생각을 조금 바꿔서 이탈리아의 한 귀족 가문의 개인 컬렉션에 초대를 받았다는 생각으로 집안 구석구석을 감상하듯 느린 속도로 차분하게 분위기 자체를 만끽하면 저택 주인장의 안목이 담긴 다채로운 예술 작품들이 오밀조밀 정겹게 자리 잡은 모습에 오히려 마음을 사로잡힐지도 모른다.
2) 다른 미술관보다 조명과 전반적인 내부 인테리어가 어두운 편이다. 그 덕분일까? 같은 화가의 작품이라도 이 곳에서 만나게 되면 더 몽환적이고 아련한 느낌이 든다. 보티첼리의 「책의 성모(The Virgin and the Child)」(1480~1481년)가 바로 그렇다. 이 작품만큼은 잊지 말고 꼭 관람하는 것이 좋다.

참고문헌

프롤로그
미술관 옆에 MBA를 세운 까닭은?

- 전김형숙, 『미술, 전시, 미술관』, 예경, 2001.
- 박이문 외, 『미술관에서 인문학을 만나다』, 미술문화, 2010.
- 자크 살루아 외, 하태환 옮김, 『박물관과 미술관의 새로운 경영』, 궁리, 2001.
- 전진성, 『박물관의 탄생』, 살림, 2004.
- 크리스티안 제렌트·슈테엔 키틀, 심희섭 옮김, 『미술관에 대해 궁금한 몇 가지』, 열대림, 2010.

Lesson 1
결국, 기본이 승패를 결정한다
프라도 미술관에서 배우는 [핵심역량]

- 니시베 겐지, 김정환 옮김, 『더 팀, FC 바르셀로나』, 한스미디어, 2012.
- 라일 스펜서, 민병모 외 옮김, 『핵심역량모델의 개발과 활용』, 피에스아이컨설팅, 1998.
- 앤드류 캠벨 외, 김고명 옮김, 『기업전략: 선택과 집중을 통한 핵심역량 강화』, 21세기북스, 2009.
- 자닌 바티클, 김희균 옮김, 『벨라스케스』, 시공사, 1999.
- 최진주·문향란·남보라, 『세계 슈퍼 리치』, 어바웃어북, 2012.

Lesson 2
모두가 이기려면, 모두가 져야 한다
오르세 미술관에서 배우는 [전략적 의사결정]

- 램 차란 외, 김은숙 옮김, 『현명한 의사결정: 논리적이고 지혜로운 의사결정의 원칙』, 21세기북스, 2009.
- 로랑스 데 카르 외, 김경온 옮김, 『오르세 미술관』, 창해, 2000.
- 발레리 지스카르 데스탱, 『권력과 인생』, 문학사상사, 1991.
- 브람 그뢴·찰스 헴덴 터너, 정성묵 옮김, 『위대한 패러독스 경영』, 도서출판 세계사, 2006.
- 시모나 바르탈레나, 임동현 옮김, 『오르세 미술관』, 마로니에북스, 2007.
- 이주헌, 『이주헌의 오르세미술관』, 21세기북스, 2012.

Lesson 3
핵심은 '제값 받고 파는 것'이 아니라, '제값 주고 사는 것'이다
페기 구겐하임 컬렉션에서 배우는 [사업 모델 구축]

- 강석운, 「이름없는 화가를 유명하게 만든다, '휘트니 비엔날레'와 '구겐하임 전시회'를 보고」, 『동서문학』 통권 89권, 1981.
- 강은영, 『소호에서 만나는 현대 미술의 거장들』, 문학과지성사, 2000.
- 더글러스 램버트 외, 박길부 옮김, 『공급망 관리』, 21세기북스, 2010.
- 메리 V. 디어본, 최일성 옮김, 『페기 구겐하임』, 을유문화사, 2006.
- 박신의, 「문화예술경영과 브랜드 전략: 유익한 즐거움의 힘에 눈 떠라, 구겐하임처럼」, 『동아비스니스리뷰』 통권 제62호, 2010.
- 앤톤 길, 노승림 옮김, 『페기 구겐하임: 예술과 사랑과 외설의 경계에서』, 한길아트, 2008.
- 인가희, 「Peggy Guggenheim과 Charles Saatchi의 컬렉션 비교 연구」, 경희대 대학원, 2007.
- 페기 구겐하임, 김남주 옮김, 『페기 구겐하임 자서전』, 민음인, 2009.

Lesson 4
함께 나눈 원칙과 가치보다 더 강한 것은 없다
바티칸 미술관에서 배우는 [기업의 가치와 원칙 공유]

- 니노 로벨로, 이영수 옮김, 『백과사전에도 없는 바티칸 이야기』, 생활성서사. 2001.
- 마이클 콜린스, 박준영 옮김, 『바티칸: 영혼의 수도 매혹의 나라』, 디자인하우스, 2009.
- 전성철 외, 『가치관 경영』, 쌤앤파커스, 2011.
- 토마스 리스, 이경상 옮김, 『인사이드 바티칸』, 가톨릭출판사, 2004.
- 팀 콜러 외, 고봉찬 옮김, 『기업가치란 무엇인가』, 인피니티북스. 2011.

Lesson 5
제대로 빌리면 세상이 다 내 것이 된다
모리 미술관에서 배우는 [역량 개발과 활용]

- 김문덕, 『도쿄·요코하마, 공간으로 체험하다』, 미세움, 2012.
- 돈 탭스코트·앤서니 윌리엄스, 윤미나 옮김, 『위키노믹스』, 21세기북스, 2009.
- 모튼 T. 한센, 이장원 외 옮김, 『협업』, 교보문고, 2011.
- 스티브 제임스 조이스, 송택순 옮김, 『슈퍼 조직의 비밀 CQ』, 크레듀, 2008.
- 장윤선, 『도쿄 미술관 산책』, 시공아트. 2011.
- 최재혁·박현정, 『아트, 도쿄』, 북하우스, 2011.
- 키스 소여, 이호준 옮김, 『그룹 지니어스』, 북섬, 2008.
- Larry Huston·Nabil Sakkab, 「P&G's New Innovation Model」, 『*Harvard Business Review*』, Vol. 84, No. 3, March 2006.

Lesson 6
최고의 팔로워가 최고의 리더가 된다
국립 소피아 왕비 예술센터에서 배우는 [효과적인 리더십]

- 신정환·전용갑, 『두 개의 스페인』, 한국외국어대학교출판부, 2011.
- 앤터니 비버, 김원중 옮김, 『스페인 내전』, 교양인, 2009.
- 워렌 베니스, 김정혜 옮김, 『리더십의 딜레마』, 21세기북스, 2009.

- 한국외국어대학교 스페인어과, 박철 옮김, 『스페인 역사』, 삼영서관, 2009.
- 헤르미니아 이바라 외, 김정혜 옮김, 『리더의 자기혁신』, 21세기북스, 2010.

Lesson 7
결국, 답은 현장에 있다
말라카 해양박물관에서 배우는 [현장 리더십]

- 개빈 멘지스, 박수철 옮김, 『1434: 중국의 정화 대함대, 이탈리아 르네상스의 불을 지피다』, 21세기북스, 2010.
- 박종현, 『말레이시아: 이슬람 경제의 새로운 메카』, 김&정, 2007.
- 백이호, 『말레이시아에 대한민국을 심다』, 씨아이알, 2010.
- 손기태, 『싱가포르 말레이시아 인도네시아 3국의 서비스산업 비교 분석, 대외경제정책연구원, 2009.
- 정주영, 『시련은 있어도 실패는 없다』, 제삼기획, 2001.
- 한잉신·뤼팡, 김정자 옮김, 『단숨에 읽는 해적의 역사』, 베이직북스, 2008.
- 홍하상, 『정주영 경영정신』, 바다출판사, 2006.
- C. K. 프라할라드 외, 김정수 옮김, 『글로벌 리더십: 넓어진 경제에서 리더의 역할과 책임』, 21세기북스, 2009.

Lesson 8
내가 해야, 내 사람도 한다
메트로폴리탄 미술관에서 배우는 [리더의 헌신과 솔선수범]

- 권이선·이수형, 『뉴욕의 특별한 미술관』, 아트북스, 2012.
- 루치아 임펠루소, 하지은 옮김, 『메트로폴리탄 미술관』, 마로니에북스, 2007.
- 이주헌, 『현대미술의 심장 뉴욕 미술』, 학고재, 2008.
- 피터 드러커 외, 현대경제연구원 옮김, 『지식 경영: 조직 내 지적 자산의 창출 및 공유 확대 방안』, 21세기북스, 2010.

Lesson 9
씹고 뜯고 맛보고 즐기다
무하 미술관에서 배우는 [사업 기회 및 성과 확대]

- 게리 하멜 외, 임정재 옮김, 『수익 창출의 원리』, 21세기북스, 2009.
- 김은해, 『성공한 예술가의 초상, 알폰스 무하』, 컬처그라퍼, 2012.
- 장우진, 『무하: 세기말의 보헤미안』, 미술문화, 2012.
- 정금희, 『알폰스 무하의 아르누보 양식집』, 재원, 2005.
- 조명식, 『알폰스 무하』, 재원, 2008.

Lesson 10
조직은 죽지 않는다, 다만 사라질 뿐이다
미국 자연사 박물관에서 배우는 [기업 혁신과 성장]

- 과학여행, 『미국 과학문화여행 31일』, 과학여행, 2011.
- 김위찬 외, 배현 옮김, 『혁신전략: 혁신 아이디어 발굴에서 새로운 시장 창출까지』, 21세기북스, 2009.
- 로버트 시몬스 외, 김은숙 옮김, 『하이퍼포먼스 조직』, 21세기북스, 2009.
- 피터 드러커 외, 김명철 옮김, 『혁신 기업의 조건』, 21세기북스, 2009.

Lesson 11
최고의 고객은 직원이다
루브르 박물관에서 배우는 [인적자원 관리]

- 뱅상 포마레드, 오윤성 외 옮김, 『루브르: 루브르 회화의 모든 것』, 시그마북스, 2011.
- 알레산드라 프레골렌트, 임동현 옮김, 『루브르 박물관』, 마로니에북스, 2007.
- 이주헌, 『이주헌의 루브르박물관』, 21세기북스, 2012.
- 제프리 페퍼 외, 현대경제연구원 옮김, 『인적 자원 관리: 개인과 조직의 성과를 높이는 인사전략』, 21세기북스, 2009.
- 필립 솔레르소, 박수현 옮김, 『루브르를 훔친 기사 비방드농』, 푸른미디어, 2003.

Lesson 12
가장 먼저 관심을 가져야 할 것은 경쟁자가 아니라 동료이다
피나코텍 3형제에서 배우는 [파트너십과 팀워크]

- 마이클 포터, 조동성 옮김, 『마이클 포터의 경쟁우위: 탁월한 성과를 지속적으로 창출하는 법』, 21세기북스, 2008.
- 마이클 포터, 조동성 옮김, 『마이클 포터의 경쟁전략: 경쟁우위에 서기 위한 분석과 전략』, 21세기북스, 2008.
- 신준형, 『파노프스키와 뒤러』, 시공사, 2004.
- 에르빈 파노프스키, 임산 옮김, 『인문주의 예술가 뒤러 1, 2』, 한길아트, 2006.
- 이현애, 『독일 미술관을 걷다』, 마로니에북스, 2012.
- Martin Schawe, 『*Alte Pinakothek, München*』, Prestel, 1999.
- Veronika Schroeder, 『*Neue Pinakothek, München*』, Prestel, 1999.

Lesson 13
가장 훌륭한 웅변은, 가장 진솔한 경청이다
차트라파티 시바지 미술관에서 배우는 [커뮤니케이션]

- 데이비드 크라울리·폴 헤이어, 김지운 옮김, 『인간 커뮤니케이션의 역사』, 커뮤니케이션북스, 2012.
- 로버트 치알디니, 민영진 옮김, 『설득의 기술: 공감을 이끌어내는 소통의 원칙과 단계』, 21세기북스, 2009.
- 아서 아사 버거, 이영주·이설희 옮김, 『커뮤니케이션의 이해, 이론과 사상』, 커뮤니케이션북스, 2012.
- 온조 나오토 외, 아사츠디케이코리아 옮김, 『R3 커뮤니케이션』, 나남, 2013.
- 하진희, 『인도 미술에 흘리다』, 인문산책, 2012.

Lesson 14
설득 하나면 악당도 천사가 된다
대영박물관에서 배우는 [협상]

- 김경임, 『클레오파트라의 바늘』, 홍익출판사, 2009.
- 김상근, 『마키아벨리: 세상에서 가장 위험한 현자』, 21세기북스, 2013.
- 루카 모자티, 최병진 옮김, 『대영박물관』, 마로니에북스, 2007.
- 양건열, 『국립박물관 교육의 방향과 발전 방안 연구』, 한국문화관광정책연구원, 2011.
- 이보아, 『루브르는 프랑스 박물관인가』, 민연, 2002.
- 이종수, 『대영박물관에서 만나는 성경의 세계』, 예영커뮤니케이션, 2000.
- 이케자와 나쓰키, 노재명 옮김, 『문명의 산책자』, 산책자, 2009.
- 허브 코헨, 강문영·안진환 옮김, 『허브 코헨, 협상의 법칙1, 2』, 청년정신, 2011.

Lesson 15
직원이 사랑하지 않는 회사는 고객도 돌아보지 않는다
국립 두바이 박물관에서 배우는 [기업문화와 조직의 변화]

- 강훈상, 『두바이 패러독스: 두바이 신화, 그 시작과 끝』, 미래를소유한사람들, 2009.
- 도널드 설 외, 『기업문화와 조직변화』, 21세기북스, 2010.
- 마이클 레빈, 김민주·이영숙 옮김, 『깨진 유리창 법칙』, 흐름출판, 2006.
- 서정민, 『두바이: 무한 상상력과 창조적 리더십』, 글로연, 2006.

Lesson 16
위축하지 말고 긴축하라
후쿠오카 아시아 미술관에서 배우는 [자원 최적화를 통한 경영 효율화]

- 김정미, 『그들은 어떻게 세상을 얻었는가?』, 아름다운사람들, 2012.
- 林洋海, 『ブリヂストン石橋正二郎伝-久留米から世界一へ』, 現代書館, 2009.
- 월간미술 편집부, 「후쿠오카 아시아미술 트리엔날레」, 『월간미술』, 2002년 5월호.
- 그레고어 쇨겐, 김현성 옮김, 『빌리 브란트』, 빗살무늬, 2003.

Lesson 17
역사는 만들어가는 자의 몫이다
셜록 홈즈 박물관에서 배우는 [스토리텔링 마케팅]

- 김의숙·이창식, 『한국 신화와 스토리텔링』, 북스힐, 2009.
- 애덤 골드, 김태훈 옮김, 『아스널: 축구의 전설 프리미어리그』, 보누스, 2010.
- 이언 커더러스, 도홍찬 옮김, 『설득의 스토리텔링』, 생각비행, 2011.
- Jonathan Gottschall, 『the Storytelling Animal: How story make us human』, Houghton Mifflin Harcourt, 2012.

Lesson 18
자리 잡기 힘든 가게가 더 맛있다
우피치 미술관에서 배우는 [고객 확보 전략과 실행]

- 곽금주, 『습관의 심리학』, 갤리온, 2007.
- 엘레나 지난네스키, 임동현 옮김, 『우피치 미술관』, 마로니에북스, 2007.
- 이현우, 『한국인에게 가장 잘 통하는 설득전략 24』, 더난출판사, 2005.
- Richard Lynn, 『Eugenics: A Reassessment』, Praeger Publishers, 2001.

Lesson 19
대부분 최초의 고객은 최후의 고객이 된다
브레라 미술관에서 배우는 [고객접점관리]

- 레오나드 베리 외, 전행선 옮김, 『CRM 전략: 프로슈머 시대, 고객의 개념 변화와 기업의 대응 전략』, 21세기북스, 2010.
- 만프레드 라이어, 신성림 옮김, 『세계에서 가장 아름다운 미술관 100』, 서강books, 2007.
- 브레라 미술관 공식 가이드북.
- Jan Carlzon, 『Moment of Truth』, HarperCollins, 1989.(국내에 『결정적 순간 15초』라는 제목으로 출간)

Lesson 20
쥐도 멋지게 나눠 줘라
폴디 페촐리 미술관에서 배우는 [CSR(기업의 사회적 책임)]

- 노매드, 『이탈리아 내비게이션』, 그리고책, 2009.
- 변진경 「노숙인 '인정투쟁', 빅이슈를 아십니까?」, 『시사인』 통권 제148호, 2010.
- 손원익·박태규, 『한국의 민간기부에 관한 연구』, 한국조세연구원, 2008.
- 정태남, 『이탈리아 도시기행』, 21세기북스, 2012.

도움을 주신 분들

- 김성동 (前 현대건설 해외건설부문 부장)
- 大野和則 上 (福岡アジア美術館 Director)
- 栢尾沙織 上 (福岡アジア美術館 Assistant Curator)
- Dr. Luigina Orlandi (Biblioteca Apostolica Vaticana Catalogue Team Leader)
- Mr. Andrea Von Ehrenstein (Sherlock Holmes Museum Curator)
- Mr. Chris Sutherns (British Museum Images Editorial Account Manager)
- Mr. Frank Lees (American Museum of Natural History CIO)
- Mr. Hessa al Muhassin (Dubai Tourism Office Senior Executive of Statistics and Information)
- Mr. Philip Rylands (Collezione Peggy Guggenheim Director)
- Mr. Sabyasachi Mukherjee (Chhatrapati Shivaji Museum Director)
- Mr. Serge Lemoin (Musée d'Orsay 前 Director)
- Ms. Anastasia Biller (Museos Vaticanos Manager for English Text)
- Ms. Anne Giroux (Musée de Louvre CS Department Director)
- Ms. Beatriz Carderera Arnau (Museo Nacional del Prado PR Officer)
- Ms. Elyse Topalian (Metropolitan Museum Communication Department Officer)
- Ms. Fatima Hayeder (Dubai Tourism Office PR Manager)
- Ms. Glenna Stewart (Metropolitan Museum Senior Production Coordinator)
- Ms. Laura Hurtado Gálvez (Museo Nacional Centro de Arte Reina Sofia CS Manager)
- Ms. Paola Di Giammaria (Museos Vaticanos PR Manager)
- Ms. Pia Hildesheim (Bayern Museum Association PR Manager)
- Ms. Prachee Sathe (Chhatrapati Shivaji Museum PR Manager)
- Ms. Susi Piovanelli (Italy Firenze Museum Association PR Manager)
- Shinagawa and Kiriki 上 (森美術館 Public Relationship Manager)
- Y. Bhg. Datuk Abdullah Haji Jonid (Malaysia Tourism Office Director)